CONTABILIDAD BÁSICA

Conceptos y técnica

Nelson Espinosa Manríquez

CONTABILIDAD BÁSICA
Conceptos y técnica

Ediciones Universidad Alberto Hurtado
Alameda 1869 - Santiago de Chile
mgarciam@uahurtado.cl - 56-228897726 /16
www.uahurtado.cl

Impreso en Santiago de Chile
Octubre 2020

ISBN libro impreso 978-956-357-265-0
ISBN libro digital 978-956-357-266-7

Impreso por C y C impresores

Los libros de Ediciones UAH poseen tres instancias de evaluación: comité científico de la colección, comité editorial multidisciplinario y sistema de referato ciego. Este libro fue sometido a las tres instancias de evaluación.

Coordinación Colección Economía y Negocios
Eduardo Abarzúa

Dirección editorial
Alejandra Stevenson Valdés

Editora ejecutiva
Beatriz García-Huidobro M.

Diseño y diagramación interior
Gloria Barrios A.

Diseño portada
Francisca Toral R.

Imagen de portada
Shutterstock

MIEMBRO DE LA RED DE EDITORIALES UNIVERSITARIAS DE AUSJAL
www.ausjal.org

CONTABILIDAD BÁSICA

Conceptos y técnica

Nelson Espinosa Manríquez

uah/Ediciones
Universidad Alberto Hurtado

CONTENIDO

CAPÍTULO IV

Guía de ejercicios 235

PRÓLOGO

Este manual fue escrito como guía de enseñanza y de estudio para profesores y estudiantes de un primer curso básico de contabilidad, de pre o de pos grado y que puede ser usado en clases, ayudantías y talleres grupales. Tiene cinco partes: la primera, de conceptualización básica, la segunda, de descripción y aplicación de la técnica en los registros contables, la tercera de algunos temas específicos, la cuarta de guías de ejercicios resueltos y la quinta, de guía de ejercicios propuestos.

Para la primera parte, hemos creado una "Hoja de trabajo" que permite visualizar para cada registro específico, el contexto dentro del cual se realiza. Este contexto es, para los efectos de esta metodología, la ecuación patrimonial: Activo + Gasto = Pasivo + Patrimonio + Ingreso; cuya genialidad es que permite "acoger" o "absorber" cualquier hecho económico cuantificable que realice la empresa o que, ocurriendo en el entorno, le afecte en términos económicos y financieros.

A poco andar, queda de manifiesto que se pueden registrar los hechos económicos sin usar los tecnicismos contables propios de la disciplina, los cuales se presentan en la parte dos. Con la primera parte, el estudiante quedará en condiciones de comprender la lógica contable y, por lo tanto, de registrar transacciones básicas de ocurrencia generalizada en la empresa y de confeccionar los tres estados contables fundamentales: Estado de Situación o Balance General, Estado de Resultados y Estado de flujo de efectivo, todo esto sin los tecnicismos propios de la disciplina contable. Los conceptos y la lógica contable se van explicando con un ejercicio simple de una empresa imaginaria llamada "Arco" que también se utiliza en la parte dos. Para comprender cien por ciento la lógica contable, son fundamentales en el Capítulo I, las páginas 32 a 116.

En la segunda parte, una vez alcanzado el dominio total de la ecuación patrimonial, se pasa al registro técnico usando el tecnicismo llamado asiento contable en los registros que usa la contabilidad: libro diario, libro mayor y Balance tabular o de ocho columnas. Para aplicar la técnica, se usan los mismos datos de la empresa imaginaria. Además de lo anterior, en la segunda parte se incorporan temas específicos como el cierre de cuentas, impuesto al valor agregado, cuentas complementarias, apertura, etc. (ver índice).

En la tercera parte se presentan algunos temas específicos de interés práctico tales como la contabilización de remuneraciones y la valorización de mercaderías. En una segunda edición incorporaremos otros temas como la corrección monetaria y aspectos tributarios.

En la cuarta parte, se proporcionan dos guías de ejercicios: una básica y otra más avanzada y completa, con una gran cantidad de ejercicios resueltos, clasificados por temas y grados de complejidad.

En la quinta parte se presenta una guía de ejercicios de todos los temas, ideal para usarlos en clases y ayudantías como medios de análisis, discusiones, pruebas, tareas y controles.

A juicio del autor, los aportes de este manual son: a) puede ser utilizado por autodidáctas, b) incluye una hoja de trabajo creación del autor cuyo uso facilita enormemente la comprensión de la lógica contable, c) la explicación de conceptos se van entregando junto a la resolución de un ejercicio matriz simple y, d) la introducción de los términos técnicos se dejan para la segunda parte. Términos como debe, haber, cargo, abono, débito, crédito, saldo deudor, cuenta deudora, etc. que son los que normalmente provocan confusión en los aprendices de esta disciplina.

Casi todos los textos de contabilidad, incluyen muy al comienzo el registro de los hechos económicos, mediante el tecnicismo llamado "asiento contable". Para ello se incluye, demasiado pronto y en forma muy breve, la descripción contable de la cuenta y sus términos asociados. Lo anterior provoca confusiones y dificultades iniciales en el aprendizaje de la disciplina contable porque utiliza términos de uso diario que tienen otro significado en contabilidad. Por ejemplo, "debe" no significa necesariamente adeudar, "haber" no es sinónimo de tener, "capital" no es sinónimo de dinero, "gasto" no es sinónimo de desembolsar dinero. Asimismo, un egreso de dinero puede ser un pago de un GASTO, una INVERSIÓN, una EROGACIÓN o UNA PÉRDIDA, conceptos muy diferentes entre sí.

Las características del texto requiere de paciencia al comienzo de la lectura, especialmente de la primera parte, puesto que los conceptos que muchos dicen no entender, incluyendo a los propios profesionales de la administración y gestión se van entregando junto a la solución de un ejercicio. La materia se desarrolla en forma simple y haciéndola amistosa, al alcance de cualquier lector interesado en aprender esta disciplina tan importante en cuanto prepara información fundamental de la empresa para que diferentes personas y entidades relacionadas, tomen decisiones tan relevantes como determinar los impuestos a pagar o recuperar, valorizar la empresa, decidir si invertir en ella o no, decidir si comprarla o fusionarla, etc.

Este manual está basado en la experiencia del autor, en la enseñanza de esta disciplina tanto en pre como en posgrado.

Debe señalarse la importante participación de la profesora Rosa San Martín en la cuarta parte; esto es, en los ejercicios resueltos. También debo mencionar la participación del señor Pablo Gamboa, jefe de remuneraciones de nuestra universidad, en la revisión de partes del texto.

Finalmente debe destacarse la participación relevante, tanto en la complementación como en la corrección de este material de estudio, de los profesores de la línea de contabilidad y finanzas del departamento de gestión y negocios de nuestra Facultad.

Gracias especiales al profesor Humberto Borges por la lectura, revisión y comentarios iniciales de este material.

CAPÍTULO I

Contabilidad básica: conceptos

1. Introducción

La actividad económica es el conjunto de hechos económicos (producción, compras y ventas) la mayoría expresables en dinero que realizan las personas tendientes a satisfacer sus necesidades materiales y espirituales. Esta actividad es consecuencia de la escasez de recursos y podemos decir que la realizan las siguientes que llamaremos unidades económicas:

a) Las empresas, personas jurídicas que se preocupan de producir bienes y servicios que ofrecen al resto de la sociedad.
b) Las familias que constituyen desde el punto de vista económico las consumidoras o demandantes de bienes o servicios producidos por la empresa.
c) El Estado que es productor y consumidor a la vez.
d) El sector externo, también productor y consumidor a la vez.

En el Cuadro 1 se describe la actividad y la intervención de las unidades descritas.

De las cuatro unidades económicas mencionadas nos interesa la empresa que, en términos muy sencillos, podemos definir como un conjunto de personas, recursos materiales, recursos tecnológicos, financieros y de otra especie que interactúan en forma permanente en pos de ciertos objetivos sociales dentro de los cuales nos interesan los económicos, es decir, la obtención de ganancias. Nos referiremos a la empresa como persona jurídica; esto es, una creación de los seres humanos y como tales, con derechos y obligaciones en términos económicos.

Las empresas se pueden clasificar de acuerdo a muchos criterios de los cuales los más relevantes son el tamaño, la constitución jurídica, la propiedad y el giro u objetivo social. En el Cuadro 2, se presentan esquemáticamente estos cuatro criterios de clasificación.

Cuadro 1: Unidades y actividad económica

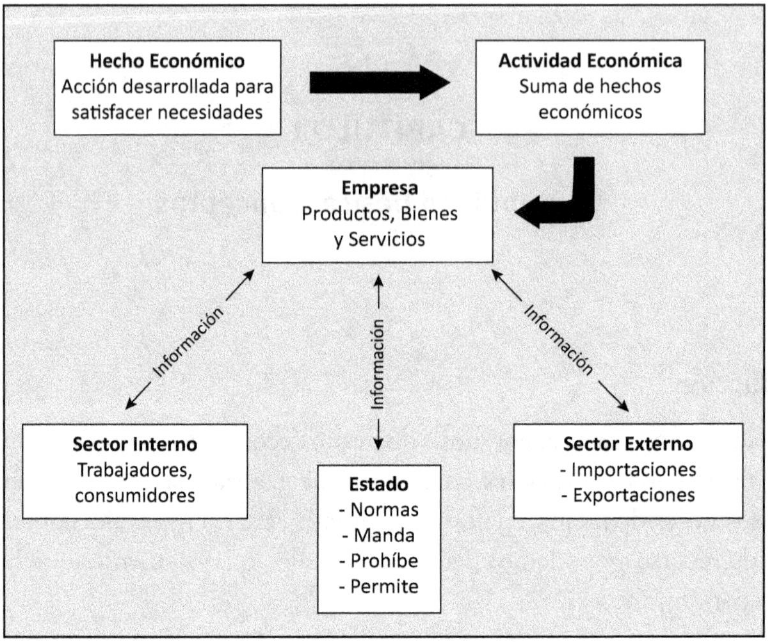

Cuadro 2: Clasificación de empresas

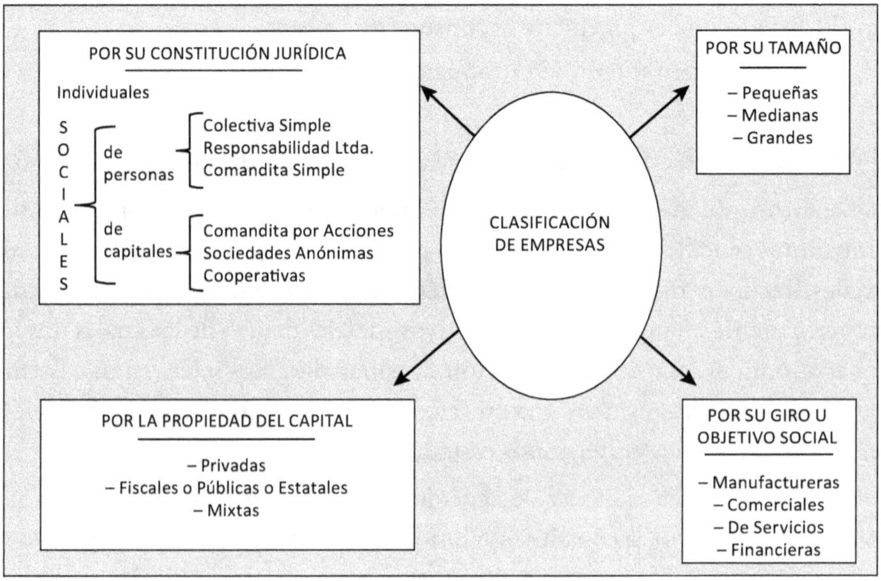

Para lograr sus objetivos en forma eficiente y productiva las empresas deben ser administradas o gestionadas en forma profesional y técnica.

La administración es una actividad humana omnipresente ya que, como se apreciará, todas las personas de alguna forma administran, claro que la mayoría en forma informal y/o intuitiva. Todos toman decisiones y ejercen el proceso administrativo de pensar, actuar y evaluar. En términos más técnicos: administrar o gestionar es planificar (pensar antes de actuar), ejecutar (actuar conforme a lo pensado) y controlar y evaluar (contrastar lo que se ejecuta conforme a lo planificado).

a) Planificar es pensar lo que se hará en el futuro estableciendo objetivos, metas, políticas, programas, procedimientos, presupuestos, proyectos, etc. Todos los cuales podemos considerar como tipos de planes.
b) Ejecutar lo planificado implica organizar, coordinar, dirigir y controlar. La organización implica estructurar funciones y establecer jerarquías. El organigrama es el método más conocido y tradicional para representar las funciones relevantes dentro de la empresa. La coordinación se establece mediante las comunicaciones formales e informales dentro de la empresa. Las reuniones periódicas constituyen un método muy utilizado para la coordinación del accionar del conjunto. La dirección se refiere al liderazgo que se da naturalmente en cualquier grupo humano, pero en este caso nos referimos al formal, esto es, a los cargos directivos y de jefaturas. El control consiste en los mecanismos que nos van informando día a día los resultados efectivos versus los resultados esperados.
c) Evaluar es comparar o contrastar lo planificado con lo ejecutado para detectar desviaciones y corregir lo que corresponda, sea lo planificado o el quehacer de los miembros de la organización.

La actividad de administrar y gestionar implica tomar decisiones en cada instante del proceso y a todo nivel, lo que implica disponer de información relevante, veraz, fidedigna y oportuna. Para ejecutar lo planificado es fundamental un orden, una estructura que dé garantía de un funcionamiento apropiado para el cumplimiento de los objetivos. Una estructura básica tradicional de una empresa se representa en el siguiente cuadro.

Cuadro 3: Funciones en la empresa

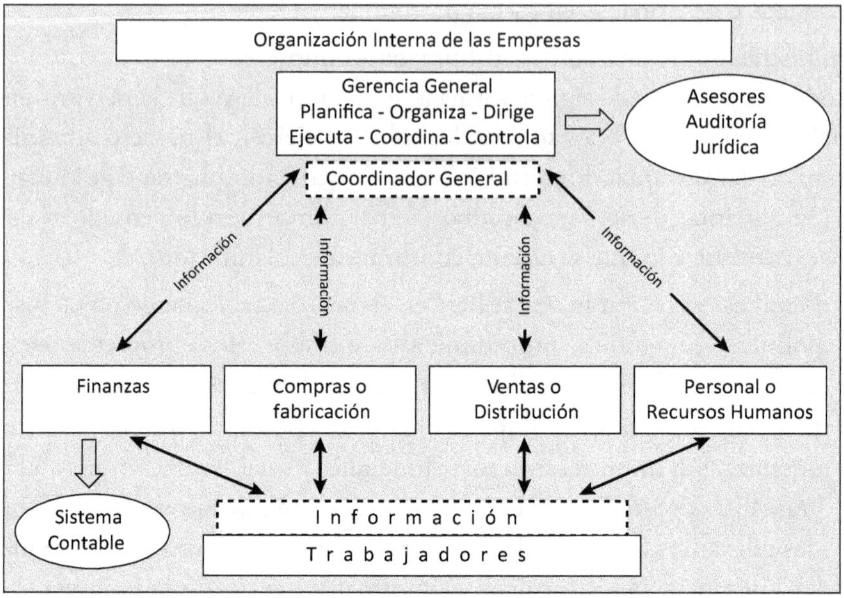

Como se observa en este esquema de organización interna de la empresa, la información es un aspecto relevante. Información que fluye en todos los sentidos, vertical; desde abajo hacia arriba y viceversa y, por supuesto, en forma horizontal.

La función principal en una empresa es la función de producción de los bienes o servicios constituyentes de su giro que en este cuadro está bajo la denominación de compras o fabricación. Todas las demás funciones son de apoyo a la producción que es la que le da el sentido a la empresa.

El sistema de información contable contiene los tres elementos clásicos de un sistema:

1. Una entrada compuesta de todos los hechos y transacciones que realiza la empresa o que ocurren en el medio y le afectan.
2. Un proceso que consiste en medir, ordenar, clasificar, registrar y resumir la información.
3. Una salida que son los cuatro estados contables básicos.

A continuación, en el Cuadro 4, se presenta un esquema del sistema contable.

En la fase de ENTRADA, toda transacción o hecho económico debe ser respaldado por documentos, comprobantes, formas e impresos que dejan en evidencia la ocurrencia de aquella. Con estos se formalizan las transacciones y se crea un respaldo legal.

Cuadro 4: Sistema de información contable

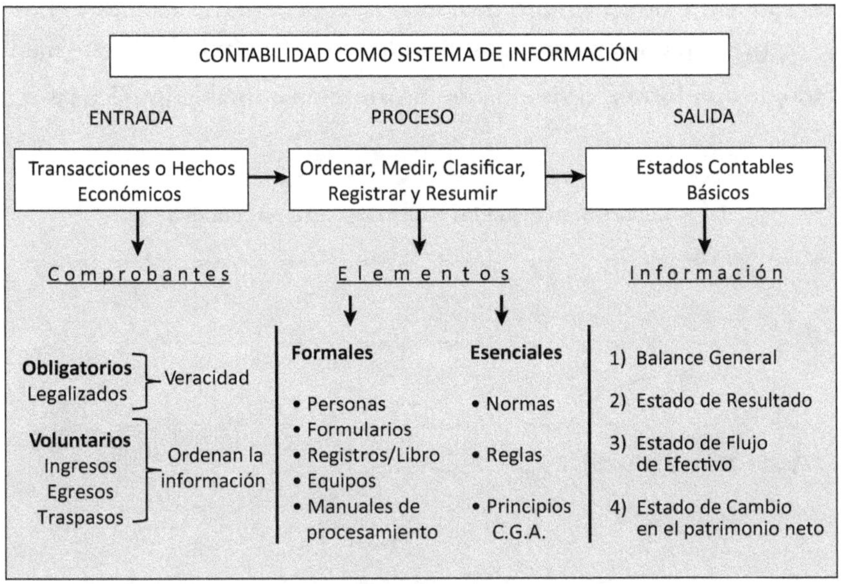

La documentación mercantil puede ser de origen interno o externo; documentación que es fuente de datos para desarrollar el sistema de información.

Entre muchos otros documentos, tenemos: las facturas y boletas de ventas, facturas y boletas de compra, notas de débito, notas de crédito, contratos de trabajo, liquidaciones de sueldos y contratos de diversa índole.

En la fase de PROCESO, se efectúan una serie de tareas manuales o digitales que incluyen el ordenamiento, la medición, la clasificación de operaciones y otras tareas. Dentro de este proceso se realiza la FUNCIÓN FUNDAMENTAL de la contabilidad, cual es REGISTRAR los datos para ir construyendo la información y dar origen a los estados contables básicos que constituyen la tercera fase del sistema que denominamos la salida.

En la fase del PROCESO entonces se recopilan los hechos económicos, se analizan, se clasifican y se registran. La salida del sistema es la información elaborada en forma de los cuatro estados nombrados en el Cuadro 4. Debe agregarse que en la actualidad, la disciplina contable incluye el análisis e interpretación de la información que ella misma elabora.

El proceso de registro se efectúa en los llamados libros contables siendo los principales: el Libro Diario, el Libro Mayor y el Libro de Balances. Los secundarios o auxiliares son, entre otros, el libro de compras, el de remuneraciones y el de ventas. Libros o registros que serán definidos y usados en el Capítulo II de este manual.

Presentado de otra forma, el sistema de información contable implica las siguientes actividades.

Cuadro 5: Actividades dentro del sistema contable

Aun cuando esta publicación constituye un manual de contabilidad básica, no podemos seguir adelante sin referirnos aunque sea brevemente a la globalización de la contabilidad en el mundo actual en que todo se internacionaliza o globaliza. Nos referimos a las normas contables y financieras internacionales que dentro del Cuadro 4 están incluidos dentro de los elementos esenciales del proceso.

No hace muchos años atrás, los distintos países diferían, a veces bastante, en la forma de contabilizar determinados hechos económicos. En la actualidad en más de 150 países se aplican las Normas Internacionales de Contabilidad (NIC o IAS, en inglés) y las Normas Internacionales de Información Financiera (NIIF o IFRS, en inglés). Estas normas que son prácticamente universales no son reglas específicas de registro, más bien orientaciones generales que dan lugar a aplicaciones particulares. El Cuadro 6 que sigue presenta algunas ideas sobre estas normas.

Normas Internacionales de Información Financiera

Son un conjunto de conceptos generales y normas particulares que regulan la elaboración y presentación de la información contenida en los estados financieros y que son aceptadas de manera generalizada en un lugar y a una fecha determinada.

Cuadro 6: Emisión y aplicación de normas contables

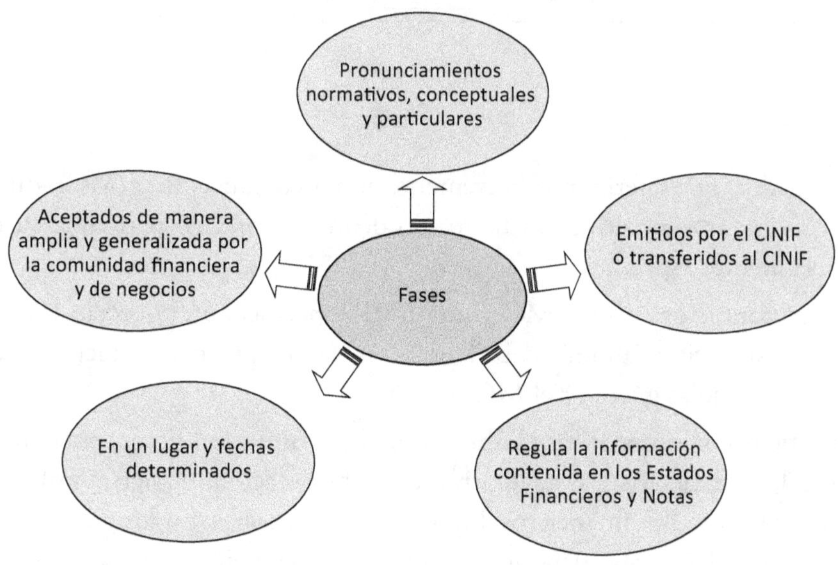

Los elementos básicos de las Normas son: el marco conceptual (MC), las normas específicas contables y de información financiera, y las interpretaciones SIC e IFRIC. Todo lo anterior se aplica para la confección de los Estados financieros.

En el Cuadro 7 a continuación se describen los elementos básicos mencionados, que constituyen el sistema regulador y que confluyen en los estados finales.

Cuadro 7: Entidades, normas y Estados financieros

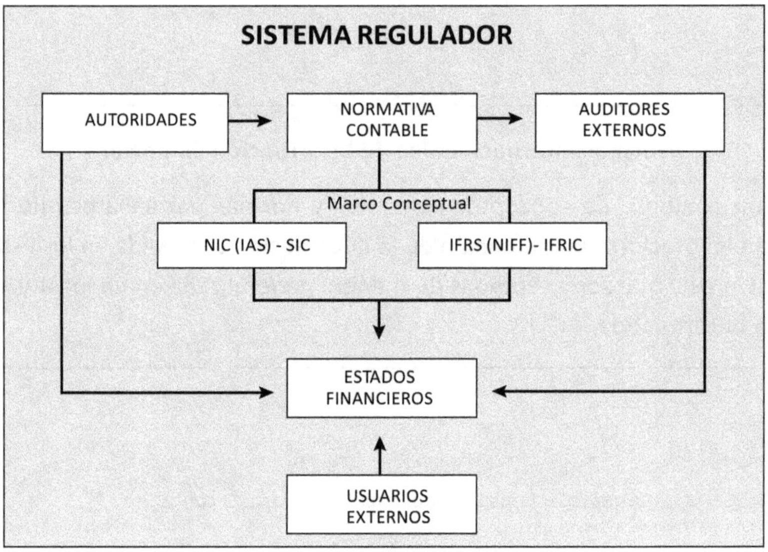

De este cuadro, nos referiremos brevemente al marco conceptual (MC), que no es una norma internacional, por lo tanto, no define normas en particular ni deroga pronunciamientos específicos.

En caso de conflictos entre el MC y una NIIF específica, prevalecerán los requerimientos de esta última; aunque debe tenerse en cuenta que, para la dictación de una norma, el Consejo se guía por el MC.

El marco tiene como temáticas el objetivo de la información financiera con propósito general, las características cualitativas de la información financiera útil, los componentes de los Estados financieros, hipótesis y definiciones. En los puntos 1.1 y 1.3 un poco más adelante, abordaremos las dos primeras temáticas señaladas.

El marco conceptual define los conceptos esenciales relacionados con la preparación y presentación de los Estados financieros para usuarios externos, siendo su objetivo ayudar o facilitar:

1. La emisión y revisión de las normas y procedimientos relativos a la presentación de Estados financieros.
2. La preparación de los Estados financieros, la aplicación de las normas de contabilidad, así como en el tratamiento de materias que no han sido todavía objeto de una norma de contabilidad.
3. La interpretación de la información contenida en los Estados financieros preparados siguiendo las normas de contabilidad.
4. La formación de una opinión, por parte de los auditores externos acerca de si los Estados financieros han sido preparados de acuerdo a las normas de contabilidad aprobadas y vigentes.
5. La entrega de información, a todos los interesados en la emisión de normas de contabilidad, acerca de las bases utilizadas en dicho proceso.

En el siguiente cuadro, además del marco conceptual, se distinguen las normas emitidas y actualizadas a la fecha, que son las siguientes:

Cuadro 8: Normas

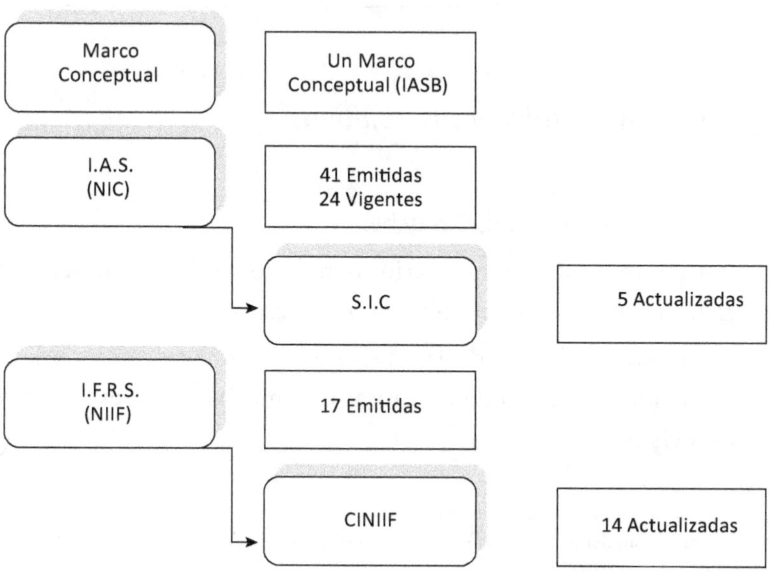

Finalmente, debemos señalar que la norma internacional de contabilidad N° 1 contiene varios aspectos que provienen del MC y está referida a la presentación de los Estados financieros.

En el cuadro que sigue se observa la temática fundamental del cuadro conceptual.

Cuadro 9: Marco conceptual y contenido

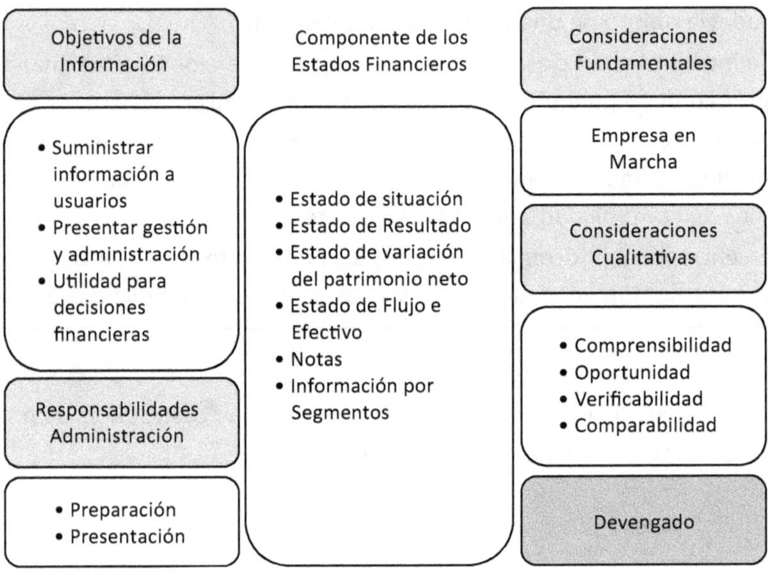

1.1. La información contable y sus objetivos[1]

En términos generales la contabilidad debe:

- Aportar los antecedentes necesarios para la toma de decisiones, permitiendo prever los resultados que involucran las decisiones.
- Constatar los resultados de las distintas gestiones dentro de la empresa y facilitar la identificación de las causas que motivan las desviaciones respecto de lo previsto.

[1] Este punto 1.1) y los dos siguientes 1.2) y 1.3) fueron extractados del *Manual contable NIIF* del profesor Carlos Filgueira R. con la debida autorización

- Facilitar las funciones de fiscalización de los organismos externos facultados para ello y la presentación de información requerida por terceros o preparada para ellos.

En otras palabras, la información es necesaria para efectos microeconómicos (a nivel de empresa) y macroeconómicos (a nivel externo).

Como hemos visto desde el punto de vista administrativo, la contabilidad es considerada una herramienta básica de la información y el control para toda la gestión económica-financiera de una empresa.

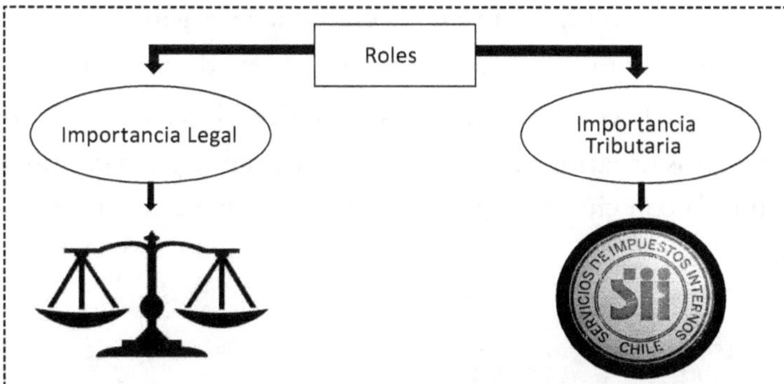

Que se encuentra contenido en el ART. 36 del Código de Comercio, que dice "Los libros de contabilidad llevados conforme a la Ley; hacen fe en las cuestiones mercantiles que los comerciantes agiten entre sí".

Vale decir en cualquier juicio mercantil en que participe el comerciante, este podrá utilizar como medio de prueba sus libros de contabilidad.

Considerando que la contabilidad constituye una reseña cronológica de las operaciones realizadas por la empresa, podemos decir ciertamente que es la base para determinar todos los impuestos que gravan la actividad comercial.

Dada la importancia que tiene la contabilidad en la actividad mercantil es que ella está sujeta al control de algunos organismos estatales que tienen entre otras funciones la misión de revisarla desde diferentes puntos de vista, según sea el objetivo que persiga la fiscalizadora.

Como hemos recalcado en puntos anteriores de la importancia de la información contable es que el tema siguiente aborda cuáles son sus características.

Para que la información contable cumpla con sus funciones de apoyo al proceso de toma de decisiones y control de la empresa, debe ser recibida por los usuarios dentro del plazo razonable para actuar.

Todas estas características conducen a un mismo fin: conseguir que la información contable sea útil en la toma de decisiones de los usuarios, tanto del sector interno como externo de la entidad.

En término más específicos la información contable debe ser útil para:

1. la toma de decisiones de los usuarios en los que se refiere a inversiones y créditos;
2. medir la situación financiera de la empresa;
3. conocer los recursos de la empresa, derechos de terceros sobre ellos y sus cambios;
4. conocer los recursos económicos, obligaciones y acciones de los propietarios:
5. conocer sobre el rendimiento de la empresa y sus ganancias;
6. conocer sobre liquidez, solvencia y flujo, de fondo de la empresa;
7. conocer sobre la conducción de los administradores y su desempeño.

Para que los distintos usuarios de la información contable puedan utilizarla, es necesario que se cumpla con ciertos requisitos, que se señalan a continuación.

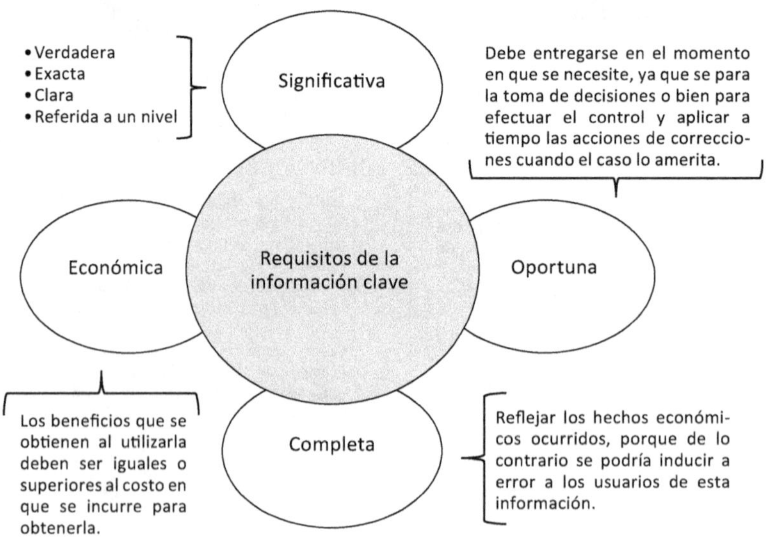

Los sistemas de información en las empresas son eficientes en la medida que den apoyo y fundamenten la toma de decisiones. Por lo tanto, el fin de estudiar y preocuparse de los sistemas de información en una organización es desarrollar un sistema que permita adoptar decisiones reduciendo la posibilidad de error, y al mismo tiempo, reduciendo al mínimo aquellos datos secundarios que no tienen como objetivo la toma de decisiones.

1.2. Campos de la contabilidad

La contabilidad se relaciona con varias disciplinas, dentro de las más relevantes tenemos:

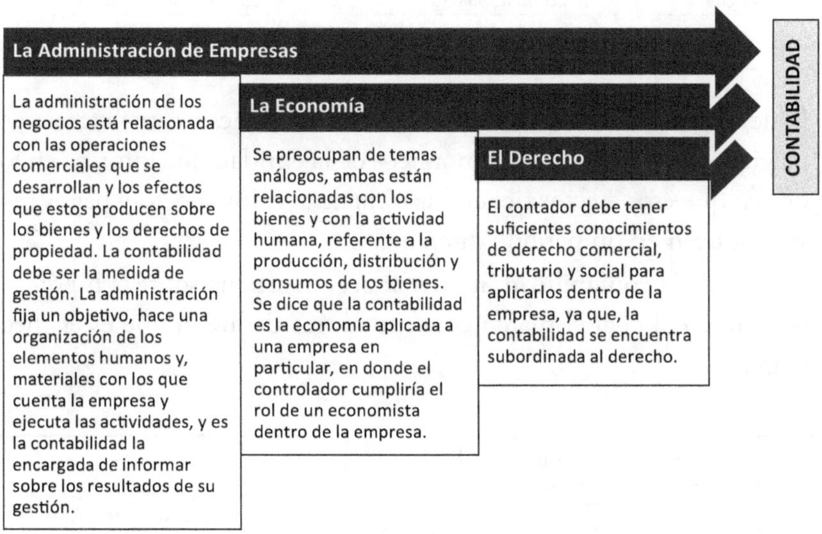

1.3. Principios básicos de la contabilidad

Los principios contables se encuentran reunidos tanto en el marco conceptual como en la NIC, existe una serie de principios básicos que nos permiten homogeneizar la práctica contable.

La palabra "principio", se utiliza para significar una ley o regla general adoptada o profesada como una pauta para la acción. Esto significa que los principios no nos indican cómo deben registrarse exactamente cada evento que ocurra en la empresa. Los principios de contabilidad son creación del hombre, es decir, no fueron extraídos de axiomas básicos, ni es verificable su validez por observación y experimentación. Su creación obedece o es resultado de una evolución.

Los principios contables se desglosan en la Hipótesis Fundamental y las características cualitativas. A continuación, comentaremos alguno de ellos:

1. Devengado	4. Representación fiel	7. Verificabilidad.
2. Negocio en marcha	5. Comparabilidad	8. Comprensibilidad.
3. Relevancia	6. Oportunidad	9. La restricción del costo en la información financiera útil.

1. El devengo, describe los efectos de las transacciones y otros sucesos y circunstancias sobre los recursos económicos de la entidad que informa en los períodos en que esos efectos tienen lugar, incluso si los cobros y pagos resultantes se producen en un período diferente.
2. La base de la contabilidad internacional se sostiene sobre la hipótesis fundamental, en el cual el marco conceptual nos define lo que es el "negocio en marcha".

Los estados financieros se preparan normalmente bajo el supuesto que una entidad está en funcionamiento y continuará su actividad dentro del futuro previsible. Por lo tanto, se supone que la entidad no tiene intención ni necesidad de liquidar o recortar de forma importante la escala de sus operaciones.

→

Si se tiene la intención o necesidad de liquidar o terminar la sociedad, los estados financieros tienen que prepararse sobre una base diferente, en cuyo caso dicha base debería revelarse.

Las características cualitativas se desglosan en dos: las que son fundamentales y las que permiten mejorar la utilidad de la información.

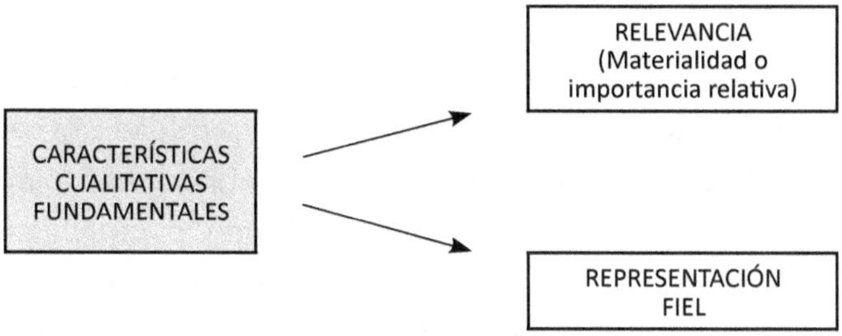

3. Relevancia

La información financiera relevante es capaz de influir en las decisiones tomadas por los usuarios.

El valor predictivo y el valor confirmatorio de la información financiera están interrelacionados. La información que tiene valor predictivo habitualmente también tiene valor confirmatorio.

-Materialidad o importancia relativa

La información es material o tiene importancia relativa si su omisión o expresión inadecuada puede influir en decisiones que los usuarios adoptan a partir de la información financiera de una entidad que informa específicamente.

4. Representación fiel

Los informes financieros representan fenómenos económicos en palabras y números. Para ser útil, la información financiera debe no solo representar los fenómenos relevantes, sino que también debe representar fielmente los fenómenos que pretende representar. Para ser una representación fiel perfecta, una descripción tendría tres características: completa, neutral y libre de error. Libre de error significa que no hay errores u omisiones en la descripción del fenómeno, y que el proceso utilizado para producir la información presentada se ha seleccionado y aplicado sin errores.

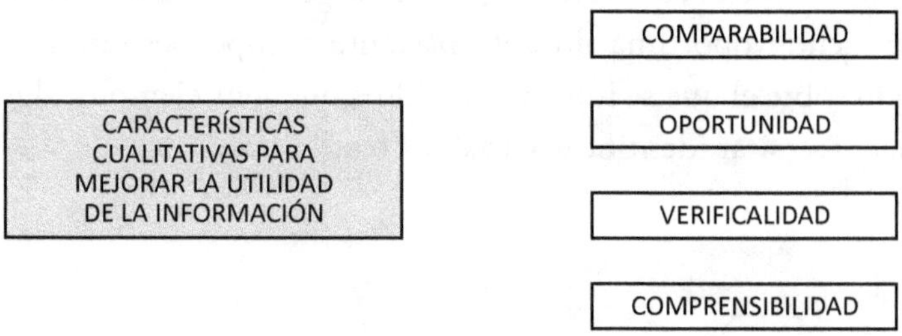

5. Comparabilidad

   La información sobre una entidad que informa es más útil si puede ser comparada con la información similar sobre otras entidades y con información similar sobre la misma entidad para el otro período. Es la característica cualitativa que permite a los usuarios identificar y comprender similitudes y diferencias entre partidas. No está relacionada con una única partida. Una comparación requiere de al menos dos partidas. La comparabilidad no es uniformidad. Para que la información sea comparable, las cosas similares deben verse parecidas y las cosas distintas deben verse diferentes.

   La comparabilidad de la información financiera no se mejora haciendo que las cosas diferentes se vean parecidas ni haciendo que las cosas similares se vean distintas. Aunque un fenómeno económico único puede ser representado fielmente de múltiples formas, permitiendo métodos contables alternativos para el mismo fenómeno económico, ello disminuye la comparabilidad.

6. Verificabilidad

   Ayuda a asegurar a los usuarios que la información representa fielmente los fenómenos económicos que pretende representar.

   La verificación puede ser directa o indirecta. Verificación directa significa comprobar un importe u otra representación mediante la observación directa, por ejemplo, contando efectivo. Verificación indirecta significa comprobar los datos de entrada de un modelo, fórmulas u otra técnica, y re calcular el resultado utilizando la misma metodología.

7. Oportunidad

   Oportunidad significa que los responsables de la toma de decisiones dispongan a tiempo de la información, de forma que esta tenga la capacidad de influir en sus decisiones. Generalmente cuánto más antigua es la información, menor es su Utilidad. Sin embargo, cierta información puede continuar siendo oportuna durante bastante tiempo después del cierre de un período sobre el que se informa debido a que, por ejemplo, algunos usuarios pueden necesitar identificar y evaluar tendencias.

8. Comprensibilidad

   La clasificación, caracterización y presentación de la información de forma clara y concisa la hace comprensible.

   Los informes financieros se preparan para usuarios que tienen un conocimiento razonable de las actividades económicas y del mundo de los negocios, y que revisan y analizan la información con diligencia.

9. La restricción del costo en la información financiera útil

   La prestación de información financiera impone costos, y es importante que esos costos estén justificados por los beneficios de presentar esa información. Existen varios tipos de costos y beneficios a considerar.

   A continuación pasamos al punto 2 de este capítulo que nos revelará las característica, lógica de movimientos y estructura del estado contable fundamental: el Balance General.

2. Estado de Situación o Balance General

Para comenzar a explicar la lógica contable, partiremos mostrando un Estado de Situación o Balance General sencillo de una empresa de responsabilidad limitada que llamaremos "Arco Ltda.". Desarrollaremos algunas ideas y conceptos sobre este estado y así, al ir realizando las transacciones para llegar a él, se irá comprendiendo esa lógica. Después de definir este Estado financiero, sus características, su estructura, sus contenidos y los principios contables que se desprenden de su sola observación, enunciaremos las once transacciones que efectuó la empresa y que dieron origen a este Balance General. Este será el primer paso para comprender la lógica contable.

Compañía Arco
Balance general o Estado de situación
31 de diciembre de Período 1
(Miles de millones de pesos)

Activo	
Activo corriente	
Caja	40
Cuentas por cobrar	50
Mercaderías	82,5
Activo no corriente	
Muebles	80
Equipos	5
Total	257,5

Pasivo y Patrimonio	
Pasivo corriente	
Acreedores	60
Préstamo banco CP	5
Sueldos por pagar	10
Gastos por pagar	2,5
Pasivo no corriente	
Préstamo banco LP	60
Patrimonio	
Capital	110
Resultado (Utilidad)	10
Total	257,5

Notas al Balance

Al igual que las notas a los otros estados, lo constituyen aclaraciones, explicaciones, análisis, complementaciones, información adicional y respaldos a las cifras del Balance y también a las de cada uno de los cuatro estados mencionados en el Cuadro 4. Para dar cuenta de la magnitud de estas notas y su importancia podemos decir que los estados contables pueden ser incluidos en una página de un periódico mientras que las notas constituyen un verdadero suplemento, como los deportivos. Es tanta la importancia de las notas, que muchos autores las reconocen como un quinto estado producto del sistema contable.

Entre muchísimas otras notas al Balance, mencionaremos solo unas pocas a manera de ejemplo:

1. Inscripción en los registros legales.
2. Criterios contables aplicados.
3. Cambios contables.
4. Valores negociables. Componentes de la cuenta.
5. Deudores corto y largo plazo, etc.

Si nos fijamos en el estado contable anterior, podemos desprender cuatro principios contables explícitos básicos:

- **Principio contable 1: "Entidad mercantil"**

  El Balance anterior es información de la empresa "Arco Ltda." como lo dice su título; se trata de una persona jurídica.

  "Los Estados financieros se refieren a entidades económicas que son distintas al dueño o dueños de la misma". Arco es una persona jurídica y como tal, tiene derechos (Activos) y obligaciones (Pasivo y Patrimonio) que son distintos de los que podrían tener su(s) dueño(s) en forma particular. La contabilidad se lleva para reflejar las transacciones que realiza la empresa independiente de quien sea el o los dueños.

- **Principio contable 2: "Bienes económicos"**

  La información del Balance anterior es información económica.

  "Los Estados financieros se refieren a hechos, recursos y obligaciones económicas susceptibles de ver valorizados en valores monetarios".

  Todos los registros en la contabilidad están respaldados por documentos: boletas, facturas, notas de débito y de crédito, liquidaciones de sueldo, contratos, etc. Lo que no puede ser cuantificado objetivamente en pesos, no aparece en el Balance, como, por ejemplo: la calidad de los directivos y de los trabajadores, el clima organizacional, etc.

- **Principio contable 3: "Moneda: común denominador"**

  Las cifras del Balance de Arco no son kilos, ni litros, ni unidades físicas... son pesos.

"La contabilidad mide en términos monetarios, lo que permite reducir todos sus componentes heterogéneos a un común denominador".

- **Principio contable 4: "Partida doble o dualidad económica"**

  "La estructura de la contabilidad descansa en esta premisa (partida doble) y está constituido por:

  a) Recursos disponibles para el logro de los objetivos establecidos como meta (Activos).

  b) Las fuentes de estos, las cuales también son demostrativas de las obligaciones contraídas" (Pasivo y Patrimonio).

  La partida doble se expresa en una simple ecuación aritmética, la ecuación del Balance, llamada también ecuación del inventario o ecuación contable o ecuación patrimonial cerrada:

ACTIVO = PASIVO + PATRIMONIO

El Balance puede visualizarse desde cuatro perspectivas, las que se presentan en el esquema siguiente:

Visión contable		Activo	Pasivo y Patrimonio
Visión jurídica	➡	Derechos	Obligaciones
Visión económica	➡	Inversiones	Financiamientos
Visión financiera	➡	Usos de fondos	Fuentes de fondos

En el Balance de "Arco Ltda." el total de Activos o derechos o inversiones o usos de fondos es igual al Pasivo y Patrimonio u obligaciones o financiamientos o fuentes de fondos y este valor es $ 257, 5 (miles de millones).

Este principio, constituye de hecho, la esencia de la lógica contable, ya que todo hecho económico afecta la ecuación, manteniéndola siempre como igualdad. Nunca se rompe el equilibrio o igualdad como iremos demostrando a través de este manual. En consecuencia, y como se ve en el Balance de Arco, la suma de las cifras del lado izquierdo (Activo) es igual a la suma de las cifras del lado derecho (Pasivos y Patrimonio): $ 257, 5.

De acuerdo a las definiciones dadas y al principio 4 anteriormente enunciado, podemos afirmar lo siguiente:

"Todo lo que la empresa tiene (Activos), lo debe (Pasivos y Patrimonio).
En suma, la empresa no tiene nada".

Lo anterior es lógico si desde otro punto de vista se visualiza que todo lo que la empresa tiene (Activos), alguien lo ha aportado (acreedores: representado por el Pasivo, o, dueños: representado por el llamado Patrimonio).

En términos bien simples, podemos señalar que, si se quiere liquidar la empresa, con los $ 257,5 obtenidos de la liquidación de los Activos, el liquidador paga los Pasivos por $ 137,5 y los $ 120 restantes a los dueños, con lo cual la empresa concluye sus operaciones.

La fecha del Balance nos hace pensar en otro principio contable básico:

- **Principio contable 5: "Período contable"**

  La vida de la empresa en marcha se fracciona en períodos para conocer los resultados logrados y la situación económico-financiera global de la empresa al final de cada período. La información contable está siempre referida a un determinado período de tiempo, que puede ser cualquiera: un trimestre, un semestre o un año. Normalmente la obligación legal es hacerlo una vez al año, al final del cual se muestra una "foto" de lo que la empresa tiene y debe en ese instante (Estado de Situación o Balance General) y tres estados acumulativos que muestran movimientos ocurridos durante durante un período: el Estado de Resultado que es un listado de los Ingresos y gastos ocurridos durante un período; el Estado de flujo de efectivo que es un listado de entradas y salidas de efectivo clasificadas y el Estado de cambios en el Patrimonio que, como su nombre lo indica es un listado de los cambios ocurridos en el Patrimonio y las causas de estos.

- **Principio contable 6: "Empresa en marcha"**

  Si bien este principio no se observa al ver el Balance, está implícito en él y lo incorporamos acá por la importancia que tiene, corroborado en el marco conceptual donde está presentado como hipótesis básica de la información.

  Los Estados financieros se preparan normalmente sobre la base de que la empresa está en funcionamiento, y continúa sus actividades de operación dentro del futuro previsible. Por lo tanto, se asume que la empresa no tiene ni la intención ni la necesidad de liquidar o disminuir de forma importante el nivel de sus operaciones. Si tal intención o necesidad existiera, los Estados financieros pueden tener que prepararse sobre una base diferente y, si así fuera, se revelaría la base utilizada.

Definamos ahora los tres grandes contenidos del Balance tal como los define el marco conceptual:

- **Activos:** son todos los recursos o bienes, tangibles o intangibles, controlados por la entidad como resultado de eventos pasados y de los que se esperan obtener, en el futuro, beneficios económicos. Hay tres aspectos esenciales:

  1) Es controlado por la empresa.
  2) Es el resultado de sucesos pasados.
  3) Se esperan beneficios futuros.

  Arco tiene Activos intangibles como caja y cuentas por cobrar, y Activos tangibles como mercaderías, muebles y equipos.

- **Pasivos:** Obligaciones presentes de la entidad como resultado de eventos pasados, al vencimiento de las cuales, y para cancelarlas, la empresa espera desprenderse de recursos que incorporan beneficios económicos. También hay tres aspectos:

  1) Obligación presente.
  2) Resultado de sucesos pasados.
  3) Necesidad de desprenderse de recursos económicos para liquidarlos.

  Arco tiene obligaciones con el banco y otros terceros como los trabajadores y otras empresas.

- **Patrimonio:** Es la parte residual de los Activos de la empresa, una vez deducidos todos sus Pasivos. Desde el punto de vista de los propietarios, constituyen sus aportes directos e indirectos a la empresa, por lo tanto, constituyen derechos sobre los Activos de la empresa. Desde el punto de vista de la empresa, constituyen una obligación hacia los dueños por los aportes directos (capital) e indirectos (Utilidades retenidas). Al leer el Balance es conveniente tomar el Patrimonio como una obligación o deuda total (no exigible) hacia ellos.

Es importante aquí, dar una primera definición de "capital": obligación o deuda de la empresa con los dueños por los aportes directos que estos han realizado a la empresa. Es una parte del Patrimonio.

La cuenta "Utilidad del ejercicio" también es de Patrimonio, pues constituye una obligación hacia los dueños por el resultado conseguido por las operaciones. Si no se reparten las Utilidades entre los socios, la Utilidad pasa a la cuenta "Utilidades retenidas"

En resumen, la información del Balance de la persona jurídica Arco, es información cuantitativa económica a una fecha determinada, está expresada en pesos y la suma del lado izquierdo (Activo) es igual a la suma del lado derecho (Pasivo más Patrimonio). Todo eso, es el reflejo de los cinco principios contables enunciados anteriormente.

Veamos el contenido del Balance desde otro punto de vista: dentro de los Activos se tienen los corrientes y los no corrientes.

• **Activos corrientes:** son aquellos Activos que se espera realizar o se pretende vender o consumir en el transcurso del ciclo normal de la operación de la empresa; o se mantenga fundamentalmente con fines de negociación; o se espere realizar dentro del período de doce meses posteriores a la fecha del Balance; o se trate de efectivo u otro medio equivalente al efectivo, cuya utilización no esté restringida, para ser intercambiado o usado para cancelar un Pasivo, al menos dentro de los doce meses siguientes a la fecha del Balance (NIC 1, párrafo 66).

"Ciclo normal de la operación de una empresa es el período comprendido entre la adquisición de los Activos que entran en proceso productivo, y su realización en efectivo o equivalente al efectivo".

• **Activos no corrientes:** son aquellos Activos que no están contenidos en el Activo corriente e incluye Activos tangibles, intangibles y financieros que por su naturaleza son a largo plazo (NIC 1, párrafo 67). Dentro de los Pasivos, se tienen los corrientes y los no corrientes.

• **Pasivos corrientes:** son aquellos Pasivos que se espera liquidar en el ciclo normal de la operación de la empresa; se mantenga fundamentalmente para negociación; deba liquidarse dentro del período de un año desde la fecha de los Estados contables o la empresa no tenga un derecho incondicional para aplazar la cancelación del Pasivo durante, al menos, un año desde la fecha de los estados contables (NIC1, párrafo 69).

• **Pasivos no corrientes:** son aquellos Pasivos con vencimiento superior a un año a contar de la fecha de cierre de los estados contables.

Los componentes de nuestro simple Estado de Situación de Arco Ltda. son:

– El Activo corriente incluye 3 cuentas: caja, cuentas por cobrar y mercaderías.
– El Activo no corriente incluye 2 cuentas: muebles y equipos.
– El Pasivo corriente incluye 4 cuentas: acreedores, préstamo banco cp, sueldos por pagar, gastos por pagar.
– El Pasivo no corriente incluye 1 cuenta: préstamo banco LP.
– El Patrimonio incluye 2 cuentas: capital y resultado (Utilidad del ejercicio).

2.1. Definiciones de Balance o Estado de Situación

a) Listado de Activos (recursos, bienes o derechos) y de Pasivos y Patrimonio (obligaciones), de la empresa en una fecha determinada. se expresa matemáticamente en la siguiente ecuación:

ACTIVO = PASIVO + PATRIMONIO

En Arco:

Activo	=	Pasivo	+	Patrimonio
⬇		⬇		⬇
257,5	=	137,5	+	120

b) Estado financiero (contable) que muestra la situación económica y financiera de la empresa en un instante dado.

2.2. Características

a) Es el estado contable fundamental. Toda transacción o hecho económico medible, ocurrido en la empresa lo afecta (lo modifica). Incluso pueden haber hechos económicos en el entorno que pueden afectar el Balance de una empresa como una variación en el tipo de cambio y un alza en el nivel de precios, entre otros.

b) Es estático: Es una "lista" de lo que la empresa tiene y debe en un "instante" (31 diciembre período 1, a las 17:00 p.m.). El hecho de ser estático no implica que no esté en continua transformación. Es una foto de algo que está en continuo movimiento.

c) Es económico y financiero. Muestra la situación económica y financiera.

Situación económica: Capacidad de generar nueva riqueza, agregar valor, obtener ganancias.

El Balance muestra la situación económica porque:

- Lista los Activos y su composición que constituyen la base de la generación de Utilidades.
- Dentro del Patrimonio incluye un ítem o cuenta "Resultado del ejercicio".

Situación financiera: Capacidad de cumplir con las obligaciones.

El Balance muestra la situación financiera porque mediante la comparación de lo que tiene (en el Activo) con lo que se debe (en el Pasivo), se puede determinar la capacidad de pago. (Ejemplo: comparación del Activo corriente con el Pasivo corriente).

2.3. Estructura y contenidos

Para ampliar nuestra visión de los contenidos de un Balance, incluimos a continuación una estructura y contenido de uso generalizado en las empresas sociedades anónimas de un sector económico.

Si el lector tiene presente los conceptos de Activos, Pasivo y Patrimonio, dados anteriormente, le facilitará la comprensión de los ítems o partidas aquí incluidos.

ACTIVOS	MONTO $
ACTIVOS CORRIENTES	
Efectivo y efectivo equivalente	$
Activos financieros a valor razonable con cambios en resultados	$
Activos financieros disponibles para la venta	$
Otros activos financieros	$
Deudores por venta y otras cuentas por cobrar, neto	$
Cuentas por cobrar a entidades relacionadas	$
Inventarios (Existencias), neto	$
Activos biológicos	$
Activos de Cobertura	$
Activos Pignorados como garantía sujetso a venta o a nueva pignoracion.	$
Pagos anticipados	$
Cuentas por cobrar por impuestos	$
Otros activos	$
Activos corrientes en operación	$
Activos no corrientes y grupos en desapropiacion mantenidos para la venta	$
TOTAL ACTIVOS CORRIENTES	$
ACTIVOS NO CORRIENTES	
Activos financieros disponibles para la venta	$
Otros activos financieros	$
Deudores por venta y otras cuentas por cobrar, neto	$
Cuentas por cobrar a entidades relacionadas	$
Inversiones en asociadas, contabilizadas por el método de participación	$
Otras Inversiones contabilizadas por el metodo de participacion	$
Activos Intangibles, neto	$
Propiedades, Planta y equipos, neto	$
Activos Biológicos	$
Propiedades de Inversión	$
Activos por impuestos diferidos	$
Activos Pignorados como garantía sujetso a venta o a nueva pignoracion.	$
Activos de Cobertura	$
Pagos Anticipados, No corrientes	$
Efectivo de Utilización restringida o pignorado	$
Otros Activos no corrientes	$
TOTAL ACTIVOS NO CORRIENTES	**$**
TOTAL ACTIVOS	**$**

PASIVOS Y PATRIMONIO NETO	MONTO $
PASIVOS CORRIENTES	
Préstamos que Devengan Intereses (Obligaciones con Inst.Financieras), corriente	$
Préstamos Recibidos que no Generan Intereses, corriente	$
Otros Pasivos Financieros, corriente	$
Acreedores Comerciales y Otras Cuentas por Pagar, corriente	$
Cuentas por Pagar a Entidades Relacionadas, corriente	$
Provisiones, corriente	$
Cuentas por Pagar por Impuestos, corriente	$
Otros Pasivos, corriente	$
Ingresos Diferidos, corriente	$
Obligación por Beneficios Post Empleo, corriente	$
Pasivos de Cobertura, corriente	$
Pasivos acumulados (o devengados), total	$
Pasivos corrientes en operación	$
Pasivos Incluidos en Grupos en Desapropiación Mantenidos para la Venta	$
TOTAL PASIVOS CORRIENTES	$
PASIVOS NO CORRIENTES	
Préstamos que Devengan Intereses, no corrientes	$
Préstamos Recibidos que no Generan Intereses, no corrientes	$
Otros Pasivos Financieros, no corrientes	$
Acreedores Comerciales y Otras Cuentas por Pagar, no corrientes	$
Cuentas por Pagar a Entidades Relacionadas, no corrientes	$
Provisiones, no corrientes	$
Pasivos por Impuestos Diferidos, no corrientes	$
Otros Pasivos, no corrientes	$
Ingresos Diferidos, no corrientes	$
Obligación por Beneficios Post Empleo, no corrientes	$
Pasivos de Cobertura, no corrientes	$
TOTAL PASIVOS NO CORRIENTES	$
PATRIMONIO	
Capital Emitido (Capital pagado)	$
Acciones Propias en Cartera	$
Otras Reservas	$
Resultados Retenidos (Pérdidas Acumuladas)	$
PATRIMONIO NETO, TOTAL	$
Patrimonio Neto Atribuible a los Tenedores de Instrumentos de Patrimonio Neto de Controladora	$
Participaciones Minoritarias	$
PATRIMONIO NETO Y PASIVOS, TOTAL	$

2.4. Construcción del Balance

A continuación, enunciaremos las 11 transacciones que efectuó Arco para llegar al Balance o Estado de Situación final mostrado en la página 32. Junto con el enunciado, iremos analizando los efectos que provocan cada transacción en la ecuación del Balance y cómo va quedando este después de cada transacción.

	Derechos	=	**Obligaciones**
Antes de crearse	$ 0	=	$ 0

Transacciones de Arco (en miles de millones de $)

Las transacciones que efectuó Arco para llegar al Estado de Situación anterior, fueron:

1. Aporte de los dueños en mercaderías tasadas en $ 115.
2. Compra de muebles en $ 80 al crédito simple.
3. Obtención de crédito a largo plazo del banco por $ 65.
4. Cancelación del 25 % de la deuda con acreedores.
5. Retiro de capital de un dueño que abandona la sociedad, se lleva mercaderías por $ 5.
6. Con el transcurrir del tiempo, $ 5 de la deuda con el banco, pasan a corto plazo.
7. Se compran equipos al contado en $ 5.
8. Se vende el 50 % de las mercaderías en $ 100 al crédito simple.
9. Clientes devuelven el 50 % de lo que habían comprado.
10. Se registra el gasto de sueldos del período por $ 10. Se pagará el período siguiente.
11. Llegan las cuentas de consumos básicos (luz, agua, etc.) por $ 2, 5.

- **Hecho 1:** Dueños aportan $ 115 en mercaderías (podría ser cualquier Activo: máquinas, muebles, galpones, etc.).

  Derecho de la empresa a usar $ 115 (aumento de cuenta de Activo "mercadería") = Obligación de dar cuenta por $ 115 a dueños (aumento de cuenta de Patrimonio "capital").

➢ **Hecho 2:** Se compran muebles por $ 80 al crédito simple.

Derecho de la empresa a usar muebles por $ 80 (aumento de cuenta de Activo "Muebles") = Obligación de pagar crédito a acreedor por $ 80 (aumento de cuenta de Pasivo "Acreedores").

Juntando ambos hechos económicos, se tiene:

Recursos			=	Obligaciones		
Mercaderías	+	Muebles	=	Acreedores	+	Capital
$ 115	+	$ 80	=	$ 80	+	$ 115

Si registramos el efecto de las dos transacciones como lo indicamos, el Balance general después de estas, queda de la siguiente manera:

Activo	
Mercaderías	115
Muebles	80
Total	**195**

Pasivo y Patrimonio	
Acreedores	80
Capital	115
Total	**195**

Antes de continuar con las transacciones, es conveniente explicar y aclarar los conceptos siguientes: cuentas, plan de cuentas y manual de cuentas.

- *Cuenta* es una unidad básica de información en la cual se registran las variaciones relativas a una cosa u objeto. Por ejemplo, en la cuenta de Activo "Caja" se registran las entradas y salidas de dinero. En la cuenta de Pasivo "Acreedores", se registran los aumentos y disminuciones de esta deuda producto de la obtención de créditos simples y pagos de ellos respectivamente.

  Para registrar la amplia gama de transacciones que realizan las empresas, todas deben tener un plan de cuentas y la mayoría, un manual de cuentas asociado a ese plan.
- *Plan de cuentas* es una lista de las cuentas que una empresa usa para registrar sus operaciones. Para comenzar, en nuestra empresa Arco consideraremos solo las 12 cuentas del Balance ya presentado. Todas las empresas tienen un plan de cuentas que depende fundamentalmente del giro de ella, también de

normas legales y de la necesidad de información de los administradores. Para registrar las transacciones o hechos económicos se deben usar solo las cuentas del plan. Existen cinco clases de cuentas: de Activo, de Pasivo, de Patrimonio, de Ingreso (o Ganancia) y de Gasto (o Pérdida). Estas dos últimas clases, se explicarán en la transacción 8 de Arco.

- Ejemplo de cuentas de Activo: cuentas por cobrar, clientes, mercaderías, máquinas, terrenos, inversiones en empresas relacionadas, gastos de organización y puesta en marcha.
- Ejemplo de cuentas de Pasivo: proveedores, provisión impuesto, préstamos bancarios, cuentas por pagar, documentos por pagar, arriendo por pagar.
- Ejemplo de cuentas de Patrimonio: capital, Utilidades retenidas, reservas.
- Ejemplos de cuentas de Ingreso: ventas, intereses ganados, arriendos ganados.
- Ejemplos de cuentas de Gasto: costo de venta, gastos generales, sueldos, arriendos, gastos de administración.

Nota: las cuentas tienen un nombre único definido en plan de cuentas y se usan solo ellas mientras no haya modificación en dicho plan. Las transacciones no pueden registrarse al margen de las cuentas incluidas en el plan. Para detallar información, las cuentas se desglosan en subcuentas, estas en subsubcuentas y así sucesivamente. Por ejemplo, la cuenta "Banco" que es la que aparece en un Balance, puede estar desglosada en "Banco A", "Banco B", "Banco C", etc. A su vez, la cuenta "Banco A" puede estar desglosada en "Banco A, cuenta corriente 1", "Banco A, cuenta corriente 2", etc. La cuenta "Cliente", está normalmente desglosada en subcuentas, una por cada cliente. Todas las partidas, ítems o rubros que aparecen en el Balance de la CIA Arco, contablemente se llaman cuentas, y tal como señalamos, son cuentas preexistentes en su respectivo Plan. Los desgloses de las cuentas son de uso y para control interno en la empresa.

- *Manual de cuentas* es un documento que contiene el plan de cuentas e instrucciones acerca del uso de cuentas y otras informaciones relacionadas con las cuentas y su uso en el proceso contable.

Como se apreciará más adelante al tener que registrarse un hecho económico, dentro de las normas del manual del tratamiento de cuentas se encuentra la explicación del tratamiento, a saber:

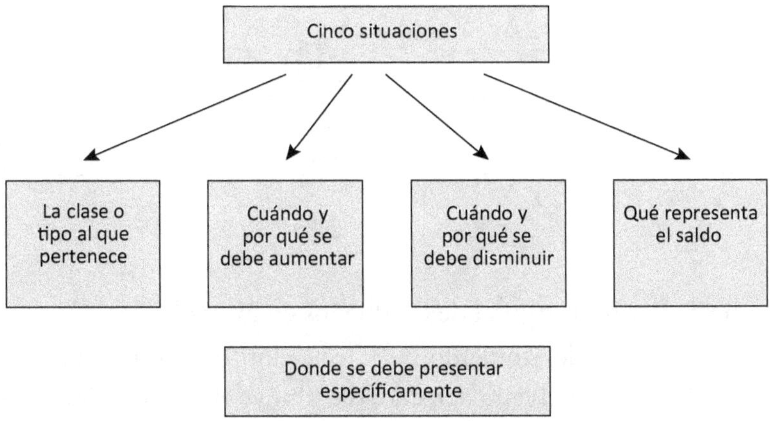

Sigamos con nuestro ejercicio:

- **Hecho 3:** Se obtiene crédito del banco por \$ 65 a LP.

  Análisis: Al lado izquierdo de la ecuación aumenta el Activo, cuenta "Caja" y al lado derecho aumenta un Pasivo, cuenta "Préstamo banco LP", ambas en \$ 65. El Balance queda de la siguiente manera:

Activo	
Caja	65
Mercaderías	115
Muebles	80
Total	**260**

Pasivo y Patrimonio	
Acreedores	80
Préstamo banco LP	65
Capital	115
Total	**260**

Nota: Para una buena comprensión de la lógica del proceso contable, es conveniente que se vaya comparando el Balance anterior a cada transacción con el que queda después de ella, teniendo en cuenta el análisis realizado entre ambos.

- **Hecho 4:** Se cancela el 25 % de las obligaciones con los acreedores.

  Análisis: Al lado izquierdo de la ecuación disminuye el Activo, cuenta "Caja" y al lado derecho disminuye el Pasivo, cuenta "Acreedores", ambas en $ 20. El Balance General queda de la siguiente manera:

Activo	
Caja	45
Mercaderías	115
Muebles	80
Total	**240**

Pasivo y Patrimonio	
Acreedores	60
Préstamo banco LP	65
Capital	115
Total	**240**

- **Hecho 5:** Retiro de capital de los dueños en mercaderías.

  Análisis: En el lado izquierdo de la ecuación disminuye el Activo, cuenta "Mercaderías" y en el lado derecho, disminuye el Patrimonio, cuenta "Capital", ambas en $ 5. El Balance General queda de la siguiente forma:

Activo	
Caja	45
Mercaderías	110
Muebles	80
Total	**235**

Pasivo y Patrimonio	
Acreedores	60
Préstamo banco LP	65
Capital	110
Total	**235**

Nota: Se supone que es una empresa de responsabilidad limitada, lo cual implica que los dueños pueden retirarse de la empresa y retirar sus aportes en Activos, a diferencia de las sociedades anónimas abiertas, en las cuales, si uno de los socios desea retirarse, simplemente vende sus derechos en el mercado, lo cual no tiene ningún efecto contable.

- **Hecho 6:** Del préstamo del banco, $ 5 vencen dentro de un año.

  Análisis: Todo el cambio se produce en el lado derecho de la ecuación. Disminuye el Pasivo, cuenta "Préstamo banco LP" y aumenta el Pasivo, cuenta "Préstamo banco CP", ambos en $ 5. El Balance General queda de la siguiente forma:

Activo	
Caja	45
Mercaderías	110
Muebles	80
Total	**235**

Pasivo y Patrimonio	
Acreedores	60
Préstamo banco CP	5
Préstamo banco LP	60
Capital	110
Total	**235**

- **Hecho 7:** Se compran equipos al contado. Valor $ 5.

  Análisis: El cambio ocurre solo en el lado izquierdo de la ecuación, ya que el Activo, cuenta "Caja" disminuye, mientras que, en el mismo Activo, la cuenta "Equipos" aumenta, ambos en $ 5. El Balance queda de la siguiente forma:

Activo	
Caja	40
Mercaderías	110
Muebles	80
Equipos	5
Total	**235**

Pasivo y Patrimonio	
Acreedores	60
Préstamo banco CP	5
Préstamo banco LP	60
Capital	110
Total	**235**

Hasta el momento, las transacciones no han provocado un resultado económico, es decir, una modificación de los aportes de los dueños por Utilidades (o pérdidas), objetivo de la empresa con fines de lucro. Las Utilidades obtenidas por las empresas son para "remunerar" o "compensar" los aportes realizados por los dueños. A las transacciones que no provocan variaciones en el Patrimonio le llamaremos Operaciones de Transferencia. Las siete transacciones anteriores son de transferencia.

A continuación, enunciaremos y analizaremos las 4 transacciones que realizó Arco para llegar al Balance del 31 de diciembre mostrado en la página 32. Como veremos, estas transacciones son esencialmente diferentes a las anteriores, puesto que estas producen cambios o modifican el aporte de los dueños sea aumentándolo (con Utilidades o Ingresos) o disminuyéndolos (con Pérdidas o Gastos).

- **Hecho 8:** Venta del 50 % de las mercaderías (todas valen lo mismo) en $ 100 al crédito simple.

  Esta transacción es la más frecuente en la realidad, también es la más compleja y rica conceptualmente, por lo tanto, la más difícil de entender.

Análisis: En el lado izquierdo de la ecuación ocurren dos efectos: aumenta el Activo "Cuentas por Cobrar" en $ 100 y disminuye otro Activo "Mercaderías" en $ 55 (en el hecho estamos cambiando un Activo que vale $ 55: precio costo, por otro que vale $ 100: Precio de Venta). La diferencia entre el precio de venta y el precio de costo ($ 45) representa una Utilidad que constituye una obligación de la empresa con los dueños (ya que estos, hicieron aportes a la empresa con el ánimo de que obtuviera Utilidad y se les entregara el total o parte de ella como compensación de sus aportes). Esta Utilidad la sumaremos a la cuenta "Capital", cuyo monto representa precisamente la obligación total de la empresa con los dueños. Si registramos el efecto de esta transacción de esta forma, el Balance General después de esta, quedaría de la siguiente manera:

Activo	
Caja	40
Cuentas por Cobrar	100
Mercaderías	55
Muebles	80
Equipos	5
Total	**280**

Pasivo y Patrimonio	
Acreedores	60
Préstamo banco CP	5
Préstamo banco LP	60
Capital	155
Total	**280**

Como se observa, el Capital se incrementó en el monto de la Utilidad. Desde el punto de vista de la empresa, aumentó su obligación hacia los dueños y desde el punto de vista de estos, hubo un incremento en su derecho sobre los Activos de la empresa.

Aunque el registro está bien hecho conceptualmente, en la práctica es inconveniente modificar la cuenta "Capital" por las Utilidades (o Pérdidas) de la empresa ya que se mezcla y pierde información. Es así que al ver las cifras del Balance anterior no se sabe el monto del Capital que han aportado directamente los socios ni el monto de las ganancias obtenidas, puesto que ambas cifras están incluidas en los $ 155. De aquí surge el principio "Invariabilidad del Capital" que quiere decir que la cuenta "Capital" no se modifica por los resultados económicos (Utilidad o Pérdida); por lo tanto, los llevamos en una cuenta distinta de la cuenta "Capital"; por el momento los llevaremos en una cuenta de Patrimonio que denominaremos "Resultado (Utilidad)".

El Balance corregido queda así:

Activo	
Caja	40
Cuentas por Cobrar	100
Mercaderías	55
Muebles	80
Equipos	5
Total	**280**

Pasivo y Patrimonio	
Acreedores	60
Préstamo banco CP	5
Préstamo banco LP	60
Capital	110
Resultado (Utilidad)	45
Total	**280**

No deje de apreciar que la Utilidad económica producida por esta transacción, incrementó el Activo total y el Patrimonio, ambos en $ 45. En efecto, el Balance antes de la transacción 8, sumaba $ 235 a ambos lados.

El resultado económico (Utilidad o Pérdida) es la diferencia entre Ingresos contables y gastos contables.

RESULTADO ECONÓMICO = INGRESOS – GASTOS

Llegamos aquí a dos definiciones contables claves que debemos comprender y dominar desde este momento para no tener confusiones y problemas al momento de pasar desde los conceptos contables a los conceptos financieros. Por el momento daremos dos ideas simples, pero concluyentes de Ingresos y Gastos contables, para diferenciarlos del concepto financiero que está asociado a flujo de dinero.

Ingreso contable es el valor a precio de venta de un bien o servicio entregado a un cliente o a un tercero. Se registra en el momento de la entrega del bien o servicio independientemente del momento en que se reciba el pago, el cual, puede que incluso no se reciba. Pensando en términos bien prácticos, una empresa de retail registra la venta cuando entrega el bien, aunque este sea el crédito. El cliente puede pagar en los próximos períodos o incluso no pagarla. En conclusión, un Ingreso contable no es necesariamente una entrada de dinero en el momento o período en el que se registra.

Gasto contable es el valor a precio de costo de los bienes o servicios usados por la empresa y que son necesarios para generar los Ingresos. En este sentido, Gasto contable es sinónimo de utilización de bienes y servicios. Al igual que los Ingresos contables, los Gastos contables se registran en el momento del uso de bienes y servicios independientemente de cuándo se paguen, incluso, aunque no se cancelen en el futuro. En conclusión, un Gasto contable no es necesariamente una salida o egreso de dinero en el momento o período en el que se registra.

En la transacción anterior, el Ingreso contable o Venta es por $ 100 y el Gasto o Consumo (necesario para generar la venta) es por $ 55. En consecuencia, hay un Resultado Económico: Utilidad de $ 45. Es importante que el alumno comprenda que ha ocurrido un Ingreso, un Gasto y una Utilidad contable, sin que se haya "movido un peso".

Otra cuestión importante, es la relación aritmética entre Resultado, Ingreso y Gasto. Los Ingresos aumentan el Resultado (relación directa) y los Gastos disminuyen el Resultado (relación inversa).

- **Hecho 9:** Los clientes devuelven el 50 % de la mercadería que habían comprado.

  Análisis: Es fácil darse cuenta que los efectos en la ecuación son contrarios a lo ocurrido en la transacción anterior y por la mitad de los valores.

  Las Cuentas por Cobrar disminuyen en la mitad $ 50, quedando en $ 50; las Mercaderías aumentan en $ 27,5, quedando en $ 82,5; y la Utilidad se reduce en la mitad $ 22,5, quedando en 22,5 (ya que el Ingreso se reduce en $ 50 y el Gasto se reduce en $ 27,5). El total del Activo y del Patrimonio disminuyen en $ 22,5. El Balance General queda de la siguiente forma:

Activo	
Caja	40
Cuentas por Cobrar	50
Mercaderías	82,5
Muebles	80
Equipos	5
Total	**257,5**

Pasivo y Patrimonio	
Acreedores	60
Préstamo banco CP	5
Préstamo banco LP	60
Capital	110
Resultado (Utilidad)	22,5
Total	**257,5**

- **Hecho 10:** Se registra el gasto por sueldos del período a los vendedores por $ 10.

  Análisis: El lado izquierdo de la ecuación no se modifica y en el lado derecho disminuye el Patrimonio, cuenta "Resultado (Utilidad)", pues, el sueldo representa un gasto que disminuye la Utilidad. Es un Gasto porque la empresa usó un servicio (trabajo) y que en este caso específico no es egreso de dinero, pues solo se devenga (origina). En el mismo lado izquierdo, surge el Pasivo "Sueldos por Pagar". El Balance General queda de la siguiente forma:

Activo	
Caja	40
Cuentas por Cobrar	50
Mercaderías	82,5
Muebles	80
Equipos	5
Total	**257,5**

Pasivo y Patrimonio	
Acreedores	60
Préstamo banco CP	5
Préstamo banco LP	60
Sueldos por pagar	10
Capital	110
Resultado (Utilidad)	12,5
Total	**257,5**

➢ **Hecho 11:** Llega la cuenta de consumos básicos por $ 2,5.

Análisis: De acuerdo a las definiciones anteriores, la empresa debe registrar un Pasivo en una cuenta incluida en el plan de cuentas que se denomina "Gastos por pagar" y debe disminuir el Resultado (Utilidad), ya que la empresa usó un servicio y esto conceptualmente representa un gasto o consumo necesario para generar el Resultado Económico. O sea, en el lado derecho de la ecuación aumenta un Pasivo, cuenta "Gastos por pagar" y en ese mismo lado disminuye en el Patrimonio, la cuenta "Resultado (Utilidad)", ambos varían en $ 2,5.

Activo	
Caja	40
Cuentas por cobrar	50
Mercaderías	82,5
Muebles	80
Equipos	5
Total	**257,5**

Pasivo y Patrimonio	
Acreedores	60
Préstamo banco CP	5
Préstamo banco LP	60
Sueldos por pagar	10
Gastos por pagar	2,5
Capital	110
Resultado (Utilidad)	10
Total	**257,5**

Con esta última transacción, el Balance General clasificado quedará como el primer Balance presentado en estos apuntes al comienzo del punto 2 en la página 32. Hemos registrado todos los hechos económicos de Arco del período 1.

Compañía Arco
Balance General o Estado de Situación
31 de diciembre de periodo 1
(Miles de millones de Pesos)

Activo	
Activo corriente	
Caja	40
Cuentas por cobrar	50
Mercaderías	82,5
Activo no corriente	
Muebles	80
Equipos	5
Total	**257,5**

Pasivo y Patrimonio	
Pasivo corriente	
Acreedores	60
Préstamo banco CP	5
Sueldos por pagar	10
Gastos por pagar	2,5
Pasivo no corriente	
Préstamo banco LP	60
Patrimonio	
Capital	110
Resultado (Utilidad)	10
Total	**257,5**

Ecuación del Balance

Activo	=	Pasivo	+	Patrimonio
257,5	=	137,5	+	120

Para comprender cabalmente la lógica contable, es importantísimo comprender y memorizar las combinaciones aritméticas que se han dado y que mantienen la ecuación:

ACTIVO = PASIVO + PATRIMONIO

* Aumento de Activo con aumento de Patrimonio: transacción 1 aportes de dueños.
* Aumento de Activo con aumento de Pasivo: transacción 2 compra Activo al crédito.
* Aumento de Activo con disminución de otro Activo: transacción 7. Compra Activo al contado.
* Disminución de Activo con disminución de Patrimonio: transacción 5 retiro socios.
* Disminución de Activo con disminución de Pasivo: transacción 4 pago de deuda.
* Disminución de Activo con aumento de otro Activo: transacción 7 compra Activo contado.

* Disminución de Pasivo con aumento de otro Pasivo: transacción 6 traspaso de deudas.
* Aumento de Pasivo con disminución de Patrimonio: transacción 11 devengo de gastos.

Observe que el Patrimonio creció desde $ 110 (Capital aportado) a $ 120, debido a la Utilidad de $ 10, cuyo detalle mostrará el Estado de Resultado que se explicará más adelante en el punto 3, a través del análisis de las últimas 4 transacciones vistas más arriba.

A las transacciones que provocan variaciones en el Patrimonio aumentándolo les llamaremos Operaciones de Expansión y a las que lo disminuyen les llamaremos Operaciones de Contracción. Es así que la venta se puede clasificar como una operación de expansión, mientras que los sueldos y los consumos básicos: luz, agua, gas, etc. Clasifican como operaciones de contracción.

A continuación, se recomienda que el lector haga el ejercicio anterior solo; confeccionando el Balance después de cada transacción como una buena forma de internalizar el efecto de las transacciones en el Balance.

Registre las transacciones de la empresa "Arco" en el formato que sigue. Confeccione el Balance después de cada transacción recordando que el proceso es acumulativo.

➢ **Hecho 1:** Aporte de los dueños, en mercaderías tasadas en $ 115.

Activo	
Caja	
Cuentas por cobrar	
Mercaderías	
Muebles	
Equipos	
Total Activo	

Pasivo	
Acreedores	
Préstamo banco CP	
Sueldos por pagar	
Gastos por pagar	
Préstamo banco LP	
Patrimonio	
Capital	
Resultado (Utilidad)	
Total Pasivo + Patrimonio	

➢ **Hecho 2:** Compra de muebles en $ 80 al crédito simple.

Activo	
Caja	
Cuentas por cobrar	
Mercaderías	
Muebles	
Equipos	
Total Activo	

Pasivo	
Acreedores	
Préstamo banco CP	
Sueldos por pagar	
Gastos por pagar	
Préstamo banco LP	
Patrimonio	
Capital	
Resultado (Utilidad)	
Total Pasivo + Patrimonio	

➢ **Hecho 3:** Obtención de crédito bancario a largo plazo por $ 65.

Activo	
Caja	
Cuentas por cobrar	
Mercaderías	
Muebles	
Equipos	
Total Activo	

Pasivo	
Acreedores	
Préstamo banco CP	
Sueldos por pagar	
Gastos por pagar	
Préstamo banco LP	
Patrimonio	
Capital	
Resultado (Utilidad)	
Total Pasivo + Patrimonio	

➢ **Hecho 4:** Cancelación del 25 % de la deuda con los acreedores.

Activo	
Caja	
Cuentas por cobrar	
Mercaderías	
Muebles	
Equipos	
Total Activo	

Pasivo	
Acreedores	
Préstamo banco CP	
Sueldos por pagar	
Gastos por pagar	
Préstamo banco LP	
Patrimonio	
Capital	
Resultado (Utilidad)	
Total Pasivo + Patrimonio	

➢ **Hecho 5:** retiro de capital de un dueño que abandona la sociedad. Se lleva mercaderías valorizadas en $ 5.

Activo	
Caja	
Cuentas por cobrar	
Mercaderías	
Muebles	
Equipos	
Total Activo	

Pasivo	
Acreedores	
Préstamo banco CP	
Sueldos por pagar	
Gastos por pagar	
Préstamo banco LP	
Patrimonio	
Capital	
Resultado (Utilidad)	
Total Pasivo + Patrimonio	

➢ **Hecho 6:** Con el transcurso del tiempo, de la deuda bancaria a largo plazo, $ 5 se traspasan al corto plazo.

Activo	
Caja	
Cuentas por cobrar	
Mercaderías	
Muebles	
Equipos	
Total Activo	

Pasivo	
Acreedores	
Préstamo banco CP	
Sueldos por pagar	
Gastos por pagar	
Préstamo banco LP	
Patrimonio	
Capital	
Resultado (Utilidad)	
Total Pasivo + Patrimonio	

➢ **Hecho 7:** Se compran equipos al contado en $ 5.

Activo	
Caja	
Cuentas por cobrar	
Mercaderías	
Muebles	
Equipos	
Total Activo	

Pasivo	
Acreedores	
Préstamo banco CP	
Sueldos por pagar	
Gastos por pagar	
Préstamo banco LP	
Patrimonio	
Capital	
Resultado (Utilidad)	
Total Pasivo + Patrimonio	

➢ **Hecho 8:** Se vende el 50 % de las mercaderías en $ 100 al crédito simple.

Activo	
Caja	
Cuentas por cobrar	
Mercaderías	
Muebles	
Equipos	
Total Activo	

Pasivo	
Acreedores	
Préstamo banco CP	
Sueldos por pagar	
Gastos por pagar	
Préstamo banco LP	
Patrimonio	
Capital	
Resultado (Utilidad)	
Total Pasivo + Patrimonio	

➢ **Hecho 9:** Clientes devuelven el 50 % de lo que habían comprado.

Activo	
Caja	
Cuentas por cobrar	
Mercaderías	
Muebles	
Equipos	
Total Activo	

Pasivo	
Acreedores	
Préstamo banco CP	
Sueldos por pagar	
Gastos por pagar	
Préstamo banco LP	
Patrimonio	
Capital	
Resultado (Utilidad)	
Total Pasivo + Patrimonio	

➢ **Hecho 10:** Se registra el gasto de sueldos del período por $ 10.

Activo	
Caja	
Cuentas por Cobrar	
Mercaderías	
Muebles	
Equipos	
Total Activo	

Pasivo	
Acreedores	
Préstamo banco CP	
Sueldos por Pagar	
Gastos por Pagar	
Préstamo banco LP	
Patrimonio	
Capital	
Resultado (Utilidad)	
Total Pasivo + Patrimonio	

➢ **Hecho 11:** Llegan las cuentas de consumos básicos (luz, agua y otros) por $ 2,5.

Activo	
Caja	
Cuentas por Cobrar	
Mercaderías	
Muebles	
Equipos	
Total Activo	

Pasivo	
Acreedores	
Préstamo banco CP	
Sueldos por Pagar	
Gastos por Pagar	
Préstamo banco LP	
Patrimonio	
Capital	
Resultado (Utilidad)	
Total Pasivo + Patrimonio	

Demos un paso importante hacia la contabilidad real. En el proceso contable descrito con las once transacciones efectuadas por Arco, se fue haciendo un Balance después de cada transacción. Obviamente, lo anterior es solo con fines didácticos para que el lector fuera captando el efecto de las transacciones en el Balance y observando cómo se va manteniendo la igualdad o Ecuación Contable.

En la realidad, la contabilidad registra solo las variaciones en las cuentas y al final "se aprieta un botón" y salen los saldos finales de cada cuenta, los que constituyen el Balance final.

En el cuadro siguiente u Hoja de trabajo N° 1 con ecuación cerrada, se explica la forma descrita en el párrafo anterior.

En la primera columna de esta, se lista el plan de cuentas de la empresa, hasta ahora, solo las 12 cuentas del Balance. Cada una de las once transacciones se registra en cada una de las once columnas restantes. Es necesario hacer notar que los aumentos en las cuentas se registran con el número absoluto y las disminuciones van entre paréntesis.

Hoja de trabajo 1: Ecuación cerrada

	1	2	3	4	5	6	7	8	9	10	11	SF
ACTIVOS												
Caja			65	(20)			(5)					40
Cuentas por cobrar								100	(50)			50
Mercaderias	115				(5)			(55)	27,5			82,5
Muebles		80					5					80
Equipos												5
												257,5
PASIVOS												
Acreedores		80		(20)								60
Préstamo Banco CP						5						5
Sueldos por pagar										10		10
Gastos por pagar											2,5	2,5
Préstamo Banco LP			65			(5)						60
PATRIMONIO												
Capital	115				(5)							110
Resultado (Utilidad)								45	(22,5)	(10)	(2,5)	10
												257,5

- En la columna 1 hay un aumento del Activo, cuenta "Mercadería" y un aumento del Patrimonio, cuenta "Capital" por 115, corresponde al *Hecho 1: Aporte de los dueños.*
- En la columna 2 hay un aumento en la cuenta de Activo "Muebles" y un aumento en la cuenta de Pasivo "Acreedores", correspondiente al *Hecho 2: Compra de muebles al crédito simple en $ 80.*
- En la columna 3 hay un aumento del Activo, cuenta "Caja" y un aumento en la cuenta de Pasivo "Préstamo banco LP", correspondiente al *Hecho 3: Obtención de crédito bancario de LP por $ 65.*
- En la columna 4 hay una disminución de "Caja" y una disminución de "Acreedores", correspondiente al *Hecho 4: Se cancela el 25 % de las obligaciones con los Acreedores.*
- En la columna 5 hay una disminución del Activo, cuenta "Mercaderías" y una disminución del Patrimonio, cuenta "Capital", correspondiente al *Hecho 5: Retiro de capital de los dueños en mercaderías por $ 5.*
- En la columna 6 hay un aumento del Pasivo, cuenta "Préstamo banco CP" y una disminución del Pasivo, cuenta "Préstamo banco LP", correspondiente al *Hecho 6: Del préstamo bancario, $ 5 vencen dentro de un año.*

- En la columna 7 hay una disminución del Activo, cuenta "Caja" y un aumento de otro Activo, cuenta "Muebles, correspondiente el *Hecho 7: Se compran equipos al contado. Valor $ 5.*
- En la columna 8 hay un aumento del Activo, cuenta "Cuentas por cobrar", una disminución de otro Activo, cuenta "Mercaderías" y un aumento en el Patrimonio, cuenta "Resultado (Utilidad)", correspondiente al *Hecho 8: Venta del 50 % de las mercaderías (todas valen lo mismo) en $ 100 al contado.*
- En la columna 9 hay una disminución del Activo, cuenta "Cuentas por cobrar", un aumento del Activo, cuenta "Mercaderías" y una disminución del Patrimonio, cuenta "Resultado (Utilidad)", correspondiente al *Hecho 9: Los clientes devuelven el 50 % de la mercadería que habían comprado.*
- En la columna 10 hay un aumento del Pasivo, cuenta "Sueldos por pagar" y una disminución del Patrimonio, cuenta "Resultado (Utilidad)" pues hay un gasto, correspondiente al *Hecho 10: Se devenga el sueldo del período a los vendedores por $ 10.*
- En la columna 11 hay un aumento de un Pasivo, cuenta "gastos por pagar", y una disminución del Patrimonio, cuenta "Resultado (Utilidad)", correspondiente al *Hecho 11: Llega la cuenta de consumos básicos del período por $ 2,5.*

Nunca pierda de vista que la igualdad se mantiene. En efecto, la variación cuantitativa ocurrida en la mitad de arriba de la hoja siempre coincide con la variación cuantitativa en la mitad de abajo de la hoja. Cada columna es el registro de una transacción.

La fila central en gris corresponde al signo aritmético: igual.

En cada línea se tienen las variaciones (aumentos y disminuciones) ocurridas en una cuenta durante el período. Entonces, al sumar las cifras de la línea, se obtiene el saldo final de cada cuenta que, como se observa claramente, corresponde a los saldos finales de las cuentas del Balance de Arco mostrado en la página 32.

Recomendamos al lector, analizar detenidamente cada una de las 11 transacciones en este cuadro, especialmente darse cuenta de las distintas combinaciones que mantienen la ecuación. A pesar de que ya enunciamos las combinaciones, volvemos a hacerlo pues en la hoja de trabajo se visualizan mejor.

ACTIVO = PASIVO + PATRIMONIO

A saber:

*Aumento de Activo con aumento de Patrimonio	: transacción 1
*Aumento de Activo con aumento de Pasivo	: transacción 2
*Aumento de Activo con disminución de otro Activo	: transacción 7
*Disminución de Activo con disminución de Patrimonio	: transacción 5
*Disminución de Activo con disminución de Pasivo	: transacción 4
*Disminución de Activo con aumento de otro Activo	: transacción 7
*Disminución de Pasivo con aumento de otro Pasivo	: transacción 6
*Aumento de Pasivo con disminución de Patrimonio	: transacción 11

Observe que el Patrimonio creció desde $ 110 (Capital aportado) a $ 120, debido a la Utilidad de $ 10, cuyo detalle mostrará el Estado de Resultado que se explicará más adelante a través del análisis de las últimas cuatro transacciones vistas anteriormente.

Para consolidar la comprensión de los conceptos y de la lógica contable, suponga que posteriormente a la fecha del Balance final, un incendio quema los Muebles y las Mercaderías y no existen Seguros comprometidos. Para nadie es un misterio que este hecho representa una pérdida económica para la empresa. En términos de la ecuación contable, en el lado izquierdo de la ecuación disminuye el total de Activos en $ 162,5 (Mercaderías y Muebles) y aumenta el Gasto o Pérdida que podemos llevar en una cuenta denominada "Pérdida Extraordinaria". El Estado de Situación quedará de la siguiente manera:

Compañía Arco
Balance General o Estado de Situación
31 de diciembre de Año 1
(Miles de millones de pesos)

Activo		Pasivo y Patrimonio	
Activo corriente		**Pasivo corriente**	
Caja	40	Acreedores	60
Cuentas por pagar	50	Préstamo banco CP	5
Mercaderías	0	Sueldos por pagar	10
		Gastos por pagar	7,5
Activo no corriente		**Pasivo no corriente**	
Muebles	0	Préstamo banco LP	60
Equipos	5		
		Patrimonio	
		Capital	110
		Pérdida del ejercicio*	(152,5)
Total	**95**	**Total**	**95**

* La pérdida del ejercicio se obtuvo restando a la Utilidad del Balance anterior ($ 10) la pérdida extraordinaria de $ 162,5 correspondiente a la quema de Activos.

Ecuación del Balance

Activo	=	Pasivo	+	Patrimonio
95	=	137,5	+	(42,5)

Como se observa, la empresa ha quedado en situación de insolvencia legal, pues sus Activos son inferiores a sus Pasivos en $ 42,5. En otras palabras, el monto de sus Activos no alcanza para cancelar el monto de Pasivos. El nuevo Patrimonio es negativo.

En caso de cesación de pagos y de que algún acreedor cansado de no recibir lo que le corresponde solicite la quiebra hay dos posibles caminos: a) que se liquide la empresa mediante un proceso establecido en la ley por el síndico de quiebras o b) que aparezcan inversionistas interesados en la empresa y que estén dispuestos a comprarla aportando nuevos recursos. Supongamos esta segunda opción y que inversionistas aporten $ 200 en efectivo. En términos de la ecuación del Balance, Aumentará el Activo, cuenta "caja" en $ 200 y el Patrimonio, cuenta "capital" en el mismo valor, revirtiéndose la situación de la empresa. Suponiendo que no hay variación en el Pasivo, el Balance quedaría así:

Compañía Arco
Balance General o Estado de Situación
31 de diciembre de Año 1
(Miles de millones de pesos)

Activo			**Pasivo y Patrimonio**	
Activo corriente			**Pasivo corriente**	
Caja	240		Acreedores	60
Cuentas por cobrar	50		Préstamo banco CP	5
Mercaderías	0		Sueldos por pagar	10
			Gastos por pagar	2,5
Activo no corriente			**Pasivo no corriente**	
Muebles	0		Préstamo banco LP	60
Equipos	5			
			Patrimonio	
			Capital	310
			Pérdida del ejercicio	(152,5)
Total	**295**		**Total**	**295**

Con esta situación supuesta, hemos querido destacar nuevamente el principio fundamental de la contabilidad: *la partida doble o dualidad económica* y con ello dejar absolutamente claro que la igualdad de la ecuación contable nunca se rompe.

2.5. Ejercicios resueltos. Ecuación cerrada.

Ejercicio ilustrativo 1 resuelto

Registre las transacciones que siguen en la Hoja de trabajo.

A. Socios aportan local, mercaderías y vehículos tasados en $ 1.100, $ 500 y $ 880 respectivamente.
B. Se vende el 60 % de las mercaderías en $ 700 al crédito simple.
C. Se obtiene un crédito del banco por $ 800.
D. Se compran mercaderías en $ 600 al crédito simple.
E. Llegan las cuentas de consumos básicos por $ 200.
F. Los gastos de administración fueron $ 300. Se pagan $ 200.

	A	B	C	D	E	F	Saldo final
Activos							
Caja			800			(200)	**600**
Cuentas por cobrar		700					**700**
Mercaderías	500	(300)		600			**800**
Vehículos	880						**880**
Local	1.100						**1.100**
Total							**4.080**
Pasivos	2.480	400	800	600	0	(200)	
Proveedores				600			**600**
Cuentas por pagar					200		**200**
Gastos por pagar						100	**100**
Préstamos bancarios			800				**800**
Patrimonio							
Capital	2.480						**2.480**
Resultado Utilidad		400			(200)	(300)	**(100)**
Total	2.480	400	800	600	0	(200)	**4.080**

Ejercicio ilustrativo 2 resuelto

Este ejercicio contempla las dos etapas de nuestro aprendizaje de la lógica contable:

A. Registrar todas las transacciones en el Balance General paso a paso según formato adjunto. Emplear la ecuación Patrimonial cerrada: ACTIVOS = PASIVOS + PATRIMONIO. Mostrando como va quedando el Balance después de cada transacción.
B. Registrar solo las variaciones en las cuentas usando la Hoja de trabajo 1.

Transacciones

1) 02/01/2016. Se forma una empresa con el aporte de los socios de $ 300 millones en mercaderías y $ 150 millones de dinero en efectivo.
2) 06/01/2016. Se compra un camión en $ 60 millones. Forma de pago. 2/3 contado, el resto al crédito simple.
3) 21/01/2016. Se vende el 60 % de las mercaderías en $ 240 millones. Forma de pago: 1/3 al contado, 1/3 en letras, resto al crédito simple.
4) 30/01/2016. Llegan las cuentas de consumos básicos por un monto de $ 6 millones. Se paga ¼ al contado.

5) 31/01/2016. Se hace un inventario de mercaderías y se detectan Unidades faltantes, presumiblemente por hurto, valorizados en $ 5 millones.
6) 31/01/2016. Los sueldos del mes de enero son $ 10 millones. Se pagarán el 05/02/2016.

A. Registro en formato de Balance

1) 02/01/2016. Se forma una empresa con el aporte de los socios de $ 300 millones en mercaderías y $ 150 millones de dinero en efectivo.

Activo	
Caja	150
Clientes	
Documentos por cobrar	
Mercaderías	300
Vehículos	
Total	450

Pasivo	
Proveedores	
Acreedores	
Gastos por pagar	
Sueldos por pagar	
Deuda largo plazo	
Patrimonio	
Capital	450
Utilidad del ejercicio	
Total	450

2) 06/01/2016. Se compra un camión en $ 60 millones. Forma de pago. 2/3 contado, el resto al crédito simple.

Activo	
Caja	110
Clientes	
Documentos por cobrar	
Mercaderías	300
Vehículos	60
Total	470

Pasivo	
Proveedores	
Acreedores	20
Gastos por pagar	
Sueldos por pagar	
Deuda largo plazo	
Patrimonio	
Capital	450
Utilidad del ejercicio	
Total	470

3) 21/01/2016. Se vende el 60 % de las mercaderías en $ 240 millones. Forma de pago: 1/3 al contado, 1/3 en letras, resto al crédito simple.

Activo	
Caja	190
Clientes	80
Documentos por cobrar	80
Mercaderías	120
Vehículos	60
Total	530

Pasivo	
Proveedores	
Acreedores	20
Gastos por pagar	
Sueldos por pagar	
Deuda largo plazo	
Patrimonio	
Capital	450
Utilidad del ejercicio	60
Total	530

4) 30/01/2016. Llegan las cuentas de consumos básicos por un monto de $ 6 millones. Se paga ¼ al contado.

Activo	
Caja	188,5
Clientes	80
Documentos por cobrar	80
Mercaderías	120
Vehículos	60
Total	528,5

Pasivo	
Proveedores	
Acreedores	20
Gastos por pagar	4,5
Sueldos por pagar	
Deuda largo plazo	
Patrimonio	
Capital	450
Utilidad del ejercicio	54
Total	528,5

5) 31/01/2016. Se hace un inventario de mercaderías y se detectan Unidades faltantes, presumiblemente por hurto, valorizados en $ 5 millones.

Activo	
Caja	188,5
Clientes	80
Documentos por cobrar	80
Mercaderías	115
Vehículos	60
Total	**523,5**

Pasivo	
Proveedores	
Acreedores	20
Gastos por pagar	4,5
Sueldos por pagar	
Deuda largo plazo	
Patrimonio	
Capital	450
Utilidad del ejercicio	49
Total	**523,5**

6) 31/01/2016. Los sueldos del mes de enero son $ 10 millones. Se pagarán el 05/02/2016.

Activo	
Caja	188,5
Clientes	80
Documentos por cobrar	80
Mercaderías	115
Vehículos	60
Total	**523,5**

Pasivo	
Proveedores	
Acreedores	20
Gastos por pagar	4,5
Sueldos por pagar	10
Deuda largo plazo	
Patrimonio	
Capital	450
Utilidad del ejercicio	39
Total	**523,5**

B. Registro de solo las variaciones que las transacciones provocan en las cuentas usando el formato adjunto.

Se registran *solo las variaciones* en las cuentas respectivas y luego se calcula el saldo final de cada cuenta. Como es lógico, se obtiene el mismo Balance final.

ACTIVO = PASIVO + PATRIMONIO

Hoja de trabajo	**1**	**2**	**3**	**4**	**5**	**6**	**SALDO**
Activos							
Caja	150	(40)	80	(1,5)			188,5
Clientes			80				80
Cuentas por cobrar			80				80
Mercaderias	300		(180)		(5)		115
Vehículos		60					60
Total							523,5
Pasivos							
Proveedores							
Acreedores		20					20
Gastos por pagar				4,5			4,5
Sueldos por pagar						10	10
Deuda largo plazo							
Patrimonio							
Capital	450						450
Utilidad del ejercicio			60	(6)	(5)	(10)	39
Total							**523,5**

C. **Se le solicita que usted informe acerca de los siguientes antecedentes al 31/01/2016:**

a. Total, de dinero disponible para pagar en forma inmediata:	188,5
b. Total, de recursos o Activos con los que cuenta:	523,5
c. Total, de Ingresos Económicos obtenidos por la empresa:	240
d. Total, de deuda al crédito simple por compras por la empresa:	20
e. Valor total por cobrar al crédito simple producto de ventas de mercaderías	80
f. El resultado económico del período es:	39
g. Total, de gastos incurridos:	201*
h. Patrimonio de la empresa:	489

Nota: *

Costo de mercadería vendida	$ 180
Gastos consumos básicos	$ 6
Pérdidas extraordinarias	$ 5
Gastos de sueldos	$ 10
Total de gastos incurridos	**$ 201***

3. Estado de Resultados

En forma similar a la sección 2 anterior, comenzaremos esta sección mostrando el Estado de Resultado final de "Arco LTDA." al que llegaremos y que acompañará al Balance final anterior. Su construcción se irá explicando a continuación hasta llegar al resultado económico: Utilidad del ejercicio de $ 10.

Estado de Resultado CIA. ARCO

Período comprendido entre el 1° de enero y 31 de diciembre de Año 1

Ventas	50
Costo Ventas	(27,5)
Utilidad Bruta	22,5
Gastos Sueldos	(10)
Gastos Administración	(2,5)
Utilidad del ejercicio	10

3.1. Definiciones

a) Listado de Ingresos y gastos ocurridos durante un período.
b) Estado contable que muestra la situación económica de un período.
c) Presentación sistemática de los distintos rubros que han generado Ingresos económicos durante un período, como también de los costos en que se ha incurrido para su obtención.
d) Estado que mide el desempeño de operación de la empresa comparando sus logros (Ingresos, que comúnmente se conocen como ventas) y sus esfuerzos (costo de artículos vendidos y otros gastos).

3.2. Características

a) No es el Estado contable fundamental. Es anexo o complementario al Balance. No lo afectan todas las transacciones como al Balance. Explica o detalla una cifra del Balance (la Utilidad o pérdida del ejercicio).
b) Es dinámico, acumulativo. Totaliza los Ingresos y Gastos que han ocurrido *durante* un período.
c) Muestra solo la situación económica.

3.3. Estructura y contenidos

En forma simple, diremos que los Ingresos y gastos se clasifican en operacionales (giro) y extra operacionales (ajenos al giro).

En la NIC 1, se sugieren dos formatos de presentación: por naturaleza y por función. Tema que, en detalle, excede el alcance de estas notas, no obstante presentamos dos formatos comunes. Si tiene en mente las definiciones de Ingresos y Gastos, se facilitará la comprensión del listado que sigue:

Estado de Resultado por naturaleza:

CONCEPTO	MONTO $
Ingresos ordinarios, total	$
Otros ingresos de operación, total	$
Consumos de materias primas y materiales secundarios	$
Cambios, disminuciones e incrementos, deproductos terminados y en curso	$
Gastos de personal	$
Depreciacion y amortizacion	$
Perdidad por deterioro (reversiones), total, neto	$
Investigacion y desarrollo	$
Costos de reestructuracion	$
Otros gastos varios de operación	$
Ganancia (Pérdida) sobre Instrumentos Financieros Designados como Coberturas de Flujo de Efectivo	$
Ganancia (Pérdida) por Baja en Cuentas de Activos Financieros Disponibles para la Venta	$
Ganancia (Pérdida) por Baja en Cuentas de Activos no Corrientes no Mantenidos para la Venta, Total	$
Costos Financieros [de Actividades No Financieras]	$
Ingreso (Pérdida) Procedente de Inversiones	$
Minusvalía Comprada Immediatemente Reconocida. (Plusvalia negativa)	$
Participación en Ganancia (Pérdida) de Asociadas Contabilizadas por el Método de la Participación	$
Participación en Ganancia (Pérdida) de Negocios Conjuntos Contabilizados por el Método de la Participación	$
Diferencias de cambio	$
Resultados por Unidades de Reajuste	$
Otros Ingresos distintos de los de Operación	$
Otros Gastos distintos de los de Operación	$
Ganancia (Pérdida) antes de Impuesto	$
Gasto (Ingreso) por Impuesto a las Ganancias	$
Ganancia (Pérdida) de Actividades Continuadas después de Impuesto	$
Ganancia (Pérdida) de Operaciones Discontinuadas, Neta de Impuesto	$
Ganancia (Pérdida)	$

Estado de Resultado por función:

CONCEPTO	MONTO $
Ingresos Ordinarios	$
Coste de ventas	$
Margen Bruto	$
Otros Ingresos de Operación	$
Costos de Comercializacion	$
Costos de Distribución	$
Investigación y Desarrollo	$
Gastos de Administración	$
Costos de Reestructuración	$
Otros Gastos Varios de Operación	$
Costos Financieros [de Actividades No Financieras]	$
Participación en Ganancia (Pérdida) de Asociadas Contab.Método de la Participación	$
Participación en Ganancia (Pérdida) de Neg.Conjuntos Contab. Método de la Participación	$
Diferencias de cambio	$
Resultados por Unidades de Reajuste	$
Ganancia (Pérdida) por Baja en Cuentas de Activos no Corrientes no Mantenidos para la Venta	$
Minusvalía Comprada Immediatemente Reconocida (Plusvalia negativa)	$
Otras Ganancias (Pérdidas)	$
Ganancia (Pérdida) antes de Impuesto	$
Gasto (Ingreso) por Impuesto a las Ganancias	$
Ganancia (Pérdida) de Actividades Continuadas después de Impuesto	$
Ganancia (Pérdida) de Operaciones Discontinuadas, Neta de Impuesto	$
Ganancia (Pérdida)	$

3.4. Construccion del Estado de Resultado

Para la explicación de los flujos económicos (aquellos que afectan al Patrimonio) partiremos del Balance post-transacción 7 de la sección 2 anterior), que repetimos a continuación:

Activo	
Caja	40
Mercaderías	110
Muebles	80
Equipos	5
Total	**235**

Pasivo y Patrimonio	
Acreedores	60
Préstamo banco CP	5
Préstamo banco LP	60
Capital	110
Total	**235**

De aquí en adelante seguiremos otro camino al que realizamos anteriormente, pero solo a partir del hecho 8, dentro de la mencionada sección. Por esta razón, los $ 45 de Utilidad de la venta de mercaderías, que provocaron un incremento del Patrimonio y que los incluimos en el Patrimonio con la denominación "Resultado (Utilidad)", lo desglosaremos en dos componentes que nos permitirán agregar dos conceptos fundamentales en la ecuación contable.

La ecuación contable inicial, que "apellidamos" cerrada, era Activo = Pasivo + Patrimonio. Hasta el hecho N° 7, las únicas cuentas componentes del Patrimonio eran la cuenta "Capital" y la cuenta "Resultado (Utilidad). De aquí en adelante los incrementos o disminuciones en el Patrimonio los agregaremos a la ecuación anterior la que queda así:

Activo = Pasivo + Patrimonio ± Resultado

El Resultado Económico de una empresa se define como la diferencia entre los Ingresos (I) o ganancias y los gastos (G) o pérdidas; esto es:

Resultado = Ingreso (O Ganancia) - Gasto (o Pérdida)

Entre Ingreso y Resultado hay una relación aritmética directa, esto es, a mayores Ingresos o ventas, mayores serán los resultados económicos. Por el contrario, entre Gasto y Resultado hay una relación inversa, esto es, a mayores gastos menores Resultados económicos.

Si durante un período, Ingresos > Gastos, el resultado económico será de Utilidad y esta aumentará el Patrimonio, beneficiando a los dueños. De lo contrario, si los gastos de un período son mayores a los Ingresos del mismo, el Resultado será Pérdida y esta disminuirá el Patrimonio, perjudicando a los dueños.

Incorporando en la ecuación cerrada el concepto de Resultado económico y sustituyendo, obtendremos la siguiente ecuación contable abierta:

Activo = Pasivo + Patrimonio + Ingreso – Gasto

Para que todos los términos queden con signo positivo, el Gasto se pasará al lado izquierdo de la ecuación y entonces tendremos:

Activo + Gasto = Pasivo + Patrimonio + Ingreso

Nota: a esta ecuación se le llama *ecuación contable abierta* a diferencia de la expuesta al comienzo de este apunte y que se le llama *cerrada*. Esta ecuación universal contiene todos los conceptos fundamentales inherentes a la operación de una empresa. Esta ecuación es capaz de "acoger" o "absorber" todo, absolutamente todo, hecho económico medible en dinero que pueda afectar a una empresa, desde operaciones típicas u ordinarias, como ventas y compras, hasta operaciones eventuales como fusiones y consolidaciones de empresas; incluso absorbe siniestros si estos son cuantificables en términos monetarios. Es una ecuación (invento) maravillosa.

Como se aprecia, la diferencia fundamental es, que en la ecuación abierta aparecen explícitos los conceptos de Ingresos y gastos que antes estaban, por decirlo de alguna manera, ocultos dentro de la cuenta "Resultado (Utilidad). De aquí en adelante explicitaremos los conceptos que lo aumentan y/o disminuyen. Como explicaremos a continuación con los datos de las cuentas de Resultado se confecciona el Estado de Resultado cuya última línea (Utilidad o pérdida) se incluye en el Patrimonio como cuenta distinta a la cuenta "Capital". En adelante se hará la distinción entre Ingresos y gastos, términos que, dada su importancia volvemos a definir a continuación.

Ingreso: El valor (a precio de venta) de los bienes y servicios entregados a terceros (clientes u otros).El Ingreso (o venta), se registra en el momento en que se entrega el bien o servicio, independiente de cuando se recaude el dinero. De acuerdo a lo señalado, un Ingreso (o venta), no es necesariamente una Entrada de Dinero, en el período en el cual el Ingreso o venta es registrado (venta al crédito).

Considerando la partida doble: un Ingreso (o venta), va acompañado casi siempre de un aumento de Activo ("cuentas por cobrar" si es al crédito simple, o "caja" si es al contado).

Otras definiciones contables de Ingreso:

- Aumento indirecto del capital.
- Incremento bruto de los Activos, derivado de la entrega de bienes o servicios.

En términos de la ecuación patrimonial abierta, un aumento en Ingreso, cuenta "venta" se puede combinar con un aumento de Activo o una disminución de Pasivo.

- **Hecho 8:** Venta del 50 % de las mercaderías en $ 100 al crédito simple.

  El análisis de este hecho se hará ahora considerando esta nueva ecuación que incluye dos conceptos fundamentales: Ingresos y Gastos.

En la transacción 9 del ejemplo ilustrativo, el aumento en el Activo "Cuentas por cobrar" por $ 100 en el lado izquierdo de la ecuación contable se refleja como un aumento por el mismo valor en el Ingreso: "Venta", en el lado derecho de la ecuación contable. Esquemáticamente:

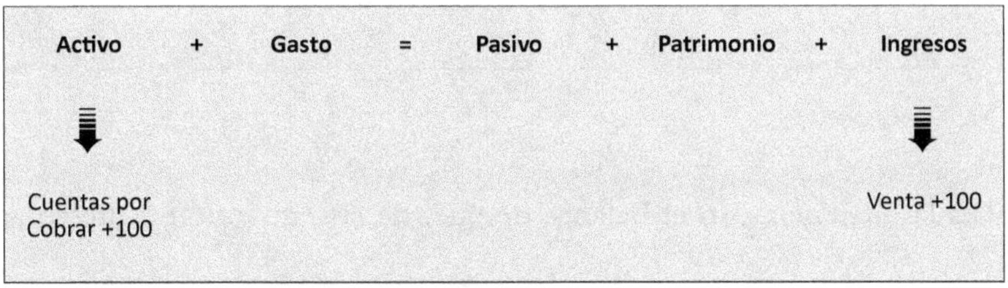

Este registro corresponde a la venta a precio de venta. Falta registrar la venta a precio de costo. Para ello, recordaremos la definición de Gasto.

Gasto: El valor (a precio de costo) de los bienes o servicios usados o sacrificados por la empresa y que son necesarios para generar los Ingresos.

El gasto se registra en el momento en que los bienes o servicios se ocupan, independientemente de cuándo se paguen.

De acuerdo a lo señalado, un Gasto, no es necesariamente una Salida de Dinero, en el período en el cual el gasto es registrado (Consumo de un servicio al crédito).

En términos de la ecuación contable, un gasto se puede combinar con una disminución en un Activo o un aumento en un Pasivo.

Otras definiciones, contables de gastos:

- Disminución indirecta de capital.
- Reducciones brutas de los Activos derivados de la entrega de bienes o servicios.

En la transacción 8 del ejemplo ilustrativo, la disminución del Activo"Mercadería" en $ 55 en el lado izquierdo de la ecuación, representa, en el mismo lado, un aumento en el GASTO, efecto que anotaremos en la cuenta de gasto: "Costo de venta" por el mismo valor, en el mismo lado de la ecuación; esquemáticamente:

Activo	+	Gasto	=	Pasivo	+	Patrimonio	+	Ingresos
⬇		⬇						
Marcaderías -55		Costo de venta +55						

¿Cuál es la diferencia con el Balance después de la transacción 8 presentado en la parte 2?

Ninguna. Solo que ahora con el uso de los conceptos de Ingresos y Gastos, aparece un nuevo Estado contable: el Estado de Resultado.

En consecuencia, los nuevos Estados son los siguientes:

Activo	
Caja	40
Cuentas por Cobrar	100
Mercaderías	55
Muebles	80
Equipos	5
Total	**280**

Pasivo y Patrimonio	
Acreedores	60
Préstamo banco CP	5
Préstamo banco LP	60
Capital	110
Resultado (Utilidad)	45
Total	**280**

Estado de Resultado Cía. Arco

Período comprendido entre el 1° del mes xx y el 30 del mes Período 1

Ventas	100
Costo Ventas	(55)
Resultado (Utilidad)	45

Como se observa, el Estado de Resultado, es un informe anexo o complementario al Balance, pues simplemente muestra cómo se obtuvo el Resultado que aparece en el Balance.

- **Hecho 9:** Los clientes devuelven el 50 % de la mercadería que habían comprado.

  Análisis: Es fácil darse cuenta, que los efectos en la ecuación son contrarios a lo ocurrido con la transacción anterior y por la mitad de los valores.

  En resumen y esquemáticamente (lea por línea):

	Activo	+	Gasto	=	Pasivo	+	Patrimonio	+	Ingreso
1° Efecto	Cuentas por cobrar -50	+		=					Venta -50
2° Efecto	Mercaderías +27,5	+	Costo de venta -27,5						

El primer efecto, línea 1, es la devolución a precio de venta y el segundo efecto, línea 2, es la devolución a precio de costo.

El total del Activo disminuye en $ 27,5 y el resultado en el mismo valor. Los Estados contables quedan de la siguiente forma:

Estado de Resultado Cía. Arco

Período comprendido entre el 1° del mes xx y el 30 del mes período 1

Ventas	50
Costo Ventas	(27,5)
Resultado (Utilidad)	22,5

Activo	
Caja	40
Cuentas por Cobrar	50
Mercaderías	82,5
Muebles	80
Equipos	5
Total	**257,5**

Pasivo y Patrimonio	
Acreedores	60
Préstamo banco CP	5
Préstamo banco LP	60
Capital	110
Resultado (Utilidad)	22,5
Total	**257,5**

- **Hecho 10:** Se registra el gasto de sueldos del período a los vendedores por $ 10, que se pagarán al comienzo del próximo período.

  Análisis: Los cambios ocurren a ambos lados de la ecuación abierta, a saber: aumenta el gasto, cuenta “gasto sueldos” y aumenta el Pasivo, cuenta "sueldos por pagar", ambos en $ 10; esto último que reduce el resultado económico, dejándolo en $ 12,5.

Los estados contables quedan de la siguiente forma:

Compañía Arco
Balance General o Estado de Situación
30 del mes Período 1
(Miles de millones de pesos)

Activo	
Caja	40
Cuentas por Cobrar	50
Mercaderías	82,5
Muebles	80
Equipos	5
Total	**257,5**

Pasivo y Patrimonio	
Acreedores	60
Préstamo banco CP	5
Préstamo banco LP	60
Sueldos por pagar	10
Capital	110
Resultado (Utilidad)	12,5
Total	**257,5**

Con el nuevo gasto, el Estado de Resultado asociado al Balance anterior quedará:

Estado de Resultado Cía. Arco
Período comprendido entre el 1° del mes XX del Período 1

Ventas	50
Costo Ventas	(27,5)
Margen bruto*	22,5
Gasto sueldos	(10)
Resultado (Utilidad)	12,5

*A la diferencia entre las ventas y el costo de ventas, se le llama comúnmente: margen bruto.

Activo	
Caja	40
Cuentas por Cobrar	50
Mercaderías	82,5
Muebles	80
Equipos	5
Total	**257,5**

Pasivo y Patrimonio	
Acreedores	60
Préstamo banco CP	5
Préstamo banco LP	60
Sueldos por pagar	10
Capital	110
Resultado (Utilidad)	12,5
Total	**257,5**

➢ **Hecho 11:** Llegan las cuentas de los consumos básicos (electricidad, agua, internet, etc.) $ 2,5.

Análisis: De acuerdo a las definiciones anteriores, la empresa debe registrar un Gasto que registraremos en la cuenta "G. de administración" y un Pasivo que anotaremos en la cuenta "Gastos por pagar", ambos por $ 2,5.

Con esta última transacción los Estados Contables quedarán como sigue:

Compañía Arco
Balance General o Estado de Situación
30 del mes Período 1
(Miles de millones de pesos)

Activo	
Activo corriente	
Caja	40
Cuentas por cobrar	50
Mercaderías	82,5
Activo no corriente	
Muebles	80
Equipos	5
Total	**257,5**

Pasivo y Patrimonio	
Pasivo corriente	
Acreedores	60
Préstamo banco CP	5
Sueldos por pagar	10
Gastos por pagar	2,5
Pasivo no corriente	
Préstamo banco LP	60
Patrimonio	
Capital	110
Resultado (Utilidad)	10
Total	**257,5**

Ecuación del Balance

Activo	=	Pasivo	+	Patrimonio
257,5	=	137,5	+	120

El Estado de Resultado final para el período es entonces:

Estado de Resultado Cía. Arco
Período comprendido entre el 1° del mes xx y 30 del mes período1

Ventas	50
Costo ventas	(27,5)
Margen bruto	22,5
Gasto sueldos	(10)
Gastos administración	(2,5)
Resultado (Utilidad)	10

Conocidas todas las transacciones de Arco Ltda.: vemos que la Utilidad del ejercicio no tuvo nada que ver con caja en el período. Las ventas no fueron entradas de dinero y ninguno de los gastos fue salida de dinero, por lo tanto, en este período no hubo ninguna relación ente la variación de caja y la Utilidad. Aquí se ve el principio de devengado en forma "pura" y "categórica". Como veremos a continuación, los Ingresos y gastos contables registrados en este período 1, serán entradas y salidas de dinero en el próximo periodo.

Notas al Estado de Resultado

1. Inscripción en los registros legales.
2. Criterios contables aplicados
3. Cambios contables
4. Valores negociables
5. Deudores corto y largo plazo, etc.

Nota: Son 41 notas (según circular Nº 1501 de la S.V.S).

Observe que la última línea del Estado de Resultado es igual al saldo de la cuenta Utilidad del ejercicio incluido en el Balance General, dentro del Patrimonio ya que constituye una obligación con los dueños. En otros términos, el Estado de Resultado es un Estado complementario o anexo al Balance, que explica una cifra de este y es de gran importancia, ya que mide la eficiencia o el desempeño de la empresa en su actividad económica.

De igual forma como lo hicimos en la parte 2.4 con el Balance, daremos un paso importante para acercarnos a la contabilidad real, ahora con la nueva ecuación que incorpora los gastos e Ingresos. Volvemos a recordar que la contabilidad registra variaciones en las cuentas.

En el cuadro siguiente: Hoja de trabajo 2 con ecuación abierta, se explica la forma descrita en el párrafo anterior.

En la primera columna de esta Hoja, se lista el plan de cuentas de la empresa, ahora incluyendo las cuentas de resultado: Ingresos y gastos.

Las primeras siete columnas tienen la misma información que la Hoja de trabajo 1 puesta que estas transacciones no tienen implícito los conceptos de gastos e Ingresos. Las cuatro últimas tienen cuentas de Ingresos y gastos involucrados que debemos analizar en forma especial. También preocúpese de las combinaciones aritméticas que hacen posible mantener la ecuación patrimonial abierta.

En la columna 1 hay un aumento de "mercaderías" y un aumento de "capital" por $ 115, correspondiente al aporte de los dueños.

En la columna 2 Hay un aumento en la cuenta "muebles" y un aumento en la cuenta "acreedores", ambos por $ 80.

En la columna 3 Hay un aumento de "caja" y un aumento en la cuenta de Pasivo "préstamo bancario de largo plazo" por $ 65, correspondientes a la obtención del préstamo.

Y así sucesivamente hasta la columna 7.

Hoja de trabajo 2. Ecuación abierta

	1	2	3	4	5	6	7	8	9	10	11	SF
ACTIVOS												
Caja			65	(20)			(5)					40
Cuentas por cobrar								100	(50)			50
Mercaderias	115				(5)			(55)	27,5			82,5
Muebles		80										80
Equipos							5					5
GASTOS												
Costo de ventas								55	(27,5)			28
G. de sueldos										10		10
G. de administración											2,5	2,5
Total												297,5
PASIVOS												
Acreedores		80		(20)								60
Préstamo Banco CP						5						5
Sueldos por pagar										10		10
Gastos por pagar											2,5	2,5
Préstamo Banco LP			65			(5)						60
PATRIMONIO												
Capital	115				(5)							110
Utilidades retenidas												
Resultado (Utilidad)												
INGRESO												
Ventas								100	(50)			50
Total												**297,5**

Desde la columna 8 a la columna 11 se encuentran los casos "especiales" donde podemos visualizar transacciones que implican de Ingresos y Gastos:

En la columna 8, hay un aumento en la cuenta de Activo "Cuentas por cobrar" y un aumento en la cuenta de Ingreso "Ventas", ambos por $ 100. Este registro corresponde a la venta a precio de venta. Contablemente se dice que la contracuenta de "cuentas por cobrar" es "ventas" y viceversa.

Por otra parte, hay una disminución en la cuenta de Activo "Mercaderías" y un aumento en la cuenta de gasto "Costo de ventas", ambos por $ 55. Este registro corresponde a la venta a precio de costo. Se dice que la contracuenta de "mercaderías" es "costo de ventas" y viceversa. ¿Por qué cree usted que se les llaman contracuentas?

En la columna 9 se registra la devolución de la venta por la mitad.

En la columna 10 se registra el aumento en la cuenta de Gastos "Gastos de sueldos" y un aumento en la cuenta de Pasivo "Sueldos por pagar", ambos por $ 10.

En la columna 11 se registra el aumento en la cuenta de Gasto "Gastos de administración" y el aumento en la cuenta de Pasivo "Gastos por pagar", ambos por $ 2,5

Nunca pierda de vista que la igualdad se mantiene. En efecto la variación cuantitativa en la mitad de arriba de la hoja siempre coincide con la variación cuantitativa en la mitad de abajo de la hoja. La línea central achurada donde a la izquierda dice total, corresponde al signo aritmético: igual.

Al sumar línea por línea, se obtiene el saldo final de cada cuenta que, como se observa claramente, corresponden a los saldos finales de las cuentas de Balance de la página 2 y a las del Estado de Resultados de la página anterior.

Recomendamos al lector, analizar detenidamente cada una de las 11 transacciones en este cuadro. Especialmente las combinaciones posibles.

Considerando la ecuación abierta, entre las combinaciones posibles (que obviamente mantienen la Ecuación) se destacan la siguiente:

Una *disminución de Activo* se puede combinar con:

- Un aumento de otro Activo. *Hecho 7* (disminuye caja y aumenta equipos).
- Un aumento de gasto. *Hecho 8* (disminuye mercadería y aumenta costo de venta).
- Una disminución de Pasivo. *Hecho 4* (disminuye caja y disminuye acreedores).

- Una disminución de Patrimonio. *Hecho 5* (disminuye mercaderías y disminuye capital).
- Una disminución de Ingreso. *Hecho 9* (disminuye cuentas por cobrar y disminuye ventas).

Con los saldos finales de cada cuenta de la hoja de trabajo 2 se confecciona el Balance y el Estado de Resultados.

Compañía Arco
Balance General o Estado de Situación
30 del mes período 1
(Miles de millones de pesos)

Activo corriente		**Pasivo corriente**	
Caja	40	Acreedores	60
Cuentas por cobrar	50	Préstamo banco CP	5
Mercaderías	82,5	Sueldos por pagar	10
		Gastos por pagar	2,5
Activo no corriente		Pasivo no corriente	
Muebles	80	Préstamo banco LP	60
Equipos	5		
		Patrimonio	
		Capital	110
		Resultado (Utilidad)	10
Total	**257,5**	**Total**	**257,5**

Es importante mencionar aquí que las cuentas de Balance son permanentes ya que los saldos finales de un período pasan a ser saldos iniciales del período siguiente. Por el contrario, las cuentas de resultado son transitorias ya que "mueren "con el periodo. Su última línea queda en el Patrimonio como "Utilidad del ejercicio" o restando como "pérdida del ejercicio". En el siguiente período contable parten con saldo cero. El objetivo de las cuentas de Resultados es medir el aumento de Patrimonio o su disminución en un período.

Si el Activo final (257,5) es mayor al Pasivo final (147,5) + el Patrimonio inicial (110), implica una Utilidad del ejercicio , en este caso es de (10). Si es menor, habrá pérdida.

Aprovechando la Hoja de trabajo 2, de más arriba y con las transacciones 8, 9, 10 y 11 se dará una explicación más lata del famoso concepto de devengo.

- **Principio contable N° 7: Devengado**

  Un primer enunciado simple de este principio es que el Gasto y el Pasivo se registran cuando se produce el consumo y se genera la deuda respectivamente (no es necesario que haya desembolso de dinero). La transacción N° 10 de Arco es un ejemplo típico de este principio: al final del año se registra el Gasto "Gasto de sueldos" porque ya se hizo uso del servicio trabajo. Junto con el gasto se registra el Pasivo "Sueldos por pagar" porque en forma paralela al uso del bien se origina esta obligación legal.

  Para completar este enunciado simple debemos decir que el Ingreso y el derecho (Activo) se registran cuando se entrega el bien o servicio y se genera el derecho respectivamente (no es necesario que haya una entrada de dinero). Una venta al crédito es un claro ejemplo de este otro lado del principio. En la transacción 8 el registro de la venta a precio de venta implicó un aumento del Activo "Cuentas por cobrar" y un aumento del Ingreso, cuenta "Ventas".

  Otro ejemplo es el caso de una inversión financiera como un "Depósito a plazo" en que a medida que pasa el tiempo, va generando un derecho "Intereses por cobrar" y un Ingreso "Intereses ganados".

  En consecuencia, al finalizar el período, la empresa debe reflejar el Ingreso que podemos llamar "Interés ganado" aunque no se haya percibido el dinero; la empresa ha entregado un servicio al banco, le ha prestado dinero. La entrega de este servicio corresponde a la definición de Ingreso. Junto a este, se debe registrar un derecho en el Activo en una cuenta que se puede denominar "Intereses por cobrar".

Otro ejemplo que muestra este principio desde las dos perspectivas es el siguiente:

La empresa de electricidad envía el 30 de diciembre las cuentas de la empresa Arco por el consumo de electricidad respectivo.

¿Qué registra la empresa de electricidad? El aumento de Activo "Cuentas por cobrar" y el aumento de Ingreso "Venta".

¿Qué registra Arco, la empresa consumidora? El aumento del Gasto "Consumos básicos" y el aumento de Pasivo "Cuentas por pagar".

Piense en los Estados de Resultados de ambas empresas: en la primera aparecerá una venta y en la segunda un gasto. Los hechos económicos no provocaron flujos de dinero o flujo financiero. Se dice que las operaciones se registran de acuerdo al principio de devengado.

El enunciado textual de este principio según el *marco conceptual del colegio de contadores de Chile AG*, señala:

Según la base de devengado, los efectos de las transacciones y demás hechos se reconocen cuando ocurren (y no cuando se recibe o paga dinero u otro equivalente de efectivo), y se registran en los libros contables y se informa sobre ellos en los Estados financieros de los períodos con los cuales se relacionan. Los Estados financieros preparados sobre la base de devengado informan a los usuarios no solo de las transacciones pasadas que significaron cobros o pagos de dinero, sino también de las obligaciones de pago en el futuro y de los recursos que representan efectivo a cobrar en el futuro. Por todo lo anterior, tales estados suministran el tipo de información, acerca de las transacciones y otros hechos pasados, que resultan más útiles a los usuarios al tomar decisiones económicas.

Partamos ahora de la situación final del periodo 1 y supongamos las siguientes transacciones de nuestra empresa "Arco "para el período 2, usando la Hoja de trabajo.

El objetivo de hacer un ejercicio referencial con tres períodos es que el estudiante visualice las transacciones que abarcan mas de uno y también poder efectuar un simple análisis económico para mostrar la potencialidad de la contabilidad como sistema de información.

3.5. Arco períodos 2 y 3. Ecuación abierta. Comentarios.

Transacciones Arco periodo 2:

1. Se retiene la Utilidad del período anterior.
2. Se toma un depósito plazo: DAP, por $ 30.
3. Se vende el 30 % de las mercaderías en bodega, al crédito en $ 68.
4. Se recauda el crédito otorgado a los clientes en el período anterior.
5. Se cancelan los gastos del período anterior incluyendo el préstamo a corto plazo.
6. Se registra la depreciación de los muebles por $ 5.
7. Se reciben $ 30 de los clientes como anticipos por compras que harán en el futuro.
8. La inversión financiera genera una ganancia de $ 2.
9. Llegan las cuentas de consumos básicos por $ 3.

10. Se registran los sueldos del período. Se pagarán a comienzos del próximo. El monto de los sueldos devengados asciende a $ 10.
11. En la realización de inventarios a las mercaderías se detectó faltantes por $ 2,7.
12. El préstamo bancario generó intereses por $ 7,1.
13. Se efectúa una provisión por Impuesto a la Renta por 20 % de la Utilidad devengada.

En la hoja de trabajo que sigue, debe observarse que en la columna cero, se ponen los saldos finales de las cuentas de Balance del período 1, que pasan a ser los saldos iniciales del período 2. Las cuentas de Resultados (Ingresos y gastos) parten con saldo cero ya que son cuentas transitorias cuyo principal objetivo es medir el desempeño económico de un período.

En la columna 1 se registra la retención de la Utilidad del período anterior que desde el punto de vista contable es solo un traspaso; se restan $ 10 a la cuenta "Utilidad" y se le suman a la cuenta "Utilidad retenida". No obstante esto, este registro corresponde a una decisión financiera importante, pues la Utilidad queda en la empresa, en palabras mas conocidas se reinvierten en la empresa. Es preciso señalar aquí que las empresas tienen tres fuentes de financiamiento: préstamos de terceros, aportes de los dueños y los recursos que genera la propia empresa; en este caso, las Utilidades.

Los recursos que la empresa ha generado están en el Activo y la contrapartida es la cuenta de Patrimonio "Utilidad".

Recomendamos al lector que estudie y analice el registro de cada transacción en la columna respectiva repasando todos los conceptos vistos hasta aquí.

Tal como lo hicimos anteriormente con los saldos finales de las cuentas de Balance elaboramos este y con los saldos finales de las cuentas de Ingresos y gastos elaboramos el Estado de Resultado. Con los movimientos ocurridos en la línea de la cuenta "caja" podemos elaborar un sencillo tercer Estado, el *Estado de flujo de efectivo.*

Hoja de trabajo Arco período 2

	0	1	2	3	4	5	6	7	8	9	10	11	12	13	SF
Activos															
Caja	40		(30)		50	(17,5)		30							72,5
Deposito a plazo			30						2						32
Cuentas x cobrar	50			68	(50)										68
Mercaderias	82,5			(24,8)								(2,7)			55
Muebles	80						(5)								75
Equipos	5														5
Gastos															
Costo de ventas				24,8											24,8
Gtos. sueldos											10				10
Gastos de administración										3					3
Depreciacion							5								5
Perd. extraord.												2,7			2,7
Impuesto a la renta														3,5	3,5
Gasto interés													7,1		7,1
Total	257,5														363,6
Pasivos															
Provis. impto Rta.														3,5	3,5
Acreedores	60														60
Préstamo banco CP	5					(5)									0
Ant. de clientes								30							30
Sueldos por pagar	10					(10)					10				10
Gastos por pagar	2,5					(2,5)				3					3
Préstamo banco LP	60														60
Interés por pagar													7,1		7,1
Patrimonio															
Capital	110														110
Util. retenidas		10													10
Resultado (Utilidad)	10	(10)													
Ingresos															
Ventas				68											68
Gan. extraord.									2						2
Total	**257,5**														**363,6**

Notas: En la columna cero de la Hoja de trabajo anterior se ponen los saldos finales de las cuentas de Balance del período anterior que pasan a ser los iniciales de este período. Las cuentas de resultado no tienen saldo al comienzo de un período pues como ya se mencionó su objetivo es medir el resultado económico o el rendimiento de un solo período.

Compañía Arco
Balance General o Estado de Situación
Al 30 del mes del período 2
(Miles de millones de pesos)

Activo corriente	
Caja	72,5
Depósito a plazo	32
Cuentas por cobrar	68
Mercaderías	55
Activo no corriente	
Muebles	75
Equipos	5
Total Activo	**307,5**

Pasivo corriente	
Provisión monto renta	3,5
Acreedores	60
Anticipo de clientes	30
Sueldos por pagar	10
Gastos por pagar	3
Interés por pagar	7,1
Pasivo no corriente	
Préstamo banco LP	60
Patrimonio	
Capital	110
Utilidades retenidas	10
Utilidad del ejercicio	13,9
Total Pasivo y Patrimonio	**307,5**

Estado de Resultado Cía. Arco
Para el período 2
(Miles de millones de pesos)

Ventas	68
Costo ventas	(24,8)
Margen bruto	43,2
Gastos sueldos	(10)
Gastos de administración	(3)
Depreciación	(5)
Resultado operacional	25,2
Ganancia extraordinaria	2
Pérdida extraordinaria	(2,7)
Gasto interés	(7,1)
Resultado antes de impuesto Renta	17,4
Impuesto renta	(3,5)
Utilidad del ejercicio	13,9

Si estudia bien el registro de transacciones de este periodo se dará cuenta que ningún Ingreso ni gasto contable del Estado de Resultado fue movimiento de efectivo.

Del mismo modo, en el Estado de Flujo de Efectivo a continuación, no hay ningún flujo de efectivo que corresponda a Ingreso o gasto de este período.

El Estado de Flujo de Efectivo se construye simplemente mirando la línea de la cuenta "Caja" de la Hoja de trabajo Arco período 2 presentada un poco más atrás y listando las operaciones que provocaron cambios en ella.

* Observe que las ventas y gastos registrados en el Estado de Resultados del período 1 anterior, vienen a ser entradas y salidas de dinero respectivamente en este período, el 2.

Estado de Flujo de Efectivo
Para el período 2

Entradas		Salidas	
Saldo inicial	40	Inversión financiera en DAP	30
Recaudación ventas período anterior	50*	Pago préstamo banco CP	5
Anticipos de clientes	30	Pago sueldos período anterior	10*
		Pago gastos consumos período anterior	2,5*
Total entradas	**120**	**Total egresos**	**47, 5**

Saldo final caja	72, 5

Finalmente, para tener una visión contable de mas largo alcance y poder apreciar la relación de hechos entre varios períodos,incluiremos un tercer período para la empresa "Arco".

Transacciones período 3:

1. Se recaudará el crédito otorgado a los clientes.
2. Se cancelarán todas las deudas de corto plazo, excepto crédito bancario.
3. Se enviarán las mercaderías a los clientes que habían efectuado anticipos. El costo es el 40 % del valor neto.
4. Se venderán mercaderías al crédito en $ 70. El costo es de $ 28.
5. Se retendrá la Utilidad del periodo anterior.
6. Gastos de administración por $ 4. Solo devengo.
7. Gasto de sueldos del período a pagar próximo período: $ 12.
8. Depreciación de muebles $ 5.
9. Asalto y robo de dinero: $ 3,2.
10. Interés originado por deuda bancaria $ 5.
11. DAP genera intereses por $ 3.
12. Se hace provisión por Impuesto a la Renta: 20 %.

Hoja de trabajo Arco período 3

	0	1	2	3	4	5	6	7	8	9	10	11	12	SF
Activos														
Caja	72,5	68	(83,6)							(3,2)				53,7
Deposito a plazo	32											3		35
Cuentas x cobrar	68	(68)			70									70
Mercaderías	55			(12)	(28)									15
Muebles	75								(5)					70
Equipos	5													5
Gastos														
Costo de ventas				12	28									40
Gtos. Sueldos								12						12
Gastos de adm.							4							4
Depreciación									5					5
Perd. extraord.										3,2				3,2
Impuesto a la renta													6,8	6,8
Gasto interés											5			5
Total	307,5													324,7
Pasivos														
Provis. impto Rta.	3,5		(3,5)										6,8	
Acreedores	60		(60)											6,8
Prestamo banco CP.														
Ant. De clientes	30			(30)										
Sueldos por pagar	10		(10)					12						12
Gastos por pagar	3		(3)				4							4
Prestamo banco LP.	60													60
Interés por pagar	7,1		(7,1)								5			5
Patrimonio														
Capital	110													110
Util. retenidas	10					13,9								23,9
Resultado (Utilidad)	13,9					(13,9)								
Ingresos														
Ventas				30	70									100
Gan. extraord.												3		3
Total	**307,5**													**324,7**

Notas: en la transacción 3 se paga una obligación que se tenía con los clientes y que surgió en el periodo anterior cuando los clientes anticiparon dinero para recibir las mercaderías en el futuro. En el momento de la recepción del dinero se registró el aumento del Activo "Caja" y el surgimiento de la obligación, Pasivo "anticipo de clientes". Ahora cuando se entregan las mercaderías se registra el Ingreso "venta" junto a la disminución de la obligación "anticipo de clientes".

En la transacción 5, la Utilidad de $ 13,9 del período anterior que figura transitoriamente dentro del Patrimonio se traspasa a la cuenta también de Patrimonio "Utilidad retenida". Es un mero traspaso contable desde una cuenta a otra pero refleja una decisión financiera importante: la Utilidad que se encuentra repartida en los Activos quedará dentro de estos para generar nuevas Utilidades; en vez de ser distribuida entre los socios. A esto se le llama reinversión de la Utilidad.

En la transacción 8, se registra la depreciación (pérdida de valor por uso) de los muebles en forma directa, esto es, se registra el gasto y la disminución directa del valor de muebles. Más adelante veremos el método indirecto de registrar este hecho: Método de uso generalizado.

Con los saldos finales de las cuentas de esta hoja de trabajo procedemos igual que antes a confeccionar el Balance y el Estado de Resultado. Con las variaciones de la línea de caja procedemos a confeccionar el EFE.

Compañía Arco
Balance General o Estado de Situación
Al 30 del mes del período 3
(Miles de millones de pesos)

Activos		**Pasivo y Patrimonio**	
Activo corriente		Pasivo corriente	
Caja	53,7	Provisión monto renta	6,8
Depósito a plazo	35	Acreedores	
Cuentas por cobrar	70	Anticipo de clientes	
Mercaderías	15	Sueldos por pagar	12
		Gastos por pagar	4
		Interés por pagar	5
Activo no corriente		**Pasivo no corriente**	
Muebles	70	Préstamo banco LP	60
Equipos	5		
		Patrimonio	
		Capital	110
		Utilidades retenidas	23,9
		Utilidad del ejercicio	27
Total Activo	**248,7**	**Total Pasivo y Patrimonio**	**248,7**

Estado de Resultado Cía. Arco
Período 3
(Miles de millones de pesos)

Ventas	100
Costo Ventas	(40)
Margen Bruto	60
Gastos sueldos	(12)
Gastos de administración	(4)
Depreciación	(5)
Resultado Operacional	39
Ganancia extraordinaria	3,0
Pérdida extraordinaria	(3,2)
Gasto interés	(5)
Resultado antes de Impuesto Renta	33,8
Impuesto Renta	(6,8)
Utilidad del ejercicio	27

La conclusión que sigue es muy importante porque de aquí derivan muchas malas interpretaciones que se dan en la práctica de los usuarios de la información contable, sean de especialistas o de no especialistas: la de creer que la Utilidad de un periodo ha de reflejarse en caja en ese mismo período. Usted conoce toda la historia ocurrida en nuestra empresa Arco durante el período 3 y debe haberse dado cuenta que la Utilidad que muestra el Estado de Resultado de este período un poco más arriba, al igual que en periodos anteriores no tiene que ver absolutamente nada con movimientos o flujos de caja ocurridos en el mismo período. A saber, ningún Ingreso de este Estado fue entrada de dinero en ese período y ningún gasto fue salida de dinero en el mismo. Si no le ha quedado meridianamente claro, le sugerimos repase todos los registros contables que se hicieron. Lo mismo ocurrió en los períodos 1 y 2.

Obviamente que, si profundizamos un poco más, nos daremos cuenta también que a "la larga" la Utilidad con el flujo de caja tienden a acercarse, pero tampoco habrá una coincidencia total. Habrá ventas que no se recaudarán y habrá gastos que nunca se pagarán.

Estado de Flujo de Efectivo
Período 3

Entradas	
Saldo inicial	72,5
Recaudación ventas período anterior	68*
Total entradas	**140,5**

Salidas	
Pago de Impuesto a la renta	3,5
Pago acreedores	60
Pago sueldos período anterior	10*
Pago gastos consumos período anterior	3*
Pago intereses y per. extra	10,3*
Total egresos	**86,8**

Saldo final caja	53,7

* Los Ingresos y gastos registrados en el Estado de Resultado del período 2 anterior han sido percibidos y pagados respectivamente en este período, el 3.

Análisis económico-financiero simple

Con un sencillo análisis económico de esta empresa se podrá apreciar la enorme Utilidad de la información contable para el diagnóstico, evolución e incluso proyección de la empresa. Para esto, pondremos a continuación, los tres Estados de Resultados en forma consecutiva

Estados de resultados comparativos

Período	**1**	**2**	**3**
Ventas	50	68	100
Costo ventas	(27,5)	(24,8)	(40)
Margen bruto	22,5	43,2	60
Gastos sueldos	(10)	(10)	(12)
Gastos de administración	(2,5)	(3)	(4)
Depreciación		(5)	(5)
Resultado operacional	10	25,2	39
Ganancia extraordinaria		2	3,0
Pérdida extraordinaria		(2,7)	(3,2)
Gasto interés		(7,1)	(5)
Resultado antes de impuesto renta		17,4	33,8
Impuesto Renta		(3,5)	(6,8)
Utilidad del ejercicio	10	13,9	27
Flujo de caja	40	32,5	(18,8)
Flujo operacional			
Flujo de inversión			
Flujo de financiamiento			
Rentabilidad operacional de las ventas	20 %	37 %	39 %

Dividiendo dos ítems, partidas o cuentas del Estado de Resultado, por ejemplo el resultado operacional entre las ventas (RO/V) se obtiene el indicador "rentabilidad operacional de las ventas" que, como se observa tiene una evolución positiva: 20 %, 37 % y 39 % para los períodos 1, 2 y 3 respectivamente.

Haciendo un análisis más exhaustivo acerca de la causa de este incremento se puede concluir que la rentabilidad bruta es relevante. Rentabilidad bruta = margen bruto/ ventas.

Sus valores son 45 %, 63,5 % y 60 % respectivamente.

Por su parte, la rentabilidad neta sobre las ventas = Resultado neto / ventas, tiene los siguientes valores para los tres períodos consecutivos: 20 %; 20,44 % y 27 %.

En ninguno de los tres períodos los Ingresos contables fueron entradas de dinero y tampoco los gastos contables fueron desembolsos de dinero. Por lo tanto, la Utilidad de cada período no tuvo ninguna relación con el flujo de efectivo del mismo.

Compárelos. Mas aún, las Utilidades de los tres períodos suman $ 50,9 mientras que el total de flujos de efectivo suma $ 53,7. La diferencia pudo ser mayor a favor de cualquiera de los dos conceptos. Si se omite el préstamo bancario de $ 40 obtenido en el primer período la diferencia entre las Utilidades y los flujos de caja es todavía mayor.

Obviamente también podríamos efectuar un estudio comparativo de los flujos de caja entre los tres períodos.

3.6. Hoja Matriz

Trabajemos con la ecuación contable desde un punto de vista aritmético:

En el cuadro siguiente hay 7 columnas, la primera bajo el título "Transacción", cada una de las cinco columnas que siguen representa un componente de la ecuación contable, vale decir: "Activo", "Gasto", "Pasivo", "Patrimonio" e "Ingreso". La séptima columna, "Análisis Detallado", es una explicación de la transacción dada en la primera columna de la fila correspondiente.

Describamos la primera línea: en la primera columna de esta fila se enuncia la transacción "Compra de cualquier Activo en efectivo". En la columna 2, bajo el encabezado "Activo" están los signos aritméticos más y menos (+ y -) los cuales reflejan las variaciones que produce la transacción en los componentes de la ecuación contable:

en este caso, un aumento en una cuenta de Activo y una disminución en otra cuenta de Activo. En la última columna dice Aumenta cuenta de Activo "terreno" u otra y Disminuye cuenta de Activo "Caja" o "Banco".

Es un ejemplo tipo de muchas transacciones que ocurren solo dentro del Activo, en otras palabras, una transformación dentro del Activo, se desinvierte en una cuenta (caja o banco) y se invierte en otra (terrenos, máquinas, inversiones financieras, mercaderías, etc.).

Hay 13 combinaciones distintas en el cuadro. Se trata de transacciones simples, esto es, que afectan a solo dos cuentas. El dominio de la lógica y el registro contable pasa por la comprensión de cada una de las líneas de este sencillo cuadro. Nótese que no existe la posibilidad de cambios solo entre cuentas de Gastos y/o solo entre cuentas de Ingresos. Puede haberlos si se desea efectuar traspasos entre cuenta de gastos o entre cuentas de Ingresos; fundamentalmente para correcciones.

El estudio y análisis del cuadro que sigue es considerado fundamental por el autor para comprender la lógica contable. Las transacciones que realiza una empresa y su impacto en las situación económica y financiera de la empresa.

Transacción	A	G	P	Pt	I	Análisis Detallado
Compra de cualquier Activo en efectivo	±					Aumenta cuenta Activo *"Terreno"* u otra Disminuye cuenta Activo "Caja" o "Banco"
Transferencia de deuda desde el largo al corto plazo			±			Aumenta cuenta Pasivo *"Deuda corto plazo"* Disminuye cuenta Pasivo *"Préstamo largo plazo"*
Se retiene la Utilidad del trimestre anterior				±		Aumenta cuenta Patrimonio *"Utilidad retenida"* Disminuye cuenta Patrimonio *"Utilidad del ejercicio"*
Anticipo de clientes al contado	+		+			Aumenta cuenta Activo *"Caja"* Aumenta cuenta Pasivo *"Anticipo de clientes"*
Se cancela deuda	-		-			Disminuye cuenta Activo *"Caja"* Disminuye cuenta Pasivo *"Cuentas por pagar" u otra*
Se forma una empresa con aporte en efectivo u otro	+			+		Aumenta cuenta Activo *"Caja" u otra* Aumenta cuenta Patrimonio *"Capital"*
Los socios hacen retiro de capital	-			-		Disminuye cuenta Activo *"Caja" u otra* Disminuye cuenta Patrimonio *"Capital"*
Venta de mercaderías al crédito precio de venta	+				+	Aumenta cuenta Activo *"Clientes"* Aumenta cuenta Ingreso *"Venta"*
Devuelven venta mercaderías al crédito precio de venta	-				-	Disminuye cuenta Activo *"Clientes o caja"* Disminuye cuenta Ingreso *"Venta"*
Ocurre un robo de mercaderías u otro Activo	-	+				Aumenta cuenta gasto *"Pérdida extraordinaria"* Disminuye cuenta Activo *"Mercaderías" u otra*
Llegan cuentas de consumos básicos		+	+			Aumenta cuenta gasto *"Gastos generales"* Aumenta cuenta Pasivo *"Cuentas por pagar"*
Se envían mercaderías a clientes que habían efectuado anticipos			-		+	Aumenta cuenta Ingreso *"Venta"* Disminuye cuenta Pasivo *"Anticipos de clientes"*
Devolución de ventas a precio de costo	+	-				Aumenta cuenta Activo *"Mercadería"* Disminuye cuenta gasto *"Costo de venta"*

A continuación, presentamos un ejercicio resuelto utilizando la hoja de trabajo de la ecuación abierta. Se recomienda al estudiante mirar la hoja de trabajo de la siguiente forma. En la primera columna (la de la izquierda) está el plan de cuentas de la empresa ordenado según la ecuación abierta. Cada columna representa el registro de una transacción.

3.7. Ejercicios resueltos. Ecuación abierta

Ejercicio ilustrativo 1 resuelto

Con la información que sigue:

A. Balance General al 31/12/01.

Compañía Andrés
Balance General o Estado de Situación
Al 31 de diciembre año 1
(Miles de millones de pesos)

Activo	
Activo Corriente	
Caja	600
Total	**600**

Pasivo Y Patrimonio	
Patrimonio	
Capital	500
Resultado (Utilidad)	100
Total	**600**

B. Transacciones trimestre enero – marzo año 2:

1. Se compran mercaderías al crédito simple en $ 300.
2. Se compran máquinas en $ 350 al contado.
3. Se abre una cuenta corriente con $ 100. El banco carga (cobra y se paga sacando de la cuenta corriente) $ 5 por talonario.
4. Se vende al 60 % de las mercaderías en $ 320 al crédito simple.
5. Se retiene el 80 % de la Utilidad trimestre anterior, el 20 % restante sepagará como dividendo en el próximo trimestre.
6. Clientes devuelven el 50 % de la venta del Nº 4.
7. Llegan las cuentas de consumos básicos. Total: $ 9.

8. Se compran mercaderías en $ 170 al crédito simple.
9. Se devuelve el 50 % de la compra anterior.
10. Se obtiene un crédito del banco por $ 190.
11. Los gastos de administración del trimestre ascienden a $ 40. Se pagan $ 37.
12. Clientes anticipan $ 56 a cuenta de futuras ventas.
13. La empresa anticipa $ 14 a proveedores por futuras compras.
14. El préstamo del banco devenga intereses por $ 2.
15. Se compra un terreno al crédito documentado. Monto $ 100.
16. Se vende el terreno al contado en $ 120.

A. Hacer Hoja de trabajo (HT).

B. Confeccionar todos los registros e informes contables.

Hoja de trabajo Cía. Andrés

	0	1	2	3	4	5	6	7	8	9	10	11	12	13	14	15	16	17
Activos																		
Caja	600		(350)	(100)								(37)	56	(14)			120	275
Banco				95							190							285
Clientes					320		(160)											160
Mercaderias		300			(180)		90		170	(85)								295
Antic.de provee.														14				14
Terrenos																100	(100)	0
Máquinas			350															350
Gastos																		
Costo. vtas.					180		(90)											90
Gtos. Adm.				5				9				40						54
Gastos financieros															2			2
Total																		1.525
Pasivos																		
Proveedores		300							170	(85)								385
Cuentas x p.								9				3						12
Divid. por pagar.						20												20
Ant. clientes													56					56
Int. x pagar															2			2
Doc. xpagar																100		100
Deuda banco											190							190

Continuación Hoja de trabajo

Patrimonio																		
Capital	500																	500
Util. Retenidas						80												80
Utilidad	100					(100)												0
Ingresos																		
Ventas					320		(160)											160
Gan. extraord.																	20	20
Total																		**1.525**

Con los saldos finales de las cuentas de Activo, Pasivo y Patrimonio se construyen el Balance final y con los saldos finales de las cuentas de Ingresos y Gastos se construye el Estado de Resultados. Es importante destacar que la diferencia entre Ingresos y gastos de $ 34 (Utilidad) es igual a la diferencia que se produce con los saldos de las cuentas de Balance.

Balance General o Estado de Situación
Cía: Andrés
Al 31 de marzo del año 2 (Confeccionado a partir de la HT)

Activo corriente	
Caja	275
Banco	285
Clientes	160
Mercaderías	295
Anticipo proveedores	14
Activo no corriente	
Terrenos	0
Maquinarias	350
Total Activo	1.379

Pasivo corriente	
Cuentas por pagar	12
Proveedores	385
Documentos por pagar	100
Anticipo clientes	56
Dividendo por pagar	20
Interés por pagar	2
Deuda banco	190
Pasivo no corriente	
Patrimonio	
Capital	500
Utilidades retenidas	80
Utilidad del ejercicio	34
Total Pasivo y Patrimonio	1.379

Estado de Resultado Cía. Andrés
Para primer trimestre período 2
(Miles de millones de pesos)

Ventas	160
Costo Ventas	(90)
Margen Bruto	70
Gastos de administración	(54)
Resultado Operacional	16
Gastos financieros	(2)
Ganancia extraordinaria	20
Utilidad del ejercicio	34

Estado de Flujo de Efectivo Cía: Andrés
Para primer trimestre período 2

Entradas	
Saldo inicial	600
Anticipo de clientes	56
Venta de terrenos	120
Total entradas	**776**

Salidas	
Compra de máquinas	350
Apertura cuenta corriente	100
Pago gastos de administración	37
Pago anticipo a proveedores	14
Total egresos	**501**

Saldo final caja	275

Nota: se han separado los Ingresos y gastos operacionales (del giro) de los extraoperacionales (ajenas al giro).

Ejercicio ilustrativo 2 resuelto

Se entrega la siguiente información de la empresa San Alberto:

A. Balance General al 31/12/17.

Balance General o Estado de Situación
Al 31 de diciembre del año 2017

Activos	
Caja	1.500
Mercaderías	2.000
Total	**3.500**

Pasivos y Patrimonio	
*Crédito bancario	400
Capital	2.600
Utilidad	500
Total	**3.500**

* El crédito bancario es una deuda de largo plazo.

B. Transacciones del primer semestre del año 2018:

1. Se vende el 20 % de la mercadería en existencias en $ 1.000 al crédito simple.
2. Se compran mercaderías al crédito simple en $ 1.400.
3. Se abre una cuenta corriente bancaria, depositando $ 800 en efectivo. El banco cobra $ 40 por los gastos de la apertura y talonario cheques.
4. Se vende al 40 % de las mercaderías en $ 1.800 al crédito simple.
5. Clientes devuelven el 50 % de la venta anterior.
6. Se retiene el 60 % de la Utilidad trimestre anterior, el 40 % restante sepagará como dividendo en el próximo semestre.
7. Llegan las cuentas de luz, agua potable y teléfono del semestre por $ 200.
8. Se compran mercaderías en $ 400 al crédito simple.
9. Se devuelve el 40 % de la compra anterior.
10. El préstamo del banco devenga intereses por $ 100.
11. Los gastos de administración del semestre son de $ 300. Se pagan $ 100 en efectivo, el resto queda pendiente de pago.
12. Clientes anticipan en efectivo $ 300 a cuenta de futuras ventas.
13. La empresa anticipa con cheque $ 200 a proveedores por futuras compras.
14. Los sueldos del semestre son de $ 400 y de ellos se han pagado $ 300 con cheques, el resto queda pendiente de pago.

(A) Hacer Hoja de trabajo.

(B) Confeccionar todos los registros e informes contables.

Hoja de trabajo empresa San Alberto

	0	1	2	3	4	5	6	7	8	9	10	11	12	13	14	Saldo Final
Activos																
Caja	1.500			(800)								(100)	300			900
Banco				760										(200)	(300)	260
Clientes		1.000			1.800	(900)										1.900
Mercaderías	2.000	(400)	1.400		(1.200)	600			400	(160)						2.640
Ant. prov.														200		200
Terrenos																
Máquinas																
Gastos																
Costo. vtas.		400			1.200	(600)										1.000
Gtos. adm.								200				300				500
Gtos. fin											100					100
Gtos. banc				40												40
Sueldos															400	400
Total																7.940
Pasivos																
Proveedores			1.400						400	(160)						1.640
Cuentas x p.								200				200				400
Divid. x p.							200									200
Ant. clientes													300			300
Int. x pagar											100					100
Doc. x pagar																
Crédito banco	400															400
Sueldos x Pagar															100	100
Patrimonio																
Capital	2.600															2.600
Util. Retenid.							300									300
Utilidad ejer.	500						(500)									
Ingresos																
Ventas		1.000			1.800	(900)										1.900
Total																7.940

Balance General o Estado de Situación
Al 30 de junio del año 2018

Activo corriente	**$**	**Pasivo corriente**	**$**
Caja	900	Cuentas por pagar	400
Banco	260	Proveedores	1.640
Clientes	1.900	Anticipo clientes	300
Mercaderías	2.640	Dividendo por pagar	200
Anticipo proveedores	200	Interés por pagar	100
		Sueldos por pagar	100
Activo no corriente		**Pasivo no corriente**	
		Crédito bancario	400
		Patrimonio	
		Capital	2.600
		Utilidades retenidas	300
		Pérdida del ejercicio	(140)
Total Activo	**5.900**	**Total Pasivo y Patrimonio**	**5.900**

Estado de Resultado CIA. SAN ALBERTO
Para primer semestre del 2018
(Miles de millones de pesos)

Ventas	1.900
Costo Ventas	(1.000)
Utilidad Bruta	900
Gastos de administración	(500)
Gastos bancarios	(40)
Sueldos	(400)
Resultado operacional	(40)
Gastos financieros	(100)
Pérdida del ejercicio	(140)

Estado de Flujo de Efectivo San Alberto
Para primer semestre 2018

Entradas		**Salidas**	
Saldo inicial	1.500	Apertura cuenta corriente	800
Anticipo de clientes	300	Pago gastos de administración	100
Total entradas	**1.800**	**Total egresos**	**900**

Saldo final caja	900

Ejercicio ilustrativo 3 resuelto

Registre las transacciones que se explicitan en la Hoja de trabajo (Una transacción en cada columna) y a continuación haga el Balance Final y el Estado de Resultado para la empresa "San Diego Ltda.". Preocúpese de mantener el equilibrio contable.

1. Los socios aportan $ 90 en efectivo y terrenos tasados en $ 100 que tienen una deuda hipotecaria de $ 10.
2. Se compran mercaderías al crédito en $ 25.
3. Se compra muebles y útiles al contado en $ 40.
4. Se obtiene un crédito del banco por $ 50.
5. Se cancela el 20 % de la deuda con proveedores.
6. Uno de los socios se retira de la sociedad y se lleva $ 5 en mercaderías.
7. Se vende la mitad de las mercaderías en $ 40 al contado.
8. Llegan las cuentas se consumos básicos por $ 7.
9. Se detecta un robo de $ 4 en efectivo.

Use solo las cuentas dadas.

Hoja de trabajo 2 Empresa San Diego Ltda.

	1	2	3	4	5	6	7	8	9	Saldo
Activos										
Caja	90		(40)	50	(5)		40		(4)	131
Mercaderias		25				(5)	(10)			10
Muebles y utiles			40							40
Terrenos	100									100
Gastos										
Costo de ventas							10			10
Gtos. De administración								7		7
Perdida extraordinaria									4	4
Total	190	25	0	50	(5)	(5)	40	7	0	302
Pasivos										
Proveedores		25			(5)					20
Cuentas x pagar.								7		7
Préstamo bancario				50						50
Deuda hipotecaria	10									10
Patrimonio										
Capital	180					(5)				175
Ingresos										
Ventas							40			40
Total	190	25	0	50	(5)	(5)	40	7	0	302

Balance General San Diego Ltda.
Al 31/xx/xx

Activo corriente	
Caja	131
mercaderías	10
Activo no corriente	
Muebles y útiles	40
Terrenos	100
Total	**281**

Pasivo corriente	
Proveedores	20
Cuentas por pagar	7
Préstamo bancario	50
Pasivo no corriente	
Deuda hipotecaria	10
Patrimonio	
Capital	175
Utilidad del ejercicio	19
Total	**281**

Estado de Resultado San Diego Ltda.
Para período xx
(Miles de millones de pesos)

Ventas	40
Costo Ventas	(10)
Margen Bruto	30
Gastos de administración	(7)
Resultado operacional	23
Pérdida extraordinaria	(4)
Utilidad del ejercicio	19

Estado de Flujo de Efectivo San Diego Ltda.
Para período xx

Entradas	
Saldo inicial	90
Préstamo bancario	50
Ventas	40
Total entradas	**180**

Salidas	
Compra muebles	40
Pago a proveedores	5
Egreso fraude	4
Total egresos	**49**

Saldo final caja	131

Ejercicio ilustrativo 4 resuelto

Registre las transacciones siguientes de la empresa "Negra Ltda." en la hoja de trabajo adjunta y confeccione Balance , E. de resultados y EFE para mes 1. Use solo las cuentas dadas.

0. Se forma una empresa con los siguientes aportes: Caja $ 470, dos Terrenos tasados en $ 150 cada uno, Mercaderías por $ 280 y Deuda hipotecaria $ 150.
1. Se compran mercaderías al crédito simple en $ 120.
2. Se abre una cuenta corriente con $ 250.
3. El banco carga $ 8 por apertura de la cuenta.
4. Se obtiene un crédito del banco por $ 450 y se deposita en cuenta corriente.
5. Se arrienda local comercial para vender la mercadería. Se pagan 4 meses anticipados y 2 meses de garantía, con cheque por $ 20 cada mes.
6. Se vende al 40 % de las mercaderías en $ 280 al crédito simple.
7. Llegan las cuentas de consumos básicos por $ 15.
8. Se paga el 50 % de la deuda por la compra de mercaderías con cheque.
9. Se informa gastos de administración por $ 40. Se pagan $ 30 con cheque.
10. Clientes anticipan $ 20 en efectivo a cuenta de futuras ventas.
11. Se vende un terreno en $ 130. Se reciben $ 30 en efectivo y por el resto una letra.

Hoja de trabajo 2. Empresa Negra Ltda.

	0	1	2	3	4	5	6	7	8	9	10	11	Total
Activos													
Caja	470		(250)								20	30	270
Banco			250	(8)	450	(120)			(60)	(30)			482
Clientes							280						280
Mercaderias	280	120					(160)						240
Terrenos	300											(150)	150
Arriendo pagado anticipado						80							80
Garantía de arriendos						40							40
Letras por cobrar												100	100

Continuación Hoja de trabajo

Gastos													
Costo ventas.							160						160
Gastos de. Administración								15		40			55
Gastos bancarios				8									8
Pérdidas extraordinarias												20	20
Total	1.050	120	0	0	450	0	280	15	(60)	10	20	0	1.885
Pasivos													
Proveedores		120							(60)				60
Cuentas x pagar.								15		10			25
Anticipo de. Clientes											20		20
Interés x pagar													
Deuda hipotecaria	150												150
Préstamo bancario					450								450
Patrimonio													
Capital	900												900
Utilidad													
Ingresos													
Ventas							280						280
Ganancias extraordinarias													
Total	1.050	120	0	0	450	0	280	15	(60)	10	20	0	1.885

Nota: en las ventas de Activos distintas a las mercaderías, como la venta de terreno en la transacción 11, no se usan las cuentas de ventas y costos de ventas. Se compara el valor contable del bien con su precio de venta y se registra de inmediato la pérdida o ganancia extraordinaria.

Balance General "Negra Ltda."
Al 31/xx/xx

Activo corriente	
Caja	270
Banco	482
Clientes	280
Mercaderías	240
Arriendos pagados antic.	80
Garantía arriendos	40
Documento por cobrar	100
Activo no corriente	
Terrenos	150
Total	**1.642**

Pasivo corriente	
Proveedores	60
Cuentas por pagar	25
Anticipo de clientes	20
Pasivo no corriente	
Préstamo bancario	450
Deuda hipotecaria	150
Patrimonio	
Capital	900
Utilidad del ejercicio	37
Total	**1.642**

Estado de Resultado "Negra Ltda."
Para período xx
(Miles de millones de pesos)

Ventas	280
Costo Ventas	(160)
Utilidad bruta	120
Gastos bancarios	(8)
Gastos de administración	(55)
Resultado operacional	57
Pérdidas extraordinarias	(20)
Utilidad del ejercicio	37

Estado de Flujo de Efectivo "Negra Ltda."
Para período xx

Entradas	
Saldo inicial	470
Anticipo de clientes	30
Venta de terrenos	20
Total entradas	**520**

Salidas	
Depósito en banco	250
Total egresos	**250**

Saldo final caja	270

3.8. Ajustes o regularizaciones periódicas

Antes de exponer este tema es interesante un breve repaso para comprender mejor esta importante materia.

Toda transacción efectuada por la empresa (por ejemplo, compra y venta de mercaderías) o todo hecho económico que la afecta (por ejemplo, alza del dólar), provoca variaciones en la famosa ecuación patrimonial, pero manteniéndola siempre como Igualdad:

ACTIVO + GASTO = PASIVO + PATRIMONIO + INGRESO

En otras palabras, las transacciones o hechos modifican la estructura patrimonial de la empresa, sea la del Balance y/o la del Estado de Resultados.

Previo a exponer el tema central de los ajustes o regularizaciones periódicas, es altamente conveniente que el lector tenga claros cada uno de los conceptos que componen la ecuación patrimonial, que ya se ha visto anteriormente pero que aquí repetiremos con algunos agregados.

Activo: es un recurso controlado por la empresa como resultado de hechos pasados, del cual la empresa espera obtener, en el futuro, beneficios económicos.

Ejemplo de cuentas de Activo: Caja, banco, clientes, cuentas por cobrar, deudores, mercaderías, depósitos a plazo, fondos mutuos, documentos por cobrar, intereses por cobrar, seguros anticipados, arriendos pagados anticipadamente, arriendo por cobrar, vehículos, equipos, máquinas, bienes raíces, construcciones, terrenos, inversiones en asociadas, patentes, licencias, inversiones en empresas relacionadas, gastos de organización.

Gasto: es el valor (a precio de costo) de los bienes o servicios usados o sacrificados por la empresa y que son necesarios para generar los Ingresos. El gasto se registra en el momento en que los bienes o servicios se ocupan, independientemente de cuándo se paguen.

De acuerdo a lo señalado, un Gasto, no es necesariamente una Salida de Dinero, en el período en el cual el gasto es registrado. (Consumo de un servicio al crédito).

En términos de la ecuación contable, un gasto se puede combinar con una disminución en un Activo o con un aumento en un Pasivo.

Una definición un poco más compleja y que se encuentra en el Marco Conceptual Contable universal es (el principiante puede omitir esta definición):

"Gastos son las disminuciones en los beneficios económicos, producidos a lo largo del periodo contable, en forma de egresos o disminuciones del valor de los Activos, o bien como surgimiento de obligaciones, que dan como resultado disminuciones en el Patrimonio, y que no están relacionados con las distribuciones de Patrimonio efectuados a los propietarios".

Ejemplo de cuentas de gasto: Costo de ventas, gastos de administración, sueldos, gastos generales, seguros consumidos, arriendos, gastos financieros o intereses, impuesto renta, depreciación, castigos, pérdidas extraordinarias, pérdidas por diferencia de cambios.

Pasivo: es una obligación presente de la empresa, surgida a raíz de hechos pasados, al vencimiento de la cual y para pagarla, la empresa espera desprenderse de recursos que incorporan beneficios económicos.

Ejemplo de cuentas de Pasivo: proveedores, anticipo de clientes, cuentas por pagar, acreedores, documentos por pagar, impuestos por pagar, préstamo bancario, arriendo recibido anticipadamente, Ingresos diferidos, sueldos por pagar, arriendos por pagar, intereses por pagar.

Patrimonio: es la parte residual en los Activos de la empresa, una vez deducidos todos sus Pasivos.

Ejemplo de cuentas de Patrimonio: capital, Utilidades retenidas, reservas, pérdidas acumuladas, utilidad del ejercicio, pérdida del ejercicio.

Ingreso: es el valor (a precio de venta) de los bienes y servicios entregados a los clientes. El Ingreso (o venta), se registra en el momento en que se entrega el bien o servicio, independiente de cuando se recaude el dinero.

De acuerdo a lo señalado, un Ingreso (o venta), no es necesariamente una Entrada de Dinero, en el período en el cual la venta es registrada (venta al crédito).

Considerando la partida doble: un Ingreso (o venta), va acompañado casi siempre de un aumento de Activo ("cuentas por cobrar" si es al crédito simple, o "caja" si es al contado).

Una definición un poco más compleja y que se encuentra en el Marco Conceptual Contable universal es (el principiante puede omitir esta definición):

> "Ingresos son los incrementos en los beneficios económicos, producidos a lo largo del periodo contable, en forma de entradas o incrementos de valor de los Activos, o bien como disminuciones de las obligaciones, que dan como resultado aumentos del Patrimonio, y que no están relacionados con los aportes de capital efectuados por los propietarios".

Ejemplo de cuentas de Ingreso: ventas, ganancias por intereses (o intereses ganados), ganancias extraordinarias, arriendos ganados, dividendos ganados.

Además del dominio de los conceptos anteriores, el lector debe dominar el concepto de partida doble o dualidad económica, esencia de la contabilidad, que implica que toda transacción implica dos efectos o dos cambios, a lo menos, que hacen que la ecuación o igualdad anterior se mantenga como tal. Las combinaciones posibles que se pueden dar en esa ecuación y que la mantienen como tal fueron vistas en el último cuadro (hoja matriz punto 3.6) y que recomendamos repasar.

Los ajustes o regularizaciones periódicas, son contabilizaciones de hechos económicos que, por razones prácticas, se hacen al final de un período contable, en forma previa a la confección de los Estados finales. Particularmente hay dos motivos principales de porque son los últimos registros que se hacen en un período:

A. Son hechos económicos de ocurrencia continua como la depreciación o pérdida de valor de Activos fijos físicos.
B. No se tiene la información antes de terminar el período, como lo es la determinación de Impuesto a la Renta que se viene a conocer recién el último día del período junto al resultado económico.

Hay cuatro tipos de ajustes:

1. Activos que se transforman en gastos

El caso más típico, se refiere a Activos fijos físicos que con el transcurrir del tiempo, van perdiendo valor, esto es, técnicamente se dice que se van depreciando.

En términos de la ecuación escrita más arriba, este hecho provoca una disminución del Activo en cuestión (vehículo, equipo, máquina, edificio, etc.) y un aumento del gasto, que se puede registrar en una cuenta denominada "gasto depreciación" o "depreciación vehículo", etc. según corresponda.

Por otra parte, cuando una empresa paga por un bien o servicio que recibirá en el futuro, (o sea paga en, forma anticipada), está adquiriendo un derecho o un Activo no tangible; es una inversión porque recibirá el beneficio en el futuro. No es un gasto, pues todavía no hay uso o consumo.

Casos como estos, son los pagos anticipados de arriendos, de seguros, de sueldos, de publicidad, etc.

En términos de la ecuación escrita más arriba, estos hechos provocan inicialmente una disminución del Activo "caja o banco" y como contrapartida un aumento del Activo "seguros anticipados", "arriendo pagado anticipadamente", "publicidad anticipada", etc., según corresponda. Con el transcurrir del tiempo, estos Activos se van consumiendo hasta extinguirse totalmente. El registro contable de esta disminución se denomina amortización e implica reconocer el gasto o consumo y la disminución del Activo.

Por ejemplo, si se pagan cinco años de arriendo anticipado, en ese momento corresponde aumentar el Activo "arriendo pagado anticipadamente" y disminuir el Activo "caja".

Con el transcurso del tiempo, el Activo "arriendo pagado anticipadamente" que corresponda se va "consumiendo" o "amortizando", por lo tanto, el ajuste a realizar al final del primer año, y en forma previa a la confección de los estados finales, consiste en reconocer al gasto de arriendo (un quinto del Activo) y la disminución en el Activo.

Activo	+	Gasto	=	Pasivo	+	Patrimonio	+	Ingreso
↓		↓						
Disminución "Arriendo pagado anticipadamente"		Aumenta "Gasto de seguro" o "Seguro consumido"						

2. Pasivos que se transforman en Ingresos

Cuando una empresa recibe dinero por bienes o servicios que debe entregar en el futuro (o sea recibe dinero en forma anticipada) está contrayendo obligaciones o Pasivos. El ejemplo típico corresponde a los anticipos que efectúan los clientes por mercaderías que recibirán en el futuro. En este caso, se incrementa el Activo "caja o banco" en el lado izquierdo de la ecuación y se incrementa el Pasivo "anticipo de clientes", en el lado derecho de la ecuación. Esto no constituye Ingreso, en el sentido contable, pues todavía no se ha entregado ningún bien o servicio.

Otros casos similares ocurren, por ejemplo, cuando la empresa es arrendadora y le pagan en forma anticipada el arriendo por varios períodos futuros. En este caso, aumenta el Activo "caja o banco" en el lado izquierdo de la ecuación y aumenta el Pasivo "arriendo recibido anticipadamente" en el lado derecho de la ecuación, pues la empresa tiene la obligación de "cancelar" esta obligación, con la entrega del bien en el futuro, para usufructo del arrendatario.

Puede haber también, intereses recibidos por anticipado y otros Ingresos recibidos por anticipado, (a todos estos se les llama comúnmente Ingresos diferidos).

Cuando se recibe el dinero adquiriéndose la obligación aumenta el Activo "caja o banco" y aumenta el Pasivo "arriendo recibido anticipadamente" .

Con el transcurso del tiempo la empresa va entregando el servicio con lo cual va disminuyendo el Pasivo y se va generando el Ingreso que se puede registrar en la cuenta de Ingreso "arriendo ganado".

Activo	+	Gasto	=	Pasivo	+	Patrimonio	+	Ingreso
				⬇				⬇
				Disminución "Arriendo recibido anticipadamente"				Aumenta "Arriendo ganado"

3. Gastos no registrados

Frecuentemente la empresa está utilizando bienes y servicios, esto es, está incurriendo en gastos, que no va registrando en los momentos en que estos van acaeciendo. El caso típico es el uso del servicio trabajo, que le proporcionan en forma permanente los trabajadores. Supongamos que nos encontramos en el último mes del año. Junto con el uso de este servicio (gasto), se va generando (devengando) un Pasivo o deuda. Si la empresa no lo registra, está omitiendo información relevante en el Estado de Resultado del año y en el Balance de fin de año: gasto y Pasivo respectivamente. Aunque la empresa pague los días tres del mes siguiente de ocurrido este hecho, debe dejarlo registrado de acuerdo con el principio de devengado.

Hay gastos o consumos de los cuales no se conoce el monto exacto. En estos casos, se efectúa una estimación y en la cuenta de Pasivo se usa el término "provisión", que contablemente significa deuda estimada (provisión gratificación, provisión indemnización por años de servicio, provisión cuentas por pagar, provisión vacaciones, provisión impuesto renta, etc.).

Si por ejemplo, el cartero lanza las cuentas de consumos básicos al antejardín y se las come el perro (pitbull), la empresa está obligada a contabilizar un gasto y un Pasivo (ambos estimados), de acuerdo al principio de devengado.

Activo	+	Gasto	=	Pasivo	+	Patrimonio	+	Ingreso
		⬇		⬇				
		Aumenta "Gasto de indemnización"		Aumenta "provisión indemnización por..."				

4. Ingresos no registrados

Normalmente la empresa tiene Activos que están creciendo por diversas razones. Un caso frecuente es el de los depósitos a plazo que están devengando o generando intereses en forma permanente. Este hecho no se registra todos los días ni todas las semanas. Se acostumbra a registrarlo cuando se tiene que elaborar los informes financieros de un período.

El registro en el momento que corresponda es un aumento de Activo "intereses por cobrar" en el lado izquierdo de la igualdad y un aumento de Ingreso "ganancia por intereses" en el lado derecho de la igualdad.

Otros ejemplos pueden ser las revalorizaciones de Activos.

A continuación, presentaremos un ejercicio resuelto en una hoja de trabajo para ilustrar los 4 tipos de ajustes más arriba explicados.

Activo	+	Gasto	=	Pasivo	+	Patrimonio	+	Ingreso
↓								↓
Aumenta "Intereses por cobrar"								Aumenta "Ganancia por intereses"

Ejercicio ilustrativo de ajustes 1 resuelto

En la columna "0" están los saldos de las cuentas de la empresa Marte S.A. al 31 de diciembre del año 2017 antes de ajustes. A continuación, está la información para efectuar los ajustes.

1. El 1 de marzo del año 2017, se arrendó un local de ventas para la venta de mercaderías. En ese momento se pagó el total correspondiente a tres años.
2. El 1 de julio del año, se arrendaron terrenos de la empresa recibiéndose el pago por dos años.
3. Los créditos otorgados a los clientes han generado intereses por $ 300 que aún no han sido registrados.
4. El 1° de octubre del año, los seguros fueron contratados y pagados por un período de cuatro años.
5. Los préstamos bancarios obtenidos por la empresa han generado intereses por $ 250.
6. La tasa de Impuesto a la Renta es de 20 %; se debe hacer la provisión.

Hoja de trabajo Empresa Marte S.A.

Cuentas	0	1	2	3	4	5	6	Total
Activos								
Caja	1.260							1.260
Clientes	800							800
Mercaderias	1.200							1.200
Seguros vigentes	240				(15)			225
Arriendos pagados por anticipado	1.080	(300)						780
Intereses por cobrar				300				300
Terrenos	3.500							3.500

Continuación Hoja de trabajo

Gastos y costos								
Costo ventas	1.420							1.420
Gastos de sueldos	500							500
Gasto arriendo		300						300
Gasto intereses						250		250
Gasto seguros					15			15
Gasto impuesto renta							355	355
Total	10.000							10.905
Pasivos								
Proveedores	500							500
Cuentas x pagar.	860							860
Arriendo percibido por anticipado	1.440		(360)					1.080
Interes por pagar						250		250
Préstamos bancarios	1.200							1.200
Provisión Impuesto Renta							355	355
Patrimonio								
Capital	2.200							2.200
Utilidades retenidas	200							200
Utilidad del ejercicio								
Ingresos								
Ventas	3.600							3.600
Arriendos ganados			360					360
Intereses ganados				300				300
Total	10.000							10.905

Explicación ajustes:

Ajuste 1) El 1 de marzo del año 2017, se arrendó un local de ventas para la venta de mercaderías. En ese momento se pagó el total correspondiente a 3 años. En esta transacción aumentó el Activo "Arriendos pagados por anticipado" (se originó un derecho por un servicio que se recibirá o consumirá en el futuro) y disminuyó el Activo "Caja" por $ 1.080. El Consumo mensual de arriendo será de $ 1.080:36 meses = $ 30. Gasto del año por servicio de arriendo consumido a la fecha: $ 30 x 10 meses = $ 300.

El ajuste consiste en disminuir o amortizar la cuenta "arriendos pagados por anticipado" y aumentar la cuenta de gasto "gasto arriendo".

Ajuste 2) El 1 de julio del año, se arrendaron terrenos de la empresa recibiéndose el pago por dos años. En esta fecha aumentó el Activo "Caja" y el Pasivo "Arriendo percibido por adelantado", ya que se origina la obligación de entregar un servicio de arriendo en el futuro; monto $ 1.440. El Ingreso mensual por arriendo es de $ 1.440 / 24 meses = $ 60 y el Ingreso de este año por el servicio de arriendo entregado a la fecha es de: $ 60 x 6 = $ 360. El ajuste consiste en disminuir el Pasivo "Arriendo percibido por adelantado" y aumentar el Ingreso "Arriendo ganado" por el servicio entregado por el monto de $ 360.

Ajuste 3) Los créditos otorgados a los clientes han generado intereses por $ 300 que aún no han sido registrados.

Se ha adquirido un derecho por un servicio entregado, aumenta Activo "interéses por cobrar" y se ha generado un Ingreso, aumenta Ingreso "interéses ganados"por servicio de crédito entregado.

Ajuste 4) El 1° de octubre del año, los seguros fueron contratados y pagados por un período de 4 años. En esta fecha se adquiere un derecho o Activo por $ 240 y disminuye el Activo "Caja" por el mismo valor. El Consumo mensual por uso de seguro es de $ 240: 48 meses = $ 5. Consumo a esta fecha por uso de seguro: $ 5 x 3 = $ 15. El ajuste consiste en disminuir el Activo "Seguros vigentes" y aumentar el gasto "Gasto seguros" en $ 15. Se trata del consumo de un Activo.

Ajuste 5) Los préstamos bancarios obtenidos por la empresa han generado intereses por $ 250.

Se ha generado un gasto "gasto intereses" por el uso de dinero ajeno y junto a este una obligación "intereses por pagar" hacia el banco.

Ajuste 6) Se ha generado un gasto por el impuesto"gasto impuesto renta" y una obligación con el fisco (provisión impuesto renta). Provisión en términos contables es un Pasivo estimado. De acuerdo al principio de devengado, el gasto y la obligación con el fisco se origina en el período en que se devenga la Utilidad.

Ejercicio ilustrativo de ajustes 2 resuelto

A) Registre las transacciones siguientes en la hoja de trabajo de empresa Lunes SA. y obtenga el saldo de cada cuenta. Los saldos antes de los ajustes son los de la columna 0 al (/31/12/18).

1. Se tienen arrendado un bien raíz por un año y medio. El 30 de junio de 2018 se recibió el total del arriendo por los tres semestres.
2. Los seguros fueron contratados y pagados el 1° de agosto de 2018 por un período de 2 años.
3. Los Préstamos Bancarios han generado intereses no registrados por $ 200.

4. Los créditos otorgados a los Clientes han generado intereses por $ 300.
5. De las Utilidades Retenidas el 80 % se declaran como dividendos para los accionistas.
6. La tasa de Impuesto a la Renta es de 20 %; se hace la provisión.

Hoja de trabajo Empresa Lunes S.A.

	0	1	2	3	4	5	6	Saldo
Activos								
Caja / banco	5.000							5.000
Clientes	1.200							1.200
Mercaderías	1.500							1.500
Seguros vigentes	480		(100)					380
Intereses por cobrar					300			300
Bienes raíces	8.620							8.620
Gastos y Costos								
Costo ventas	1.400							1.400
Gastos de administración	1.800							1.800
Gasto en intereses				200				200
Gasto en seguros			100					100
Impuesto Renta							420	420
Total	20.000							20.920
Pasivos								
Proveedores	1.100							1.100
Cuentas x pagar.	700							700
Arriendo percibido por anticipado	900	(300)						600
Intereses x pagar				200				200
Prestamos bancarios	3.500							3.500
Dividendos por pagar						1.440		1.440
Provision impuesto renta							420	420
Patrimonio								
Capital	7.000							7.000
Utilidades retenidas	1.800					(1.440)		360
Utilidad del ejercicio								
Ingresos								
Ventas	5.000							5.000
Ganancia extraordinarias		300						300
Intereses ganados					300			300
Total	20.000							20.920

Explicación de ajustes:

Ajuste 1) Se tienen arrendado un Bien Raíz por un año y medio. El 30 de junio de 2018 se recibió el total del arriendo por los tres semestres. En esta operación aumentó el Activo "caja" y el Pasivo "arriendo percibido por anticipado".

Arriendo percibido por semestre: $ 900/300 = $ 300.

Como ha transcurrido un semestre a la fecha, la obligación de entregar el servicio en la cuenta "arriendo percibido por adelantado" disminuye en $ 300 y se transforma en Ingreso: aumenta la cuenta "ganancia extraordinaria".

Ajuste 2) Los seguros fueron contratados y pagados el 1º de agosto de 2018 por un período de 2 años. En esta operación disminuyó el Activo "caja" y aumentó el Activo "seguros vigentes".

El Activo "seguros vigentes" cubre 24 meses; por lo tanto el seguro mensual es $ 480/24 = $ 20 mensuales. Como han transcurridos 5 meses a esta fecha, se debe amortizar en $ 100. Se debe disminuir el Activo "seguro vigente" y aumentar el gasto "gasto en seguros".

Ajuste 3) Los Préstamos Bancarios han generado intereses no registrados por $ 200.

Cuando se obtuvo el préstamo aumentó el Activo "caja" y aumentó el Pasivo "préstamos bancarios". Desde la fecha de obtención del préstamo hasta la fecha actual la empresa ha usado dinero ajeno, lo que de acuerdo a los conceptos contenidos en la ecuación patrimonial corresponde a un gasto; por ese uso se ha generado paralelamente una obligación. El ajuste consiste entonces en aumentar el Gasto en el lado izquierdo de la ecuación "gasto en intereses" y aumentar el Pasivo en el lado derecho de la ecuación "intereses por pagar".

Ajuste 4) Los créditos otorgados a los Clientes han generado intereses por $ 300. El saldo de la cuenta "clientes" se generó cuando la empresa dio el crédito junto con la entrega de mercadería "venta". La empresa está entregando un servicio a los clientes por lo cual se genera un Ingreso y un derecho. El ajuste consiste en aumentar el Activo "intereses por cobrar" en el lado izquierdo de la ecuación y el Ingreso "intereses ganados" en el lado derecho de la ecuación.

Ajuste 5) De las Utilidades Retenidas el 80 % se declaran como dividendos para los accionistas. La declaración de dividendos genera una obligación o Pasivo hacia los socios distinta de la obligación permanente que representa el Patrimonio. El ajuste afecta solo al lado derecho de la ecuación Aumentando el Pasivo "dividendos por pagar" y disminuyendo el Patrimonio "Utilidades retenidas".

Ajuste 6) La tasa de Impuesto a la Renta es de 20 %; se hace la provisión. Como la Utilidad se generó en este período, surge una obligación con el fisco lo que representa un gasto legalmente obligatorio para la empresa.

B) Luego de completar hoja de trabajo, se pide confeccionar Balance General y Estado de Resultados definitivos.

Con los saldos finales de la hoja de trabajo se confeccionan los Estados finales.

Balance General			
Activos	**$**	**Pasivo y Patrimonio**	**$**
Corrientes		**Corrientes**	
Caja, banco	5.000	Proveedores	1.100
Clientes	1.200	Cuentas por pagar	700
Mercaderías	1.500	Arriendo percibido por anticipado	600
Seguros vigentes	380	Intereses por pagar	200
Intereses por cobrar	300	Dividendos por pagar	1.440
No corrientes		Provisión impuesto renta	420
Bienes raíces	8.620		
		No corrientes	
		Préstamos bancarios	3.500
		Patrimonio	
		Capital	7.000
		Utilidades retenidas	360
		Utilidad del ejercicio	1.680
Total Activos	**17.000**	**Total Pasivo y Patrimonio**	**17.000**

Estado de Resultado	
	$
Ventas	5.000
Costo ventas	-1.400
Margen bruto	**3.600**
G. de administración	-1.800
Intereses ganados	300
G. en seguros	-100
Utilidad operacional	2.000
G. en intereses	-200
Ganancias extraordinarias	300
Utilidad antes I. renta	2.100
Impuesto renta	-420
Utilidad del ejercicio	**1.680**

4. Estado de flujo de efectivo

4.1. Definición

Este Estado contable, porque emana de la información contable, es netamente financiero, porque muestra los flujos de dinero y cuasi dinero ocurridos durante un período. Explica cómo se pasó desde el saldo inicial de efectivo mostrado por el Balance al comienzo de un período al saldo final de efectivo al final del período. Es exigido por la NIC 7.

4.2. Características

Este estado financiero explica cómo ha variado la liquidez de una entidad en un periodo de tiempo. La liquidez de una empresa se refiere a la capacidad de pago en el corto plazo de una sociedad, es decir, si una entidad tiene la capacidad de generar efectivo u equivalentes de efectivo para cumplir con sus obligaciones de corto plazo.

Como se infiere del párrafo anterior este estado financiero se alimenta únicamente de las transacciones que ocurren en una empresa y que originan aumentos o disminuciones en:

- Efectivo: conformado por las cuentas caja (monedas y billetes en pesos chilenos, monedas y billetes en moneda extranjera y cheques recibidos al día que se encuentran en forma física al interior de la empresa), fondo fijo (efectivo con el fin de utilizarlo para pagos menores) y banco (cuenta corriente de la empresa).
- Equivalentes de efectivo: son inversiones de corto plazo que cumplen con lo siguiente:
    - Se convertirán rápidamente en efectivo.
    - El plazo de la inversión es menor a 90 días.
    - El riesgo de pérdida es mínimo.

Algunos ejemplos de inversiones que clasifican como efectivo equivalente son: depósitos a plazo menores a 90 días, fondos mutuos de renta fija con un plazo de inversión menor a 90 días, pagarés del Banco Central de Chile con un plazo de inversión menor a 90 días, etc.

"Se considera también el efectivo equivalente debido a que las empresas, por lo general disponen de otros Activos de rápida liquidación que sirve para hacer frente a sus obligaciones inmediatas. Dichos Activos, generalmente, se invierten para obtener el beneficio temporal de los intereses y reajustes por el periodo que resta hasta que sean aplicados a las deudas. Por ello, las normas incluyen el efectivo equivalente, ya que este está orientado a generar liquidez".

En resumen, la información sobre flujos de efectivo proporciona a los usuarios de los Estados financieros una base para evaluar la capacidad de la entidad para generar efectivo y efectivo equivalente y las necesidades de la entidad para utilizar esos flujos de efectivo.

De acuerdo al párrafo N° 4 de la NIC N° 7, un Estado de flujo de efectivo, cuando se usa conjuntamente con el resto de los Estados financieros, proporciona información que permite a los usuarios evaluar los cambios en los Activos netos de la entidad, su estructura financiera (incluyendo su liquidez y solvencia) y su capacidad para modificar tanto los montos como las fechas de cobros y pagos, a fin de adaptarse a la evolución de las circunstancias y a las oportunidades que se puedan presentar. La información acerca del flujo de efectivo es útil para evaluar la capacidad que la entidad tiene para generar efectivo y efectivo equivalente, permitiéndoles desarrollar modelos para evaluar y comparar el valor actual de los flujos netos de efectivo de diferentes entidades. También se facilita la comparación de la información sobre el rendimiento de las operaciones de diferentes entidades, puesto que elimina los efectos de utilizar distintos tratamientos contables para las mismas transacciones y hechos económicos.

En el resto del apunte cuando se haga referencia al término "efectivo" o "flujos de efectivo", incluiremos en ese mismo concepto tanto el efectivo como efectivo equivalente.

4.3. Estructura y contenidos

En el Estado de flujo de efectivo las entradas y salidas de efectivo ocurridas en un periodo de tiempo deben ser clasificados según su naturaleza, de acuerdo a actividades de: operación, inversión y financiamiento.

De acuerdo al párrafo N° 11 de la NIC N° 7, una entidad presenta sus flujos de efectivo procedentes de las actividades de operación, de inversión y de financiamiento, de la manera que resulte más apropiada según la naturaleza de sus actividades. La clasificación de los flujos según las actividades citadas proporciona información que permite a los usuarios evaluar el impacto de las mismas en la posición financiera de la entidad, así como el monto de su efectivo y efectivo equivalente. Esta información puede ser útil también al evaluar las relaciones entre tales actividades.

A continuación, se detallan las principales entradas y salidas de efectivo que pertenecen a cada una de las actividades que se incluyen en este estado financiero:

1. Actividades de operación

Aquí se incluyen fundamentalmente las entradas y salidas de efectivo que están relacionadas con la actividad principal (giro) de una entidad.

Entradas

Las principales entradas de efectivo procedentes de las actividades de operación se enumeran a continuación:

- Ventas de mercadería o prestación de servicios en efectivo.
- Cobro en efectivo de cuentas por cobrar a clientes. Estas fueron generadas anteriormente por la venta de mercadería o prestación de servicios a crédito.
- Cobro en efectivo de intereses provenientes de cuentas por cobrar, originadas por la venta de mercadería o prestación de servicios a crédito.
- Cobros en efectivo provenientes de actividades secundarias (otros Ingresos de la operación).
- Otras entradas de efectivo que no clasifican en actividades de operación ni en actividades de inversión.

Salidas

Las principales salidas de efectivo procedentes de las actividades de operación se enumeran a continuación:

- Compra de mercadería o insumos para la prestación de servicios en efectivo.
- Pago en efectivo de cuentas por pagar a proveedores. Estas fueron generadas anteriormente por la compra a crédito de mercadería o insumos para la prestación de servicios a crédito.
- Pago de intereses provenientes de cuentas por pagar, originados por la compra a crédito de mercadería o insumos para la prestación de servicios.
- Pago de gastos operacionales en efectivo. Por ejemplo: publicidad, arriendos, remuneraciones, honorarios, seguros, servicios básicos, etc.
- Pago de impuestos en efectivo. Por ejemplo, Impuesto a la Renta, impuesto al valor agregado (IVA), etc.
- Otras salidas de efectivo que no clasifican en actividades de operación ni en actividades de inversión.

De acuerdo al párrafo N° 13 de la NIC N° 7, el monto de los flujos de efectivo procedentes de actividades de operación es un indicador clave de la medida en la cual estas actividades han generado fondos líquidos suficientes para pagar los préstamos, mantener la capacidad de operación de la entidad, pagar dividendos y realizar nuevas inversiones sin recurrir a fuentes externas de financiamiento. La información acerca de los componentes específicos de los flujos de efectivo de las actividades de operación es útil, junto con otra información, para pronosticar los flujos de efectivo futuros de tales actividades.

Actividades de inversión

Aquí se incluyen fundamentalmente las entradas y salidas de efectivo que están relacionadas con los Activos fijos, Activos intangibles e Inversiones financieras.

Entradas

Las principales entradas de efectivo procedentes de las actividades de inversión se enumeran a continuación:

- Ventas en efectivo de Activos fijos (terrenos, edificios, muebles, etc.).
- Ventas en efectivo de Activos intangibles (marcas, patentes, etc.).
- Ventas en efectivo de inversiones clasificadas como negociación, mantenidas hasta el vencimiento, disponibles para la venta y asociadas.
- Intereses recibidos en efectivo de inversiones clasificadas como temporales.
- Dividendos recibidos por invertir en instrumentos de Patrimonio.
- Cobranza en efectivo de préstamos otorgados a empresas relacionadas (empresas que forman parte del mismo grupo).
- Intereses recibidos en efectivo, originados por préstamos otorgados a empresas relacionadas.

Salidas

Las principales salidas de efectivo procedentes de las actividades de inversión se enumeran a continuación:

- Compras en efectivo de Activos fijos (terrenos, edificios, muebles, etc.).
- Compras en efectivo de Activos intangibles (marcas, patentes, etc.).
- Adquisición en efectivo de inversiones clasificadas como negociación, mantenidas hasta el vencimiento, disponibles para la venta y asociadas.
- Préstamos otorgados en efectivo a empresas relacionadas (empresas que forman parte del mismo grupo).

De acuerdo al párrafo N° 16 de la NIC N° 7, la presentación separada de los flujos de efectivo procedentes de las actividades de inversión es importante, porque tales flujos de efectivo representan la medida en la cual se han hecho desembolsos destinados a los recursos económicos que van a generar Ingresos y flujos de efectivo en el futuro.

Actividades de financiamiento

Aquí se incluyen fundamentalmente las entradas y salidas de efectivo que están relacionadas con el Pasivo y Patrimonio de una entidad.

Entradas

Las principales entradas de efectivo procedentes de las actividades de financiamiento se enumeran a continuación:

- Préstamos en efectivo recibidos de empresas relacionadas (empresas que forman parte del mismo grupo).
- Préstamos recibidos de instituciones financieras.
- Colocación de acciones de pago en el mercado o aportes de capital en efectivo.
- Colocación de bonos en el mercado u otros instrumentos financieros.

Salidas

Las principales salidas de efectivo procedentes de las actividades de financiamiento se enumeran a continuación:

- Pagos en efectivo de préstamos recibidos de empresas relacionadas.
- Pago de préstamos recibidos de instituciones financieras.
- Pago de intereses en efectivo relacionados con préstamos recibidos de empresas relacionadas e instituciones financieras.
- Pago de dividendos en efectivo.
- Pago de deuda en efectivo relacionada con bonos u otros instrumentos financieros.
- Pagos en efectivo a los accionistas por adquirir o rescatar las acciones de la entidad.

De acuerdo al párrafo N° 17 de la NIC N° 7, es importante la presentación separada de los flujos de efectivo procedentes de actividades de financiamiento, puesto que resulta útil al realizar la estimación de necesidades de efectivo para cubrir compromisos con los proveedores de capital a la entidad.

Estado de Flujo de Efectivo
Empresa "xxxx"
Entre el 01/01/xx al xx/xx/xx

Actividades de Operación	

Flujo Neto de las Actividades de Operación	($ xx)/$ xx
Actividades de Inversión	

Flujo Neto de las Actividades de Inversión	($ yy)/$ yy
Actividades de Financiamiento	

Flujo Neto de las Actividades de Financiamiento	($ zz)/$ zz
Variación neta de efectivo y equivalentes de efectivo	($ aa/$ aa
Saldo inicial de efectivo y equivalentes de efectivo	$ bb
Saldo final de efectivo y equivalentes de efectivo	$ cc

En la siguiente figura se muestra la estructura para la presentación de este Estado Financiero:

De la figura anterior se puede inferir lo siguiente:

- Las entradas y salidas de efectivo deben aparecer separadas según a la actividad (operación, inversión o financiamiento) a la cual pertenecen. Por lo tanto, en cada una de las actividades debe aparecer un detalle de las entradas y salidas de efectivo consideradas en cada una de ellas.
- El "Flujo Neto" es la resta entre el total de entradas de efectivo y el total de salidas de efectivo. Este se debe determinar para cada una de las actividades. El resultado puede ser tanto positivo (total entradas de efectivo > total de salidas de efectivo) como negativo (total entradas de efectivo < total de salidas de efectivo).

- La línea "Variación Neta de Efectivo y Equivalentes de Efectivo" se determina sumando o restando, según sea el caso, el flujo neto de las tres actividades. El resultado puede ser tanto positivo como negativo.
- El "Saldo Inicial de Efectivo y Equivalentes de Efectivo" es el monto registrado en el Estado de Situación financiera al 31 de diciembre del año anterior al cual se están presentando los Estados financieros en la línea de presentación "Efectivo y Efectivo Equivalente". Este monto es positivo o cero.
- El "Saldo Final de Efectivo y Equivalentes de Efectivo" es el monto registrado en el Estado de Situación financiera para el periodo en el cual se están presentando los Estados financieros en la línea de presentación "Efectivo y Efectivo Equivalente". El resultado puede ser positivo o cero.

Se puede inferir de lo anterior, que el monto de las últimas tres líneas que deben aparecer siempre en el Estado de flujo de efectivo se pueden obtener del Estado de Situación financiera, como se visualiza a continuación: Por lo tanto, si nos dan la información de los estados de situación financiera para el periodo en que se están preparando los Estados financieros y para el mismo periodo del año anterior, sabemos inmediatamente los montos a reconocer en las últimas tres líneas del Estado de flujo de efectivo, sin necesidad de obtener información adicional.

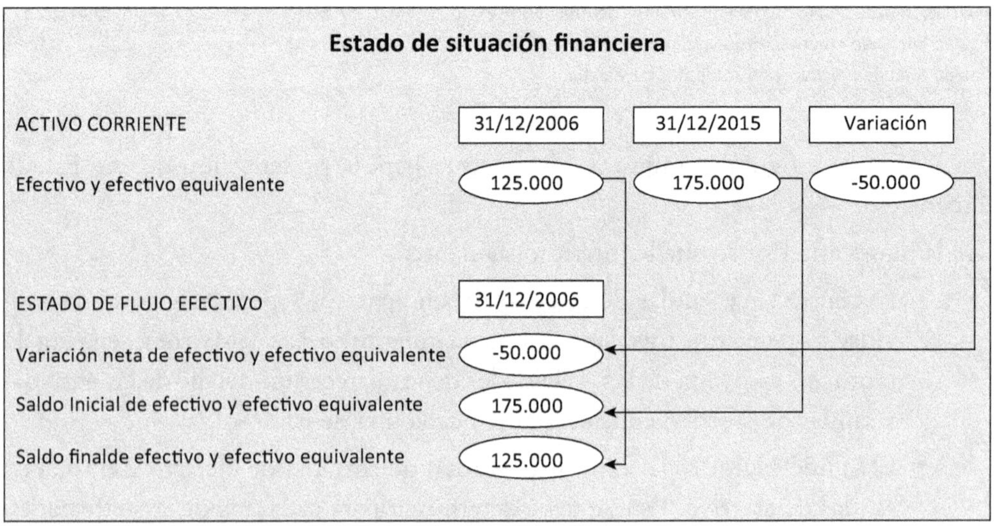

4.4. Formatos de presentación

De acuerdo a la NIC N° 7 existen dos formatos de presentación permitidos para este estado financiero, siendo libre para las empresas que formato elegir. Los dos métodos permitidos son:

1. Método directo.
2. Método indirecto.

La diferencia entre ambos métodos está en la forma de presentar los flujos de efectivo de las actividades de operación. En el primero se presentan en forma detallada las principales entradas y salidas de efectivo que forman parte de esta actividad. En cambio, en el segundo se obtiene el flujo neto de las actividades de operación a partir de la Utilidad o pérdida del ejercicio, a la cual se deben hacer una serie de ajustes.

- Los ajustes que se deben hacer al resultado del ejercicio para obtener el flujo neto de las actividades de operación por el método indirecto, son los siguientes:
- Anular del resultado del ejercicio todos los gastos (pérdidas) que no representan salidas de efectivo para una entidad, por ejemplo: depreciación, amortización, pérdidas por deterioro, incobrables, mermas y castigos de mercadería, diferencias de cambio (-), reajustes perdidos, pérdida por asociadas, etc. Por lo tanto, estos gastos se deben sumar para dejarlos sin efecto sobre el resultado del ejercicio.
- Anular del resultado del ejercicio todos los Ingresos (ganancias) que no representan entradas de efectivo para una entidad, por ejemplo: diferencias de cambio (+), reajustes ganados, recuperación de deterioro, Utilidad por asociadas, etc. Por lo tanto, estos Ingresos se deben restar para dejarlos sin efecto sobre el resultado del ejercicio.
- Anular del resultado del ejercicio todos los gastos (pérdidas) que no tienen relación con el giro de la entidad, por ejemplo: pérdida por ajuste a valor de mercado, pérdida por venta de inversiones, pérdida por venta de Activos fijos, gasto de interés de préstamos bancarios o de préstamos recibidos de empresas relacionadas, etc. Por lo tanto, estos gastos se deben sumar para dejarlos sin efecto sobre el resultado del ejercicio.
- Anular del resultado del ejercicio todos los Ingresos (ganancias) que no tienen relación con el giro de la entidad, por ejemplo: ganancia por ajuste

a valor de mercado, Utilidad por venta de inversiones, Utilidad por venta de Activos fijos, dividendos recibidos, Ingreso por interés provenientes de inversiones financieras o de préstamos otorgados a empresas relacionadas, etc. Por lo tanto, estos Ingresos se deben restar para dejarlos sin efecto sobre el resultado del ejercicio.

- Restar o sumar las variaciones de los Activos operacionales (mercaderías, IVA Crédito, gastos pagados por anticipado, clientes, etc.) y Pasivos operacionales (proveedores, IVA Débito, Impuesto a la Renta por pagar, remuneraciones por pagar, etc.), según el siguiente detalle:
  - Restar los aumentos de los Activos operacionales.
  - Sumar las disminuciones de los Activos operacionales.
  - Restar las disminuciones de los Pasivos operacionales.
  - Sumar los aumentos de los Pasivos operacionales.

La lógica de todos estos ajustes es limpiar el resultado del ejercicio de la influencia del postulo básico devengado y de las actividades de inversión y financiamiento, para así obtener el flujo neto de efectivo de las actividades de operación.

En la siguiente figura se muestra un ejemplo de Estado de flujo de efectivo preparado para ambos métodos.

Se puede inferir de la figura siguiente que independientemente del método utilizado para preparar este estado financiero el monto a reconocer como flujo neto de las actividades de operación debe ser exactamente el mismo, es decir, solamente cambia la forma de obtenerlo. El resto de la información entregada por el Estado de flujo de efectivo es exactamente la misma para ambos métodos.

De acuerdo al párrafo N° 19 de la NIC N° 7, se aconseja a las entidades que presenten los flujos de efectivo utilizando el método directo, debido a que este método proporciona información que puede ser útil en la estimación de los flujos de efectivo futuros, la cual no está disponible utilizando el método indirecto.

La construcción de este Estado con la información contenida en la contabilidad es relativamente sencilla. Pero también se puede confeccionar en forma bastante exacta solo con la información de un Estado de Resultado y de un Balance al final del periodo. Ello exige de algunos conocimientos posteriores, por lo tanto, lo dejamos para más adelante.

Estado de flujo de efectivo para ambos métodos

Estado de Flujo de Efectivo Empresa "xxx" Cifras en Miles de pesos (M$) Entre el 01/01/xx al xx/xx/xx Método Directo	
Actividades de Operación	
Recibido de clientes	5.500.000
Pago a proveedores	-2.000.000
Pago gastos operacionales	-1.500.000
Pago impuestos	-450.000
Pago de intereses a proveedores	-35.000
Flujo Neto de las Actividades de Operación	**1.515.000**
Actividades de Inversión	
Adquisición de activos fijos	-3.400.000
Adquisición de inversiones financieras	-700.000
Venta de activos intangibles	350.000
Cobro de préstamos recibidos a empresas relacionadas	1.200.000
Flujo Neto de las Actividades de Inversión	**-2.550.000**
Actividades de financiamiento	
Préstamos bancarios recibidos	30.000.000
Pago de dividendos	-4.500.000
Pago de intereses bancarios	-1.345.000
Flujo Neto de las Actividades de Financiamiento	**24.155.000**
Variación neta de efectivo y equivalentes de efectivo	23.120.000
Saldo inicial de efectivo y equivalentes de efectivo	650.000
Saldo final de efectivo y equivalentes de efectivo	23.770.000

Estado de Flujo de Efectivo Empresa "xxx" Cifras en Miles de pesos (M$) Entre el 01/01/xx al xx/xx/xx Método Indirecto	
Actividades de Operación	
Utilidad (Pérdida) del ejercicio	4.765.000
Depreciación y amortización	-2.000.000
Utilidad por venta de activo fijo	-1.500.000
Aumento de clientes	-350.000
Aumento de proveedores	900.000
Disminución de IVA Débito	-300.000
Flujo Neto de las Actividades de Operación	**1.515.000**
Actividades de Inversión	
Adquisición de activos fijos	-3.400.000
Adquisición de inversiones financieras	-700.000
Venta de activos intangibles	350.000
Cobro de préstamos recibidos a empresas relacionadas	1.200.000
Flujo Neto de las Actividades de Inversión	**-2.550.000**
Actividades de financiamiento	
Préstamos bancarios recibidos	30.000.000
Pago de dividendos	-4.500.000
Pago de intereses bancarios	-1.345.000
Flujo Neto de las Actividades de Financiamiento	**24.155.000**
Variación neta de efectivo y equivalentes de efectivo	23.120.000
Saldo inicial de efectivo y equivalentes de efectivo	650.000
Saldo final de efectivo y equivalentes de efectivo	23.770.000

Como ya hemos explicado los tres Estados Contables, podemos esquematizar la relación entre ellos en el siguiente cuadro.

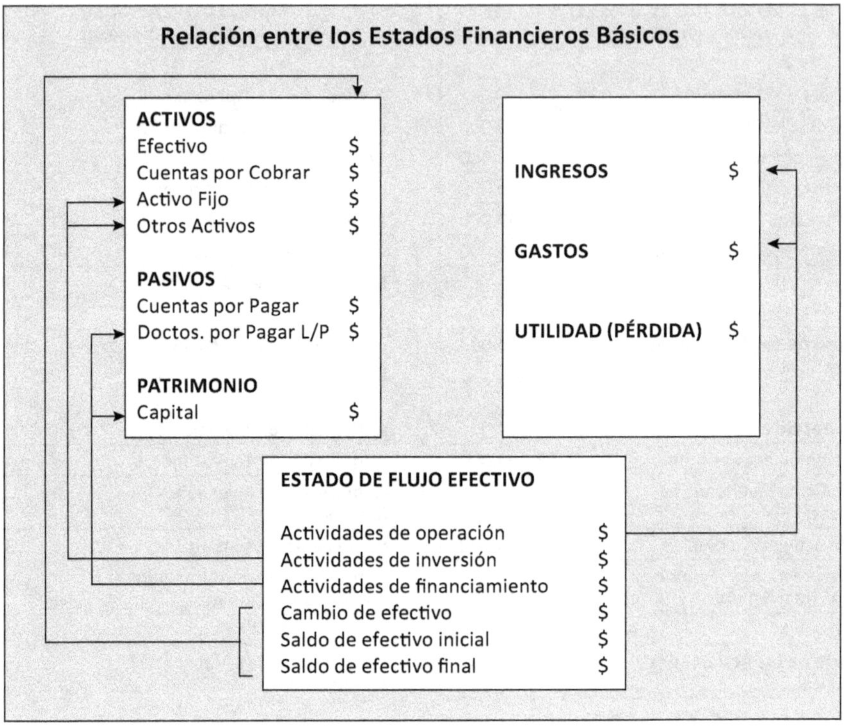

En este observamos que los flujos provenientes de actividades de inversión tienen que ver fundamentalmente con los Activos no corrientes, esto es, Activos fijos y otros Activos; sean compras (inversiones) o ventas (desinversiones).

Los flujos provenientes de actividades de operación están relacionados principalmente con los Ingresos y gastos operacionales del Estado de Resultados, tales como recaudaciones de clientes y pagos de gastos.

Los flujos provenientes de las actividades de financiamiento están estrechamente vinculados con los Pasivos no corrientes y con el Patrimonio, tales como obtención y pagos de préstamos y aportes o retiros de efectivo de parte de los dueños.

4.5. Ejercicios ilustrativos de EFE

Ejercicio ilustrativo de EFE 1 resuelto

A continuación, se presenta la siguiente información acerca de la empresa "Sol S.A.":

Estado de situacion financiera
"Sol S.A."
30 de abril 2018
Expresado en M$

Activos	
Activo corriente	
Efectivo y efectivo equivalente	2.500
Inversiones en negociación	
Clientes	1.300
Existencias	26.000
Gastos pagados por anticipado	250
Activo no corriente	
Máquinas	10.000
Terrenos	9.500
Total	49.550

Pasivo y Patrimonio	
Pasivo corriente	
Proveedores	6.560
Impuesto renta por pagar	500
Retenciones	240
Pasivo no corriente	
Préstamos bancarios	900
Intereses por pagar	100
Patrimonio neto	
Capital	36.350
Resultados acumulados	3.850
Utilidad (Pérdida) del ejercicio	1.050
Total	49.550

El siguiente es el movimiento durante el mes de mayo del 2018:

1. Se vende mercaderías por M$ 43.000, 20 % al crédito y el saldo con cheque al día. El costo de ventas es de M$ 25.000.
2. Se incurre en gasto de arriendo por M$ 250 que se había pagado tiempo atrás.
3. Se vende una máquina antigua en efectivo por un monto de M$ 330 que tenía un valor contable neto de M$ 400 a la fecha de venta.
4. Se compran acciones para venderlas en el corto plazo en M$ 460. Al final del mes tenían un valor de M$ 490.

5. Se liquidan sueldos por M$ 2.500 brutos y se paga el líquido por M$ 2.000. La diferencia son retenciones. Se pagarán en el mes siguiente.
6. Se vende uno de los terrenos que había costado M$ 300 en M$ 420 en efectivo.
7. Se cancelan todos los Pasivos corrientes del mes anterior.
8. La depreciación de la maquinaria por el mes es de M$ 125.
9. De las Utilidades al 30/04, el 70 % se retiene y el resto se paga como dividendo a cuenta de la Utilidad del año. El devengo del Impuesto a la Renta es al 20 %.
10. Se emiten y colocan acciones por M$ 4.000. Se recaudan M$ 3.300.
11. Se cancela M$ 200 a los bancos por créditos. El monto incluye M$ 150 de amortización y el resto intereses.

Se pide:

Elabore los Estados de Flujo de Efectivo, de Resultados y el Estado de Situación al 31 de mayo del 2018

El Estado de Resultados se confeccionará sin Hoja de trabajo, para que el lector aplique los conceptos de Ingresos y gastos ya definidos más de una vez anteriormente.

Estado de Resultado mes de mayo 2018

Ventas	43.000
Costo de ventas	-25.000
Margen bruto	18.000
Gasto arriendo	-250
Gasto sueldo	-2.500
Gasto depreciación	-125
Resultado operacional	15.125
Ganancias extra operacionales	120*
Pérdidas extra operacionales	-120**
Resultado antes I. Rta.	15.125
Impuesto renta	-3.025
Utilidad del ejercicio	12.100

*$ 120 por la venta del terreno

** $ 70 por la venta de la máquina más $ 50 por los intereses

El Estado de flujo lo haremos simplemente leyendo detenidamente las transacciones ocurridas en el mes de mayo.

Estado de flujo de efectivo mayo

Flujos operacionales	**Parciales**	**Totales**	**Observaciones**
Recaudación de ventas	34.400		
Pago a proveedores mes anterior	-6.560		
Pago impto. renta mes anterior	-500		
Pago retenciones mes anterior	-240		
Pago de sueldos	-2.000		
Flujo neto prov. AC OP		25.100	
Flujos de inversión			
Venta de máquina	330		
Venta de terrenos	420		
Compra de acciones	-460		
Flujo neto prov. ACT INV.		290	
Flujos de financiamiento			
Pago de dividendos	-315		
Colocación de acciones	3.300		
Amortización de prestamos	-150		
Pago de intereses por préstamos	-50		
Flujo neto Prov. AC FIN.		2.785	
Aumento de efectivo			28.175

La confección del Estado de Situación se la dejamos al lector que puede hacerlo con la ayuda de una Hoja de trabajo o directamente.

Ejercicio ilustrativo de EFE 2 resuelto

Clasifique las siguientes operaciones, asumiendo que afectan al Estado de Flujo de Efectivo de acuerdo al método directo como actividad operacional, de financiamiento o de inversión según corresponda y, posteriormente, si este corresponde a una entrada o salida de efectivo ó efectivo equivalente:

1. Cobranza por venta de bienes relacionados con el giro.
2. Cobranza de préstamos otorgados a otras empresas.
3. Pago de dividendos.
4. Obtención de préstamos bancarios.

5. Otorgamiento de préstamos a otras empresas.
6. Pago a proveedores.
7. Pago realizado por compras de mercaderías.
8. Pago realizado por compras de Activos fijos.
9. Pago por adquisición de inversiones disponibles para la venta.
10. Pago por adquisición de inversiones mantenidas hasta el vencimiento.
11. Cobranza por prestación de servicios relacionados con el giro.
12. Pago de remuneraciones.
13. Aportes de capital en efectivo por parte de los socios.
14. Pago de impuestos a la renta.
15. Cobranza de dividendos, obtenidos por invertir en acciones.
16. Pago de intereses, relacionados con préstamos bancarios.
17. Pago de intereses, relacionados con deudas de proveedores.
18. Monto recibido por venta de Activos fijos.
19. Cobro de intereses, relacionados con clientes.
20. Monto recibido por venta de Activos intangibles.
21. Pago de publicidad.
22. Emisión y colocación de bonos.
23. Monto recibido por venta de inversiones en asociadas.
24. Gastos pagados por anticipado (arriendos).
25. Pago de IVA.
26. Pago por adquisición de inversiones en negociación.
27. Pago de préstamos bancarios.
28. Colocación de acciones de pago.
29. Cobranza de intereses, relacionados con préstamos otorgados a otras empresas.
30. Pago de intereses, relacionados con préstamos recibidos de otras empresas.
31. Préstamos recibidos de otras empresas.
32. Toma de un depósito a plazo a 60 días.

Solución ejercicio

1. Actividad de la operación	- Entrada de efectivo.
2. Actividad de inversión	- Entrada de efectivo.
3. Actividad de financiamiento	- Salida de efectivo.
4. Actividad de la financiamiento	- Entrada de efectivo.
5. Actividad de inversión	- Salida de efectivo.
6. Actividad de la operación	- Salida de efectivo.
7. Actividad de la operación	- Salida de efectivo.
8. Actividad de inversión	- Salida de efectivo.
9. Actividad de inversión	- Salida de efectivo.
10. Actividad de inversión	- Salida de efectivo.
11. Actividad de la operación	- Entrada de efectivo.
12. Actividad de la operación	- Salida de efectivo.
13. Actividad de la financiamiento	- Entrada de efectivo.
14. Actividad de la operación	- Salida de efectivo.
15. Actividad de inversión	- Entrada de efectivo.
16. Actividad de financiamiento	- Salida de efectivo.
17. Actividad de la operación	- Salida de efectivo.
18. Actividad de inversión	- Entrada de efectivo.
19. Actividad de la operación	- Entrada de efectivo.
20. Actividad de inversión	- Entrada de efectivo.
21. Actividad de la operación	- Salida de efectivo.
22. Actividad de la financiamiento	- Entrada de efectivo.
23. Actividad de inversión	- Entrada de efectivo.
24. Actividad de la operación	- Salida de efectivo.
25. Actividad de la operación	- Salida de efectivo.
26. Actividad de inversión	- Salida de efectivo.
27. Actividad de financiamiento	- Salida de efectivo.
28. Actividad de la financiamiento	- Entrada de efectivo.
29. Actividad de inversión	- Entrada de efectivo.
30. Actividad de financiamiento	- Salida de efectivo.
31. Actividad de la financiamiento	- Entrada de efectivo.
32. No afecta, ya que es efectivo equivalente	(No hay variación de efectivo).

Ejercicio ilustrativo de EFE 3 resuelto

Analice cada una de las siguientes transacciones realizadas por la empresa "Luna S.A." durante el primer trimestre del 2006 e indique si ellas afectan o no al Estado de Resultados Integrales y al Estado de Flujo de Efectivo (EFE) durante este periodo. Si su respuesta es negativa señale porqué. Si su respuesta es afirmativa indique cómo presentaría esta información en ambos Estados financieros. Asuma método directo para efectos del EFE.

a) El 01/01/2006 se compra una máquina por un monto de MM$ 10 en efectivo. El 70 % del efectivo desembolsado anteriormente se obtuvo a través de un préstamo bancario que devenga un 1 % de interés simple trimestral. La devolución del monto original solicitado como crédito es al vencimiento (31/12/06).

b) El 01/01/2006 adquiere en efectivo el MM$ 45 de las acciones de la empresa "Editorial S.A.". Corresponde al 40 % de las acciones de esta empresa.

c) El 01/01/2006 se pagó en efectivo MM$ 18 de arriendo correspondiente a un local por los próximos 6 meses a contar de esa fecha.

d) El 05/01/2006 se compran en efectivo 5.000 acciones de la empresa "Park S.A.", que clasifican como "inversiones disponibles para la venta". El valor de la acción en esta fecha fue de $ 100 cada una.

e) El 10/01/2006 se compran 1.000 acciones en efectivo de "Gestión S.A.", que clasifican como "inversiones en negociación". El valor de la acción en esta fecha fue de $ 200 cada una.

f) El 15/02/2006 se vende mercadería en efectivo por un monto de MM$ 30, cuyo costo de venta fue de MM$ 15.

g) Trascurrido el primer trimestre del 2006, se pagaron en efectivo M$ 50 correspondientes a una parte de los intereses de la transacción a).

h) El 31/03/2006 se obtiene un préstamo de otra empresa por MM$ 300. Cobran un 1 % de interés simple mensual.

i) El 31/03/2006 se pago en efectivo dividendos a los accionistas por MM$ 16.

j) El 31/03/2006 se registra la depreciación de los Activos por MM$ 2,5, correspondiente al primer trimestre del 2006.

k) El 31/03/2006 se vende en efectivo el 100 % de las acciones clasificadas como "inversiones disponibles para la venta" ("Park S.A.") en $ 95 cada una.

l) El valor al 31/03/06 de las acciones clasificadas como "inversiones en negociación" ("Gestión S.A.") fue de $ 210 cada una.

m) El 31/03/06 se paga en efectivo publicidad por MM$ 5, por artículos que aparecerán en una prestigiosa revista en el mes de julio del 2006.

n) Se pago con cheque al día al fisco por concepto de IVA durante el primer trimestre del 2006 MM$ 1.

o) También, el 31/03/2006 se autorizo a la empresa a emitir 200.000 acciones, cuyo valor nominal es de M$ 3 por acción. Ese mismo día se suscribieron el 50 % de las acciones a un precio de M$ 4 cada una. El dinero por las acciones suscritas se recibió inmediatamente.

p) La empresa "Editorial S.A." durante el primer trimestre del 2006 reconoció una Utilidad del ejercicio de MM$ 5.

Solución ejercicio 3

Letra	Estado de Resultados		Estado de Flujo de Efectivo		
	Ingresos	**Gastos**	**Operación**	**Inversión**	**Financiamiento**
a		G. Interés (MM$0,07) (*)		Compra activo fijo (MM$10)	Préstamo obtenido MM$7
b				Compra inversiones (MM$45)	
c		G. Arriendo (MM$9 (**)	Pago G Operacionales (MM$18)		
d				Compra inversiones (MM$0,5)	
e				Compra inversiones (MM$0,2)	
f	Ingreso por venta MM$30	Costo venta (MM$15)	Cobro a clientes MM$30		
g					Pago intereses (MM$0,5)
h					Préstamo obtenido MM$300
i					Pago dividendos (MM$16)
j		G. Depreciación (MM$2,5)			
k		Pérdida por vta. (MM$0,025) (***)		Venta de inversiones MM$0,475	
l	Ajuste a valor de mercado MM$0,01 (****)				
m			Pago G. Operacionales (MM$5)		
n			Pago IVA (MM$1)		
o					Colocación acciones MM$400 (*****)
p	Utilidad en asociadas MM$2,25				

Hemos visto los tres Estados contables principales. He aquí una comparación entre los tres.

Característica de los Informes Contables

Informes carácterísticas	Balance	Estado de Resultados	Estado de flujo efectivo
1. Fecha	- A una fecha determinada. - Es estático.	- Por un período determinado. - Es dinámico.	- Por un período determinado. - Es dinámico.
2. Contenido	- Recursos, derechos y deudas u obligaciones. - Activos, Pasivos, Patrimonio.	- Ingresos económicos, costos y gastos. - Pérdidas y Ganancias.	- Ingresos y Egresos de Efectivo de: Operación, Financiamiento e Inversión.
3. Tipo de informe	- Económico-Financiero	- Económico	- Financiero.
4. Frecuencia en su elaboración	- A lo menos una vez al año. - Recomendable: confección mensual de acuerdo a necesidades de información.	- A lo menos una vez al año. - Recomendable: confección mensual.	- A lo menos una vez al año. - Recomendable: confección trimestral.
5. Usuarios	- Internos y Externos. - Fundamentalmente la administración de la empresa.	- Internos y Externos. - Fundamentalmente la administración de la empresa.	- Internos y Externos.
6. Fuentes de datos para Elaboración	- Libro Mayor. - Saldos de las Cuentas	- Libro Mayor. - Saldos de las Cuentas.	- Libro Mayor. - Cargos y abonos de las cuentas de efectivo.

CAPÍTULO II

Contabilidad básica: La técnica contable

Parte central en el capítulo anterior es la Hoja de trabajo, creada por el autor para registrar los hechos y transacciones económico-financieros ocurridos y que afectan a la ecuación patrimonial.

Nos asiste el convencimiento que el uso de esta HT, permite comprender mejor la lógica contable y los conceptos fundamentales que subyacen en el registro de transacciones básicas. Esto permitirá aplicarlos en todo tipo de transacciones por complicado que sea el hecho económico. Con esta Hoja de trabajo nunca se pierde de vista la ecuación y los conceptos involucrados en la ecuación patrimonial.

De ahora en adelante usaremos la técnica contable que como veremos son procedimientos "mecanizados" para aplicar los conceptos ya definidos en el Capítulo I.

1. Registros y sistemas contables

1.1. Definiciones y tratamiento de cuentas

La cuenta es una agrupación sistemática de variaciones: aumentos y disminuciones de un solo rubro del Balance o del Estado de Resultado relativos a una misma cuestión, hecho o asunto. Un esquema de cuenta para efectos didácticos es:

DEBE	Nombre de la cuenta	HABER
Cargos 450		Abonos 120
50		130
		40
Débito 500		290 Crédito

Para saber hacer bien un asiento contable y/o saber la transacción que este representa, es importantísimo aprender de memoria dos cuestiones: el significado de los siguientes términos y la ley de tratamiento de cuentas.

Definiciones:

Debe es el lado izquierdo de la cuenta. No tiene ningún otro significado.

Haber es el lado derecho de la cuenta. No tiene ningún otro significado.

Cargos son cifras al lado izquierdo de la cuenta. En el Debe.

Abonos son cifras en el lado derecho de la cuenta. En el Haber.

Cargar una cuenta es anotar una cifra al Debe.

Abonar una cuenta es anotar una cifra en el Haber.

Débito es la suma de cargos. Suma de cifras en el Debe.

Crédito es la suma de los abonos. Suma de cifras en el Haber.

La diferencia entre *Débito* y *Crédito* se llama *Saldo.*

Si Débito (la suma de los cargos) es mayor al Crédito (la suma de los abonos) se dice que la cuenta tiene *saldo deudor: SD.*

Si Crédito es mayor al Débito se dice que la cuenta tiene *saldo acreedor S.A.*

Ley de tratamientos de las cuentas

Llamémosle cuentas de izquierda a las que están a la izquierda de la ecuación patrimonial y cuentas de derecha a las que están a la derecha de la ecuación patrimonial siguiente:

Activo + Gasto = Pasivo + Patrimonio + Ingreso

Para registrar los aumentos o entradas en las cuentas de izquierda, esto es, de Activos y Gastos anotamos a la izquierda o sea al Debe de la cuenta que corresponda.

Para registrar los aumentos o entradas en las cuentas de derecha, esto es, de Pasivos, Patrimonio e Ingresos, anotamos a la derecha, o sea al Haber de la cuenta que corresponda.

Las disminuciones se anotan al otro lado.

En la Hoja de trabajo del Capítulo I se aprendió que las transacciones provocan variaciones (aumentos y/o disminuciones) en las cuentas.

Pues bien, los cargos y abonos representan variaciones en las cuentas, esto es, representan sumas y restas. Todas las cuentas se pueden cargar y abonar.

Los Cargos representan *sumas o aumentos* en los saldos de las cuentas de Activo y gastos y *restas o disminuciones* en las cuentas de Pasivo, Patrimonio e Ingreso.

Los abonos representan lo contrario.

Para una mayor comprensión, considere que la cuenta es una tabla donde en un lado se registran los aumentos o entradas en los saldos de la cuenta y, en el otro lado, las disminuciones o salidas.

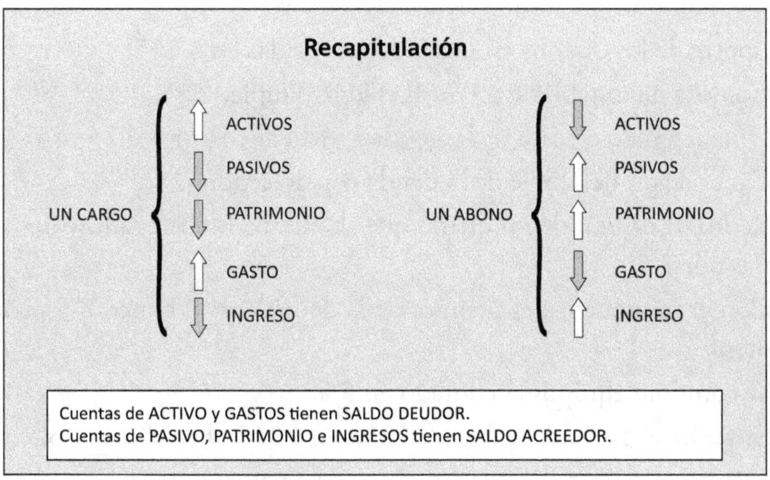

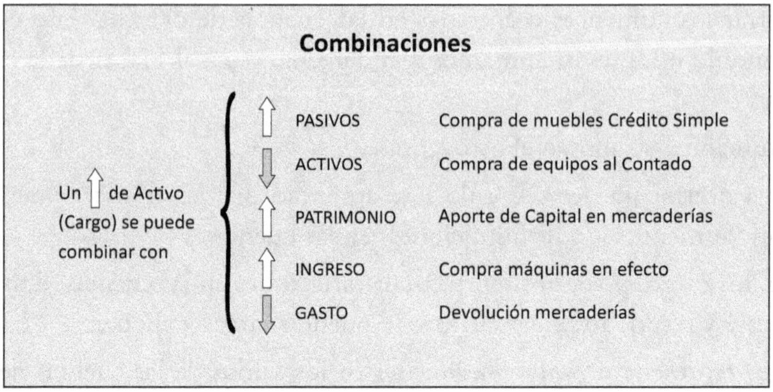

Aplicando las definiciones anteriores y las reglas de tratamiento de las cuentas procederemos, con la ayuda de un cuadro de análisis de transacciones, a registrar las variaciones en las cuentas en el Libro Mayor que definiremos como el conjunto de cuentas de una empresa con sus respectivas anotaciones, esto es, cargos, abonos y saldos. Recordemos las 11 transacciones efectuadas por Cía. Arco en el período 1.

1. Aporte de los dueños en mercaderías tasadas en $ 115.
2. Compra de muebles en $ 80 al crédito simple.
3. Obtención de crédito de largo plazo del banco por $ 65.
4. Cancelación del 25 % de la deuda con acreedores.
5. Retiro de capital de un dueño que abandona la sociedad, se lleva mercaderías por $ 5.
6. Con el transcurrir del tiempo, de la deuda con el banco $ 5 pasan a corto plazo.
7. Se compran equipos al contado en $ 5.
8. Se vende el 50 % de las mercaderías en $ 100 al crédito simple.
9. Clientes devuelven el 50 % de lo que habían comprado.
10. Se registra el gasto de sueldos del período por $ 10. Se pagará el período siguiente.
11. Llegan las cuentas de consumos básicos (luz, agua, etc.) por $ 2,5.

Con el cuadro de análisis de transacciones que sigue el lector debe memorizar todas la definiciones dadas en el punto 1.1) anterior. Obviamente a esta altura, partiremos usando la ecuación patrimonial abierta.

Lo verdaderamente nuevo y relevante en este cuadro es saber donde anotar la variación en la cuenta: en el Debe o en el Haber y para esto, insistimos en memorizar lo que se dijo recién bajo el título "Ley de tratamiento de cuentas".

Cuadro de analisis de transacciones Cía. Arco periodo 1

Transacciones	Variaciones	Clase de cuenta	Cuentas intervinientes	Debe	Haber
1. Aporte de mercaderías para iniciar	Aumento Aumento	Activo Patrimonio	Mercaderías Capital	115	 115
2. Compra muebles al crédito simple	Aumento Aumento	Activo Pasivo	Muebles Acreedores	80	 80
3. Obtención crédito bancario a largo plazo	Aumento Aumento	Activo Pasivo	Caja Préstamo banco LP	65	 65
4. Cancelación 25 % de la deuda con los acreedores	Disminución Disminución	Pasivo Activo	Acreedores Caja	20	 20
5. Retiro de capital de un socio que se lleva mercaderías	Disminución Disminución	Patrimonio Activo	Capital Mercaderías	5	 5
6. Traspaso de parte de la deuda desde el largo al corto plazo	Disminución Aumento	Pasivo Pasivo	Préstamo banco LP Préstamo banco CP	5	 5
7. Compra de equipos al contado efectivo	Aumento Disminución	Activo Activo	Equipos Caja	5	 5
8. Venta del 50 % de las mercaderías en $ 100 al crédito simple	Aumento Aumento Aumento Disminución	Activo Ingreso Gasto Activo	Cuentas por cobrar Venta Costo de venta Mercaderías	100 55	 100 55
9. Devolución del 50 % de la venta anterior	Disminución Disminución Aumento Disminución	Ingreso Activo Activo Gasto	Venta Cuentas por cobrar Mercaderías Costo de venta	50 27,5	 50 27,5
10. Registro de los sueldos del período	Aumento Aumento	Gasto Pasivo	G. Sueldo Sueldos por pagar	10	 10
11. Llegan las cuentas de consumos básicos	Aumento Aumento	Gasto Pasivo	Gastos de administración Gastos por pagar	2,5	 2,5
Totales				540	540

Sabiendo ahora en qué lado de cada una de las cuentas se debe anotar, procederemos a hacerlo en el llamado Libro Mayor, recordando que está conformado por las cuentas con sus respectivas anotaciones. El gran aporte de las cuentas en el Mayor es que, a través de ellas, se puede obtener el saldo contable (no necesariamente el real) que tiene cualquiera de ellas en todo momento. Por ejemplo, el dinero en caja. Para verificar que esté de acuerdo a la realidad, en este caso, hay que hacer un arqueo de caja.

El lector debe estudiar en el Libro Mayor que sigue, el registro transacción por transacción, cada una de las cuales está identificada con el número entre paréntesis. Por ejemplo la transacción (1) implica una cifra de 115 al Debe de la cuenta "Mercaderías" y 115 al Haber de la cuenta "Capital". Esta anotación se llama un Asiento en el Mayor.

Libro mayor Arco periodo 1

Caja	
(3) 65	20 (4)
	5 (7)
65	25
SD	40

Mercaderías	
(1) 115	5 (5)
(9) 27,5	55 (8)
142,5	60
SD	82,5

Cuentas por cobrar	
(8) 100	50 (9)
100	50
SD	50

Muebles	
(2) 80	
80	0
SD	80

Equipos	
(7) 5	
5	0
SD	5

Acreedores	
(4) 20	80 (2)
20	80
60	SA

Gastos por pagar	
	2,5 (11)
0	2,5
2,5	SA

Sueldos por pagar	
	10 (10)
0	10
10	SA

Préstamo banco CP	
	5 (6)
0	5
5	SA

Préstamo banco LP	
(5) 5	65 (3)
5	65
60	SA

Capital	
(5) 5	115 (1)
5	115
110	SA

Ventas	
(9) 50	100 (8)
50	100
50	SA

Costo de ventas	
(8) 55	27,5 (9)
55	27,5
SD	27,5

Gastos sueldos	
(10) 10	
10	0
SD	10

Gastos de administración	
(11) 2,5	
2,5	0
SD	2,5

Debemos señalar aquí que el formato de cuenta que hemos usado es solo para fines didácticos ya que, en la práctica, las cuentas tienen un formato más complejo y elaborado que contienen más información que la que hemos entregado más arriba. Lo relevante de la información, para nuestros propósitos didácticos, son los valores y la identificación de las transacciones con un número.

Entre muchos otros formatos de cuenta, presentamos a continuación un formato real y común.

Diseño de cuentas

La forma de la cuenta presentada anteriormente es para fines didácticos.
En la realidad se adoptan diferentes formas, totalmente distintas a la utilizada

Formato 1

Debe				Nombre de la cuenta					Haber		
Año	Mes	Día	Detalle	Valor parcial	Total	Año	Mes	Día	Detalle	Valor parcial	Valor total

1.2. Registros contables

Asiento contable es un tecnicismo que se usa para el registro de un hecho económico o transacción efectuada por la empresa. El asiento primero se hace en el Diario y después se repite de una forma levemente diferente en el Mayor como acabamos de explicarlo.

El asiento lleva una fecha, cuentas deudoras que son las que se cargan y cuentas acreedoras que son las que se abonan. Las primeras llevan cifras en el Debe y las segundas en el Haber. Finalmente va la llamada Glosa (GL) que es una descripción muy sintética de la transacción.

Los asientos se pueden hacer en una línea o en dos o más líneas. Hay asientos simples, que tienen solo dos cuentas y compuestos que llevan tres o más cuentas.

Generalmente haremos los asientos escribiendo primero la(s) cuenta(s) que se carga(n) y en la línea siguiente y levemente desplazada a la derecha la(s) cuenta(s) que se abona(n).

La primera transacción de nuestra empresa fue el aporte de mercaderías que efectuaron los socios, lo cual significó un aumento de la cuenta de Activo "mercaderías" y un aumento de la cuenta de Patrimonio "capital". Aplicando la ley de tratamiento de cuentas: la cuenta de Activo se carga y la de Patrimonio se abona.

El asiento se lee como sigue: Mercadería contra Capital. Primero se nombra la o las cuentas que se cargan contra la o las cuentas que se abonan. En el asiento anterior la cuenta mercadería es la contra cuenta de capital y la cuenta capital es la contra cuenta de mercadería. En un asiento contable: las cuentas que se cargan son contra cuentas de las que se abonan y viceversa.

Vamos entonces al primer registro contable: el Libro Diario, al cual definiremos como el registro contable donde se anotan las transacciones o hechos económicos en forma cronológica como se muestra a continuación. El lector deberá darse cuenta de que es una forma levemente distinta a la anotación que hicimos en el Mayor. En todo caso, debe quedar muy en claro que, cada vez que se carga o abona una cuenta en el Diario se hace lo mismo en el Mayor.

Para una mejor comprensión, para cada transacción vea el cuadro de análisis de transacciones un poco mas arriba e inmediatamente vea el registro en el Diario. Prácticamente en aquel cuadro está el asiento de diario.

Libro diario Arco periodo 1

Línea	Detalle		Cuenta	Debe	Haber
1	Mercaderías		Activo	115	
		Capital	Patrimonio		115
	GL: Aporte de socio en mercadería				
2	Muebles		Activo	80	
		Acreedores	Pasivo		80
	GL: Compra de muebles al crédito simple				
3	Caja		Activo	65	
		Préstamo banco LP	Pasivo		65
	GL: Obtención crédito banco				
4	Acreedores		Pasivo	20	
		Caja	Activo		20
	GL: Cancelación 25 % deuda con acreedores				
5	Capital		Patrimonio	5	
		Mercadería	Activo		5
	GL: Retiro de capital de uno de los socios				
6	Préstamo Banco LP		Pasivo	5	
		Préstamo banco CP	Pasivo		5
	GL: Parte de deuda bancaria pasa a ser de corto plazo				
7	Equipos		Activo	5	
		Caja	Activo		5
	GL: Compra de equipos al contado				
8	Cuentas por cobrar		Activo	100	
		Venta	Ingreso		100
	Costo de venta		Gasto	55	
		Mercadería	Activo		55
	GL: Venta de mercaderías al crédito				
9	Venta		Ingreso	50	
		Cuentas por cobrar	Activo		50
	Mercaderías		Activo	27,5	
		Costo de venta	Gasto		27,5
	GL: Devolución de 50 % venta anterior				
10	G. Sueldos		Gasto	10	
		Sueldos por pagar	Pasivo		10
	GL: Devengo de gasto de sueldos				
11	G. de Administración		Gasto	2,5	
		Gastos por pagar	Pasivo		2,5
	GL: Devengo gastos de administración				
	Totales			540	540

Balance de comprobación y de saldos Arco periodo 1

Nº	Detalle d e las cuentas	Débitos	Créditos	Saldos	
				Deudor	Acreedor
1	Caja	65	25	40	
2	Cuentas por cobrar	100	50	50	
3	Mercaderías	142,5	60	82,5	
4	Muebles	80	0	80	
5	Equipos	5	0	5	
6	Acreedores	20	80		60
7	Gastos por pagar	0	2,5		2,5
8	Sueldos por pagar	0	10		10
9	Préstamo banco CP	0	5		5
10	Préstamo banco LP	5	65		60
11	Capital	5	115		110
12	Venta	50	100		50
13	Costo de venta	55	27,5	27,5	
14	Gasto de administración	2,5	0	2,5	
15	Gasto de sueldos	10	0	10	
	Totales	540	540	297,5	297,5

El Balance de Comprobación y de saldos, como su nombre lo indica permite hacer comprobaciones de registro y obtener los saldos de las cuentas "cuadradas".

Los débitos y créditos de cada cuenta fueron sacadas del Mayor. El total de Débitos igual al total de Créditos obtenidos desde el Mayor indica que la partida doble ha sido respetada en este registro Mayor; salvo errores compensados o error de cuenta.

También como es obvio, el total de débitos y créditos del Balance de comprobación y de saldos deben ser iguales a los totales del Debe y el Haber del Libro Diario, ya que cada vez que se anotaba al Debe de una cuenta en este, se hacía lo mismo en el Mayor. Lo mismo en el caso de anotaciones en el Haber.

Dada la igualdad de débitos y créditos en el anterior Balance, obviamente debe darse la igualdad de Saldos.

Al Balance de comprobación y de saldos se le agregan cuatro columnas adicionales, un par con las cuentas de Balance y otro par con las cuentas del Estado de Resultado. Estas columnas se llenan con las cifras que corresponden a cada clase o título de la columna, a saber: Activo, Pasivo y Patrimonio, gasto e Ingreso. Por ejemplo el saldo de la cuenta "Caja" va en la columna bajo el título Activo y el saldo de la cuenta "Ventas" en la columna titulada Ingresos.

Balance de ocho columnas (tributario o tabular) de Arco periodo 1

Nº	Detalle de las cuentas	Débitos	Créditos	Saldos		Balance General		Estado de Resultados	
				Deudor	Acreedor	Activo	Pasivo y Patrimonio	Gastos	Ingresos
1	Caja	65	25	40		40			
2	Cuentas por cobrar	100	50	50		50			
3	Mercaderías	142,5	60	82,5		82,5			
4	Muebles	80	0	80		80			
5	Equipos	5	0	5		5			
6	Acreedores	20	80		60		60		
7	Gastos por pagar	0	2,5		2,5		2,5		
8	Sueldos por pagar	0	10		10		10		
9	Préstamo banco CP	0	5		5		5		
10	Préstamo banco LP	5	65		60		60		
11	Capital	5	115		110		110		
12	Venta	50	100		50				50
13	Costo de venta	55	27,5	27,5				27,5	
14	Gasto de administración	2,5	0	2,5				2,5	
15	Gasto de sueldos	10	0	10				10	
	Totales	540	540	297,5	297,5			40	50
	Utilidad del ejercicio						10	10	
	Totales iguales	540	540	297,5	297,5	257,5	257,5	50	50

Como se observa en esta hoja de ocho columnas, en las dos últimas se tiene el Estado de Resultado y en las dos antepenúltimas se tiene el Balance General. Los mismos que obtuvimos usando la Hoja de trabajo del capítulo anterior y que reproducimos de nuevo para que el lector compare y analice los saldos de las cuentas de los Estados y los totales.

Debe observarse que la diferencia entre la suma de la columna "ingresos" (50) y la suma de la columna de "gastos" (40), corresponde a la utilidad del ejercicio y es obviamente igual a la diferencia resultante entre la suma de la columna "Activo" (257,5) y la suma de la columna "Pasivo" más el patrimonio inicial (247,5).

CÍA. Arco
Estado de Resultado
Período 1 comprendido entre el 1° de __ y EL 30 de __

Ventas	50
Costo Ventas	(27,5)
Margen Bruto	22,5
Gasto Sueldos	(10)
Gastos Administración	(2,5)
Resultado (Utilidad)	10

Compañía Arco
Balance General o Estado de Situación
Al 30 de ___ periodo 1
(Miles de millones de pesos)

Activo	
Activo corriente	
Caja	40
Cuentas por cobrar	50
Mercaderías	82,5
Activo no corriente	
Muebles	80
Equipos	5
Total	**257,5**

Pasivo y Patrimonio	
Pasivo corriente	
Acreedores	60
Préstamo banco CP	5
Sueldos por pagar	10
Gastos por pagar	2,5
Pasivo no corriente	
Préstamo banco LP	60
Patrimonio	
Capital	110
Resultado (Utilidad)	10
Total	**257,5**

Estado de Flujo de Efectivo puede obtenerse solo a través de los datos obtenidos del Mayor de la cuenta "Caja" en este caso.

Cía. Arco
Estado de Flujo de Efectivo
Período 1

Entradas	
Saldo inicial	0
Obtención préstamo banco	65
Total entradas	**65**

Salidas	
Cancelación a acreedores	20
Compra equipos	5
Total egresos	**25**

Saldo final caja	40

Volvemos a repetir acá que los Ingresos y gastos contables que aparecen en el Estado de Resultados no aparecen en el Estado de flujo de efectivo porque no fueron movimientos de efectivo. Los Ingresos y gastos se registran en base al principio de devengado y no en base a lo percibido o desembolsado.

El proceso que hemos seguido, se puede esquematizar de la siguiente forma:

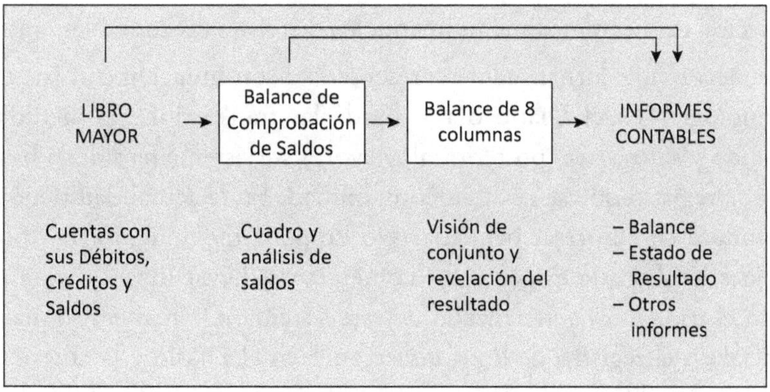

Hay transacciones repetitivas que usualmente se llevan en libros "especializados", como de compras, ventas y otros. De estos se extraen los datos para registrarlos en los libros ya mencionados: Diario y Mayor. El proceso se puede esquematizar de la forma que sigue.

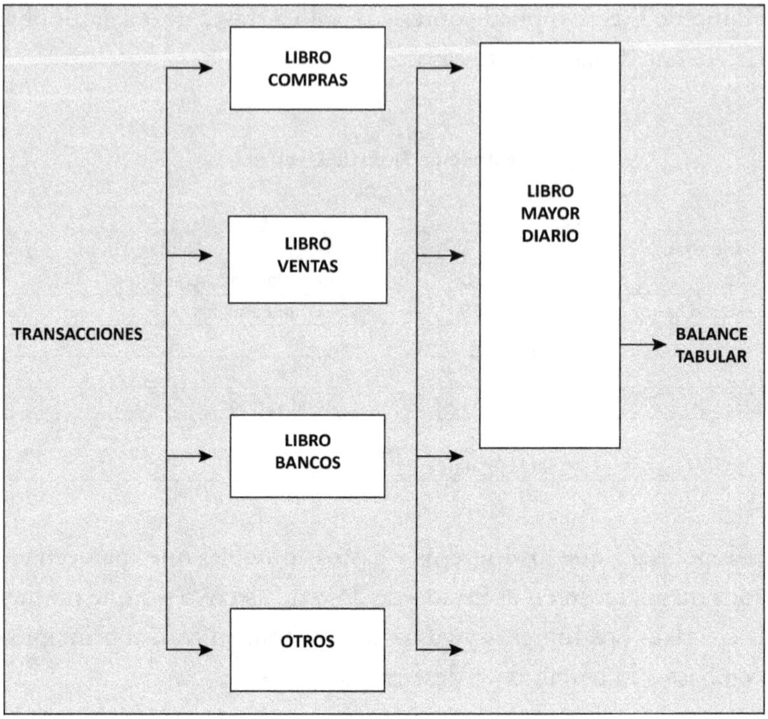

A continuación explicaremos sucintamente los dos sistemas contables más comunes:

- El sistema contable jornalizador representado a continuación consiste en el registro cronológico en el Diario día a día de las transacciones a medida que van ocurriendo y su traspaso posterior al Mayor. Este sistema ha sido la base de otras formas de registro que se usan en contabilidad. En la actualidad tiene poco uso, empleándose en empresas pequeñas y/o de poco movimiento. Las propias disposiciones legales que exigen a los comerciantes llevar libros auxiliares, ha restringido el uso, antes generalizado de este sistema. De manera similar, el orden secuencial en el registro de las transacciones en el Diario y la ausencia de Diarios Auxiliares, dificulta la división del trabajo, particularmente en los sistemas manuales, cuestión que limita su empleo.

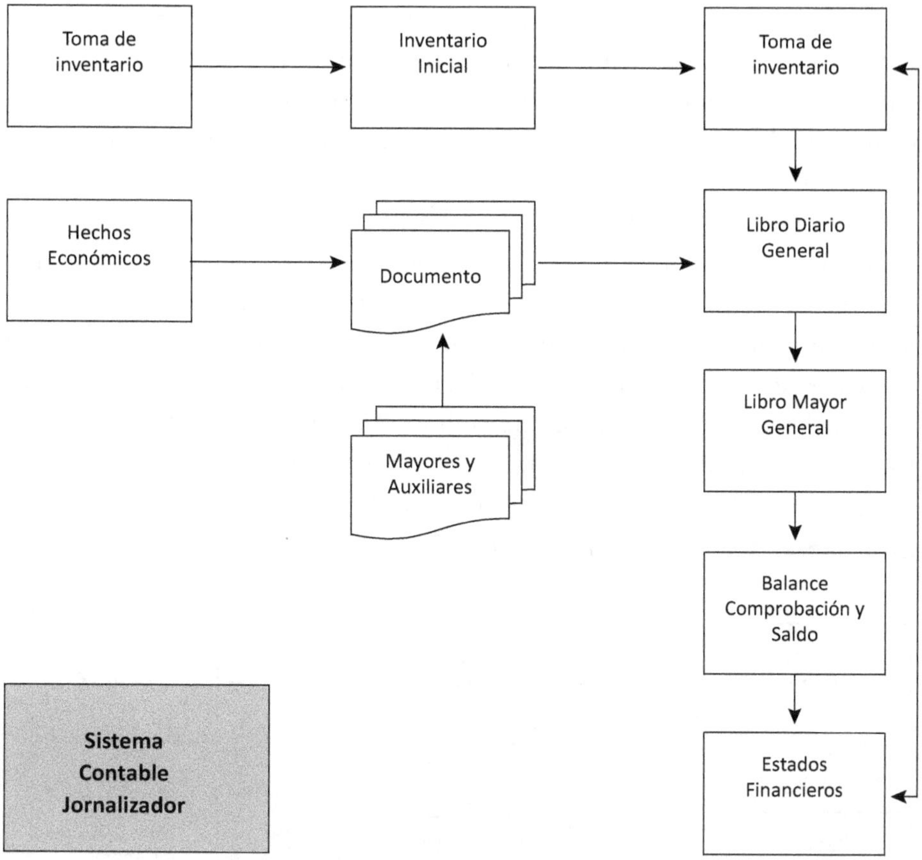

- El sistema centralizador es de mayor uso. Se caracteriza por el empleo de diversos libros auxiliares del Diario, de ahí que se le denomine sistema de Diarios Múltiples.

  Los libros auxiliares se emplean para agrupar las transacciones repetitivas y de igual naturaleza. Por ejemplo, se usa un Libro de Compras para anotar las diferentes compras, un Libro de Ventas para el movimiento de las mercaderías vendidas, un Libro de Caja para registrar el movimiento de fondos.

  El número y tipo de libro que se emplee, depende de la empresa, el volumen de operaciones, las necesidades de información y el cumplimiento de obligaciones legales; llevándose, en general, un libro para cada una de las principales transacciones o grupo de transacciones que se efectúen.

Algunos de estos libros deben llevarse obligatoriamente en conformidad con disposiciones legales. Por ejemplo, el Libro de Compras y el de Ventas están establecidos por ley y son requeribles por el Servicio de Impuestos Internos, SII, para el control del impuesto al Valor agregado, IVA. El Libro de Remuneraciones está establecido por el Código del trabajo. Otros libros auxiliares del Diario son de uso discrecional de las empresas.

El sistema Centralizador, a diferencia del jornalizador, facilita la división del trabajo al poder encargar a personas distintas el registro de las transacciones en uno u otro libro auxiliar. Periódicamnete, los totales acumulados en los libros auxiliares se centralizan en el Libro Diario. Esta centralización en el Diario se hace mediante asientos de centralización y la frecuencia depende del volumen de transacciones, pudiendo ser diaria,semanal o mensual.

La contabilización de transacciones especiales, ocasionales o de ocurrencia poco frecuente, se asienta directamente en el Diario.

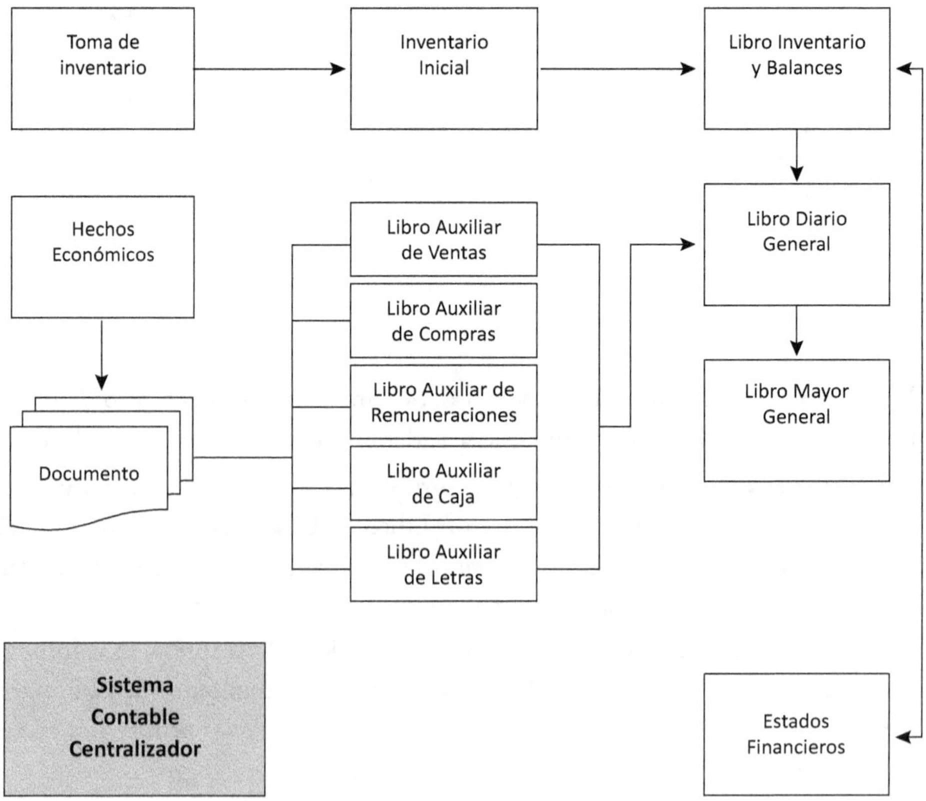

A continuación, registraremos las transacciones de Arco para el periodo 2 mediante *asientos contables*, tanto en el libro diario como en el mayor para hacer el Balance de 8 columnas y posteriormente los tres Estados finales que hemos venido haciendo.

Como ya lo mencionamos, las cuentas de resultados son transitorias pues su objetivo es determinar el resultado económico del período y todo queda resumido en la cuenta "Utilidad del ejercicio" que quedará dentro del Patrimonio en el Balance. Las cuentas de Resultado parten con saldo cero al comienzo de cada período. Estas cuentas se cierran al final de cada período procedimiento que veremos un poco más adelante.

Por el contrario, las cuentas de Balance son permanentes ya que, los saldos finales de estas cuentas al final de un período, pasan a ser los saldos iniciales al comienzo del siguiente.

Al iniciarse un nuevo período, debe efectuarse el asiento de apertura en el Diario y en el Mayor con los saldos provenientes del período anterior, para proceder a registrar las transacciones del periodo que sigue. A continuación confeccionaremos todos los registros contables para el periodo 2 de Arco. Para este efecto recordemos las transacciones efectuadas por nuestra empresa:

Transacciones Arco periodo 2:

0. Asiento de apertura para abrir los libros del periodo 2 (supuesto fueron cerrados)
1. Se retiene la Utilidad del período anterior.
2. Se toma un depósito a plazo: DAP, por $ 30.
3. Se vende el 30 % de las mercaderías en bodega, al crédito en $ 68.
4. Se recauda el crédito otorgado a los clientes en el período anterior.
5. Se cancelan los gastos del período anterior incluyendo el préstamo a corto plazo.
6. Se registra la depreciación de los muebles por $ 5.
7. Se reciben $ 30 de los clientes como anticipos por compras que harán en el futuro
8. La inversión financiera genera una ganancia de $ 2.
9. Llegan las cuentas de consumos básicos por $ 3.
10. Se registran los sueldos del período. Se pagarán a comienzos del próximo.

El monto de los sueldos devengados asciende a $ 10.

11. En la realización de inventarios a las mercaderías se detectó faltantes por $ 2,7.
12. El préstamo bancario generó intereses por $ 7,1.
13. Se efectúa una provisión por Impuesto a la Renta por 20 % de la Utilidad devengada.

Cuadro de analisis de transacciones Cía. Arco periodo 2

Transacciones	Variaciones	Clase de cuenta	Cuentas intervinientes	Debe	Haber
0. Asiento de apertura para abrir los libros	Aumento	Activo	Caja	40	
	Aumento	Activo	Cuentas por cobrar	50	
	Aumento	Activo	Mercaderías	82,5	
	Aumento	Activo	Muebles	80	
	Aumento	Activo	Equipos	5	
	Aumento	Pasivo	Acreedores		60
	Aumento	Pasivo	Préstamo banco CP		5
	Aumento	Pasivo	Sueldos por pagar		10
	Aumento	Pasivo	Gastos por pagar		2,5
	Aumento	Pasivo	Préstamo banco LP		60
	Aumento	Patrimonio	Capital		110
	Aumento	Patrimonio	Utilidad. del ejercicio		10
1. Se retiene la Utilidad del período anterior	Disminución	Patrimonio	Utilidad. del ejercicio	10	
	Aumento	Patrimonio	Utilidad. retenidas		10
2. Se toma un depósito plazo: DAP, por $ 30	Aumento	Activo	DAP	30	
	Disminuye	Activo	Caja		30
3. Se vende el 30 % de las mercaderías en bodega, al crédito en $ 68	Aumenta	Activo	Cuentas por cobrar	68	
	Aumenta	Ingreso	Ventas		68
	Aumenta	Gasto	Costo de venta	24,8	
	Disminuye	Activo	Mercaderías		24,8
4. Se recauda el crédito otorgado a los clientes en el período anterior	Aumenta	Activo	Caja	50	
	Disminuye	Activo	Cuentas por cobrar		50
5. Se cancelan los gastos del período anterior incluyendo los sueldos	Disminuye	Pasivo	Préstamo banco CP	5	
	Disminuye	Pasivo	Sueldos por pagar	10	
	Disminuye	Pasivo	Gastos por pagar	2,5	
	Disminuye	Activo	Caja		17,5
6. Se registra la depreciación de los muebles por $ 5	Aumento	Gasto	Gasto depreciación	5	
	Disminución	Activo	Muebles		5
7. Se reciben $ 30 de los clientes como anticipos por compras que harán en el futuro	Aumento	Activo	Caja	30	
	Aumento	Pasivo	Anticipo de clientes		30
8. La inversión financiera genera una ganancia de $ 2	Aumento	Activo	Depósito a plazo	2	
	Aumento	Ingreso	Ganancia extraordinaria		2
9. Llegan las cuentas de consumos básicos por $ 3	Aumento	Gasto	G. de administrac.	3	
	Aumento	Pasivo	Gastos por pagar		3

Continuación Cuadro de analisis de transacciones Cía. Arco periodo 2

10. Se registran los sueldos del período. Se pagarán a comienzos del próximo. El monto de los sueldos devengados asciende a $ 10	Aumento Aumento	Gasto Pasivo	Gastos sueldos Sueldos por pagar	10	 10
11. En la realización de inventarios a las mercaderías se detectó faltantes por $ 2,7	Aumento Disminuye	Gasto Activo	Pérdidas extraord. Mercaderías	2,7	 2,7
12. El préstamo bancario generó intereses por $ 7,1	Aumenta Aumenta	Gasto Pasivo	Gasto interés Interés por pagar	7,1	 7,1
13. Se efectúa una provisión por Impuesto a la Renta por 20 % de la Utilidad devengada	Aumenta Aumenta	Gasto Pasivo	Impuesto renta Provisión impuesto renta	3,5	 3,5
Totales				521,1	521,1

Extrayendo la información de este cuadro donde prácticamente están explícitos los asientos de Diario procedemos en el punto siguiente a confeccionar este Libro.

1.3. Solución contable Arco periodo 2

Libro diario Arco periodo 2

Línea	Detalle		Cuenta	Debe	Haber
0					
	Caja		Activo	40	
	Cuentas por cobrar		Activo	50	
	Mercaderías		Activo	82,5	
	Muebles		Activo	80	
	Equipos		Activo	5	
		Acreedores	Pasivo		60
		Préstamo banco CP	Pasivo		5
		Sueldos por pagar	Pasivo		10
		Gastos por pagar	Pasivo		2,5
		Préstamo banco LP	Pasivo		60
		Capital	Patrimonio		110
		Utilidad	Patrimonio		10
	GL: Apertura de cuentas				
1					
	Utilidad del ejercicio		Patrimonio	10	
		Utilidades retenidas	Patrimonio		10
	GL: Retención Utilidades periodo anterior				
2					
	Depósito a plazo		Activo	30	
		Caja	Activo		30
	GL: Inversión en depósito a plazo				

Continuación Libro diario Arco periodo 2

3					
	Cuentas por cobrar		Activo	68	
		Ventas	Ingreso		68
	Costo de ventas		Gasto	24,8	
		Mercaderías	Activo		24,8
	GL: Ventas de mercaderías al crédito				
4					
	Caja		Activo	50	
		Cuentas por cobrar	Activo		50
	GL:Recaudación de cuentas período anterior				
5					
	Préstamo banco CP		Pasivo	5	
	Sueldos por pagar		Pasivo	10	
	Gastos por pagar		Pasivo	2,5	
		Caja	Activo		17,5
	GL: Pago deudas provenientes período ant.				
6					
	Depreciación		Gasto	5	
		Muebles	Activo		5
	GL: Depreciación de muebles				
7					
	Caja		Activo	30	
		Anticipo de clientes	Pasivo		30
	GL: Recepción de anticipo de clientes				
8					
	Depósito a plazo		Activo	2	
		Ganancia extraordina	Ingreso		2
	GL: Reconocimiento intereses generados				
9					
	Gastos de administración		Gasto	3	
		Gastos por pagar	Pasivo		3
	GL: Devengo gastos y Pasivos				
10					
	Gastos sueldos		Gasto	10	
		Sueldos por pagar	Pasivo		10
	GL: Devengo gastos sueldos				
11					
	Pérdidas extraordinarias		Gasto	2,7	
		Mercaderías	Activo		2,7
	GL: Faltantes de mercaderías				
12					
	Gasto interés		Gasto	7,1	
		Interés por pagar	Pasivo		7,1
	GL: Devengo intereses por préstamo				
13					
	Impuesto renta		Gasto	3,5	
		Prov, impto.Rta.	Pasivo		3,5
	GL: Devengo impuesto renta del período				
	Totales			521,1	521,1

Una buena forma de aprender a registrar los hechos económicos usando el Diario anterior y el Mayor que sigue, es que el lector lea el asiento del Diario e inmediatamente vea el traspaso al Mayor. Por ejemplo, el primer asiento del diario (0), corresponde a las cuentas de Mayor que tienen SI (Saldo Inicial). El asiento 1 del diario: "Utilidad del ejercicio" contra "Utilidades retenidas" por $ 10, está identificado con el número 1 en las cuentas respectivas del Mayor.

Sugerimos que el lector vaya identificando cada cifra del mayor, con el número correspondiente al asiento del Diario. Tal como se hizo para el período 1.

Libro mayor Arco periodo 2

Caja	
S.I 40	30
50	17,5
30	
120	47,5
SD	72,5

Depósito a plazo	
30	
2	
32	0
SD	32

Cuentas por cobrar	
S.I 50	50
68	
118	50
SD	68

Mercaderías	
S.I 82,5	24,8
	2,7
82,5	27,5
SD 55	

Muebles	
S.I 80	5
80	5
SD	75

Equipos	
S.I 5	0
5	0
SD	5

Costo de ventas	
24,8	0
24,8	0
SD	24,8

Gastos sueldos	
10	
10	0
SD	10

3

Gastos de administración	
0	
3	0
SD	3

Depreciacion	
5	0
5	0
SD	5

Perdida extraordinaria	
2,7	
2,7	0
SD	2,7

Impuesto a la renta	
3,5	
	0
3,5	0
SD	3,5

Gastos interes	
7,1	0
7,1	0
SD	7,1

Provisión impuesto renta	
0	3,5
0	3,5
3,5	SA

Acreedores	
0	60
0	60
60	S. A

Continuación Libro mayor Arco periodo 2

Préstamo banco cp	
5	5 S.I
5	5
Cuenta Saldada	

Anticipo de clientes	
0	30
0	30
30	SA

Sueldos por pagar	
10	10 S.I
	10
10	20
10	SA

Gastos por pagar	
2,5	2,5 S.I
	3
2,5	5,5
3	SA

Prestamo banco lp	
0	60 S.I
0	60
60	SA

Interés por pagar	
	7,1
0	
	7,1
7,1	SA

Capital	
0	110 S.I
0	110
110	SA

Utilidades retenidas	
0	10 (1)
0	10
10	SA

Utilidad del ejercicio	
(1) 10	10 S.I
10	10
Cuenta Saldada	

Ventas	
0	68
0	68
68	SA

Ganancia extraordinaria	
0	2
0	2
2	SA

A continuación haremos el Balance tabular o de ocho columnas. Recordemos que el débito y crédito de cada cuenta se obtiene del Mayor. Compruebe que el total de débitos y créditos de este Balance, $ 521,1 coincide con el total del Debe y Haber del Diario.

Balance de ocho columnas
Arco periodo 2

Cuentas	SUMAS		SALDOS		BALANCE		RESULTADO	
	Débito	Crédito	Deudor	Acreedor	Activo	Pasivo	Gastos	Ingreso
Caja	120	47,5	72,5		72,5			
Depósito a plazo	32	0	32		32			
Cuentas por cobrar	118	50	68		68			
Mercaderías	82,5	27,5	55		55			
Muebles	80	5	75		75			
Equipos	5	0	5		5			
Costo de venta	24,8	0	24,8				24,8	
Gastos sueldos	10	0	10				10	
Gtos. de administración	3	0	3				3	
Depreciación	5	0	5				5	
Perdida extraordinaria	2,7	0	2,7				2,7	
Impuesto a la renta	3,5	0					3,5	
Gasto interés	7,1	0	7,1				7,1	
Provis. impuesto renta	0	3,5				3,5		
Acreedores	0	60		60		60		
Préstamo banco CP	5	5		0				
Anticipo de clientes	0	30		30		30		
Sueldos por pagar	10	20		10		10		
Gastos por pagar	2,5	5,5		3		3		
Préstamo banco LP	0	60		60		60		
Interés por pagar	0	7,1		7,1		7,1		
Capital	0	110		110		110		
Utilidades retenidas	0	10		10		10		
Utilidad del ejercicio	10	10		0				
Ventas	0	68		68				68
Ganancia extraordinaria		2		2				2
Sumas parciales	521,1	521,1	360,1	360,1	307,5	293,6	56,1	70
Utilidaddel ejercicio						13,9	13,9	
Sumas totales	521,1	521,1	360,1	360,1	307,5	307,5	70	70

Nota: los débitos y créditos de las cuentas saldadas en el Mayor, deben incluirse en el Balance tabular pues fueron cargadas/abonadas en el L. Diario. Si aquellos no se Incluyen, la suma de la columna débito (crédito) del Balance tabular no coincidirá con la suma del debe (haber) del Diario.

Compañía Arco
Balance General o Estado de Situación
Al 30 del mes del período 2
(Miles de millones de pesos)

Activo corriente	
Caja	72,5
Depósito a plazo	32
Cuentas por cobrar	68
Mercaderías	55
Activo no corriente	
Muebles	75
Equipos	5
Total Activo	**307,5**

Pasivo corriente	
Provisión impuesto renta	3,5
Acreedores	60
Anticipo de clientes	30
Sueldos por pagar	10
Gastos por pagar	3
Interés por pagar	7,1
Pasivo no corriente	
Préstamo banco LP	60
Patrimonio	
Capital	110
Utilidades retenidas	10
Utilidad del ejercicio	13,9
Total Pasivo y Patrimonio	**307,5**

Cía. Arco
Estado de Resultado
Para el período 2
(Miles de millones de pesos)

Ventas	68
Costo ventas	(24,8)
Margen bruto	43,2
Gastos sueldos	(10)
Gastos de administración	(3)
Depreciación	(5)
Resultado operacional	25,2
Ganancia extraordinaria	2
Pérdida extraordinaria	(2,7)
Gasto interés	(7,1)
Resultado antes de Impuesto Renta	17,4
Impuesto Renta	(3,5)
Utilidad del ejercicio	13,9

Si estudia bien el registro de transacciones de este periodo se dará cuenta que ningún Ingreso ni gasto contable del Estado de Resultado fue movimiento de efectivo.

Cía. Arco
Estado de Flujo de Efectivo
Para el período 2

Entradas	
Saldo inicial	40
Recaudación ventas período anterior	50*
Anticipos de clientes	30
Total entradas	**120**

Salidas	
Inversión financiera en DAP	30
Pago préstamo banco CP	5
Pago sueldos período anterior	10*
Pago gastos consumos período anterior	2,5*
Total egresos	**47,5**

Saldo final caja	72,5

1.4. Cierre de cuentas

1.4.1. Cierre de cuentas de resultados

Como ya lo hemos dicho, las cuentas de resultado son transitorias pues se usan para registrar los Ingresos y gastos del período y por diferencia, determinar el resultado o desempeño económico de la empresa durante un período. Por esta razón, se cierran al final de este ("mueren") con un asiento contable llamado asiento de cierre. Como ya conocemos la técnica del asiento, lo haremos de esa manera.

Este proceso es mecánico y consiste en *cargar* todas las cuentas de Ingreso (que tienen saldo acreedor) por sus respectivos saldos (quedan en cero) y *abonar* todas las cuentas de gasto (que tienen saldo deudor por sus respectivos saldos (quedando todas con saldo cero); la diferencia se carga a la cuenta complementaria de Patrimonio "Pérdida del ejercicio" si los gastos fueron superiores a los Ingresos, o, a la cuenta de Patrimonio "Utilidad del ejercicio" si los Ingresos fueron superiores a los gastos.

Tomando los datos de las dos últimas columnas del Balance de ocho columnas anterior el asiento de cierre es:

Libro Diario

N°	Detalle	Cuenta	Debe	Haber
	Ventas	Ingreso	68	
	Ganancia extraordinaria	Ingreso	2	
	Costo de venta	Gasto		24,8
	Gastos sueldos	Gasto		10
	Gastos de administración	Gasto		3
	G. Depreciación	Gasto		5
	G. Extraordinario	Gasto		2,7
	Impuesto a la renta	Gasto		3,5
	Gasto interés	Gasto		7,1
	Utilidad del ejercicio	Patrimonio		13,9
	Gl: Cierre cuentas de resultado			

Nota: en las cuentas siguientes se anota el saldo que proviene del Mayor del período y se incorpora el cargo y/o abono del asiento de Diario anterior dejando todas las cuentas de resultados saldadas, salvo la de Patrimonio que queda con el saldo correspondiente a la Utilidad del período.

El asiento de cierre del Diario se traspasa al Mayor y como se ve a continuación, todas las cuentas quedan saldadas a excepción de la cuenta de Patrimonio "Utilidad del ejercicio" cuyo saldo irá al Balance General.

Ventas	
68	68 SA
Saldada	

Ganancia extraordinaria	
2	2 SA
Saldada	

Costo de venta	
SD 24,8	24,8
Saldada	

Gasto sueldo	
SD 10	10
Saldada	

Gasto de administración	
SD 3	3
Saldada	

G. Depreciación	
SD 5	5
Saldada	

Pérdida extraordinaria	
SD 2,7	2,7
Saldada	

Impuesto a la renta	
SD 3,5	3,5
Saldada	

Gasto Interés	
SD 7,1	7,1
Saldada	

Utilidad del ejercicio	
10	10
	13,9
13,9	S,A

Alternativamente, el cierre de cuentas de Resultado puede ser realizado mediante tres asientos: el primero cerrando solo las cuentas de Ingreso contra "Pérdidas y ganancias", el segundo cargando la cuenta "Pérdidas y ganancias" contra las cuentas de Gastos y por último cerrando la cuenta "Pérdidas y ganancias" contra la cuenta de Patrimonio "Utilidad del ejercicio" o la complementaria de Patrimonio "Pérdida del ejercicio", según corresponda.

1.4.2. Cierre de cuentas de Balance y reapertura

Aunque las cuentas de Balance son permanentes, también se cierran después del cierre de las cuentas de Resultados. Esto se realiza, cargando todas las cuentas con saldo acreedor (de Pasivos, de Patrimonios y complementarias de Activos) y abonando todas las cuentas con saldo deudor (de Activos y complementarias de Pasivo y complementarias de Patrimonio). A comienzos del período siguiente se hace la apertura de cuentas mediante un asiento reverso al de cierre.

Antes de pasar a explicar otros cortos temas, nos parece conveniente que el estudiante haga el proceso completo para registrar las transacciones del Período 3 de Arco. Para esto, le recordamos las transacciones y proporcionaremos los cuadros a llenar por el estudiante. Le recordamos que la H de T fue confeccionada en el Capítulo I sección 3.3.

Transacciones Arco período 3:

1. Se recaudará el crédito otorgado a los clientes
2. Se cancelarán todas las deudas de corto plazo, excepto crédito bancario.
3. Se enviarán las mercaderías a los clientes que habían efectuado anticipos. El costo es el 40 % del valor neto.
4. Se venderán mercaderías al crédito en $ 70. El costo es de $ 28.
5. Se retendrá la Utilidad del periodo anterior.

6. Gastos de administración por $ 4. Solo devengo.
7. Gasto de sueldos del período a pagar próximo período: $ 12.
8. Depreciación de muebles $ 5.
9. Asalto y robo de dinero: $ 3, 2.
10. Interés originado por deuda bancaria $ 5.
11. DAP genera intereses por $ 3.
12. Se hace provisión por Impuesto a la Renta: 20 %.

Cuadro de transacciones Arco periodo 3

Transacciones	Variaciones	Clase de cuenta	Cuentas intervinientes	Debe	Haber
0. Apertura para poner los saldos iniciales del periodo 3 que fueron los finales del período 2.					
1. Se recaudará el crédito otorgado a los clientes.					
2. Se cancelarán todas las deudas de corto plazo, excepto crédito bancario.					
3. Se enviarán las mercaderías a los clientes que habían efectuado anticipos. El costo es el 40 % del valor neto.					
4. Se venderán mercaderías al crédito en $ 70. El costo es de $ 28.					
5. Se retendrá la Utilidad del periodo anterior.					
6. Gastos de administración por $ 4. Solo devengo.					
7. Gasto de sueldos del período a pagar próximo período: $ 12.					
8. Depreciación de muebles $ 5.					
9. Asalto y robo de dinero: $ 3,2.					
10. Interés originado por deuda bancaria $ 5.					
11. DAP genera intereses por $ 3.					
12. Provisión por impuesto la renta.					
Totales					

A continuación confeccione el Diario, el Mayor y el Balance tabular o de 8 columnas

Libro diario Arco período 3

Línea	Detalle	Cuenta	Debe	Haber
0				
1				
2				
3				
4				
5				
6				

7				
8				
9				
10				
11				
12				
Totales				

Libro mayor Arco periodo 3

Caja	

Depósito a plazo	

Cuentas por cobrar	

Mercaderías	

Muebles	

Equipos	

Costo de ventas	

Gastos sueldos	

Gastos de administración	

Depreciación	

Perdida extraordinaria	

Impuesto a la renta	

Gastos interés	

Provisión impuesto renta	

Acreedores	

Préstamo banco cp	

Anticipo de clientes	

Sueldos por pagar	

Gastos por pagar	

Préstamo banco lp	

Interés por pagar	

Capital	

Utilidades retenidas	

Utilidad del ejercicio	

Ventas	

Ganancia extraordinaria	

Balance tabular u ocho columnas Arco periodo 3

Cuentas	SUMAS		SALDOS		BALANCE		RESULTADO	
	Débito	Crédito	Deudor	Acreedor	Activo	Pasivo	Gastos	Ingreso
Caja								
Depósito a plazo								
Cuentas por cobrar								
Mercaderías								
Muebles								
Equipos								
Costo de venta								
Gastos sueldos								
Gtos. de administración								
Depreciación								
Perdida extraordinaria								
Impuesto a la renta								
Gasto interés								
Provis. impuesto renta								
Acreedores								
Préstamo banco CP								
Anticipo de clientes								
Sueldos por pagar								
Gastos por pagar								
Préstamo banco LP								
Interés por pagar								
Capital								
Utilidades retenidas								
Utilidad del ejercicio								
Ventas								
Ganancia extraordinaria								
Sumas parciales								
Utilidad del ejercicio								
Sumas totales								

Una vez terminado el ejercicio contable completo compare las cuatro últimas columnas del Balance de ocho columnas anterior con los estados finales del Capítulo I, sección 3.3.

Si ha sido capaz de llegar a los estados finales correctos sin ayuda, lo felicitamos: domina la técnica contable básica.

1.5. Impuesto al valor agregado: IVA

El impuesto al valor agregado, IVA fue establecido mediante el Decreto Ley 825 del año 1974 y sus modificaciones establecen diversas normas acerca del impuesto que grava la transferencia de bienes muebles, ahora último inmuebles y la prestación de servicios.

Para efectos de este manual nos interesan las disposiciones que se relacionan con la compra y venta de mercaderías y algunos servicios básicos como la energía eléctrica, el agua potable y servicios de internet, entre otros.

Este Decreto establece un impuesto a beneficio fiscal con tasa de 19 % que debe aplicarse a las compras y ventas de lo señalado más arriba. El vendedor está obligado a recargar en el valor neto del bien o servicio este 19 % y enterarlo en arcas fiscales al mes siguiente de efectuada la venta. Sin embargo, cuando el comerciante compra los bienes producto de su giro, el proveedor que le vende debe hacer exactamente lo mismo. Este IVA que paga el comerciante es un Activo que se lleva en la cuenta "IVA CRÉDITO FISCAL" pues tiene el derecho a descontarlo del IVA que recauda en las ventas y que se lleva en una cuenta de Pasivo "IVA DÉBITO FISCAL". Obviamente que la declaración y pago de este impuesto debe cumplir ciertos requisitos legales por ejemplo el IVA crédito que se descontará debe estar respaldado por una factura e identificarse separadamente del precio neto del bien o servicio. Como puede apreciarse es un impuesto que se va trasladando hasta el consumidor final que es quien no puede descontar el IVA pagado como es el caso de los comerciantes. El comerciante está obligado a llevar un registro de compras y ventas con los valores netos y los IVA que corresponden en cada caso.

Si el IVA Débito es superior al IVA Crédito corresponderá pagar la diferencia al fisco. Al revés, si el IVA Crédito es mayor al IVA Débito quedará un saldo por recuperar que será imputado en el futuro cuando corresponda pagar.

Supongamos que en un determinado mes un comerciante efectúa compras netas a $ 200 +IVA y ventas de la mitad de las mercaderías compradas a un precio neto de $ 500 + IVA.

En las ventas se crea un Pasivo "IVA Débito fiscal" por $ 95 (19 % de $ 500).

En las compras se crea un Activo "IVA Crédito fiscal" por $ 38 (19 % de $ 200). Los asientos contables en el Diario, son entonces:

Núm.	Detalle		Cuenta	Debe	Haber
1					
	Mercaderías		Activo	200	
	IVA Crédito		Activo	38	
		Proveedores	Pasivo		238
	GL: Compra de mercaderías al crédito simple				

Núm.	Detalle		Cuenta	Debe	Haber
2					
	Clientes		Activo	595	
		Ventas	Ingreso		500
		IVA Débito	Pasivo		95
	Costo de ventas		Gasto	100	
		Mercaderías	Activo		100
	GL: Venta de mercaderías al crédito simple				

Al mes siguiente, el comerciante deberá declarar y pagar al fisco $ 57 que corresponde a la diferencia entre el Débito fiscal ($ 95) menos el crédito fiscal ($ 38). Como queda claro con este ejemplo, el IVA no constituye Ingreso ni gasto para el comerciante. En definitiva, los $ 95 salen del bolsillo del consumidor final.

El último día de cada mes se acostumbra a ajustar o cerrar las cuentas de IVA dejando la diferencia en la cuenta de Pasivo "IVA por pagar" o de Activo "IVA por recuperar" según corresponda. En este ejemplo el asiento de ajuste o liquidación de las cuentas de IVA será el siguiente:

Núm.	Detalle		Cuenta	Debe	Haber
3					
	IVA Débito		Pasivo	95	
		IVA Crédito	Activo		38
		IVA por pagar	Pasivo		57
	GL: ajuste o liquidación de cuentas IVA				

Con este último asiento, las cuentas "IVA crédito" e "IVA débito", quedan saldadas y la diferencia en este caso queda en la cuenta de pasivo "IVA por pagar". Si el saldo de la primera fuere superiora la segunda, la diferencia queda en la cuenta de activo "IVA por recuperar".

En el Libro Mayor, la situación con los asientos anteriores será la siguiente:

Mercaderías	
200	100 (2)

IVA Crédito	
38	
	38 (3)
Saldada	

Proveedores	
	238 (1)

Clientes	
595	

Ventas	
	500 (2)

IVA Débito	
	95 (2)
95	
Saldada	

Costo de ventas	
100	

IVA por pagar	
	57 (3)
57	SA

1.6. Cuentas complementarias

Como su nombre lo indica, las cuentas complementarias son cuentas que entregan información adicional a una cuenta principal. Las hay de Activo, Pasivo y Patrimonio. Los saldos de las cuentas complementarias se presentan restando a la cuenta principal de Activo, Pasivo o del Patrimonio respectivamente, según corresponda.

N° 1: complementarias de Activo

Las complementarias de Activo se tratan como cuentas de Pasivo, esto es, se aumentan al haber (abonos) y se disminuyen al debe (cargos), por lo tanto, tienen saldo acreedor y se presentan en el Activo restando a la cuenta principal. La situación más representativa es la cuenta "Depreciación acumulada de…". Veamos un ejemplo:

Una máquina usada se pone en funcionamiento el 01 de enero del año 2015. Su costo, instalado y listo para ponerla en marcha, es de $ 1.150, tiene una vida útil estimada de cuatro años y un valor residual o de desecho de $ 150. Con estos datos queda claro, que la depreciación anual según el método de línea recta de no mediar hechos extraordinarios como deterioro o mejoras y tampoco revalorizaciones, es de $ 250 anuales:

(1.150-150) /4.

La contabilización de la depreciación al final del año 2015 es reconocer el gasto cargando la cuenta de gasto "Gasto depreciación" por $ 250 y aumentando la cuenta complementaria de máquina "depreciación acumulada máquina" abonándola por el mismo valor. Registremos en el Diario, la compra y los desembolsos por instalación y, luego la depreciación del primer año (se omite IVA).

Núm.	Detalle		Cuenta	Debe	Haber
1					
	Máquina		Activo	1.150	
	Caja		Activo		1.150
	GL: Compra e instalación de máquina				

Núm.	Detalle		Cuenta	Debe	Haber
2					
	Gasto depreciación		Gasto	250	
		Depreciación acumulada máquinas	Comp. A		250
	GL: Depreciación año máquina				

En el libro mayor, la situación sería la siguiente:

Caja	
	1.150(1)
0	1.150
1.150	SA*

Máquina	
1.150	0
1.150	0
SD	1.150

Gasto depreciación	
250	0
250	0
SD	250

Depreciación acumulada máquinas	
	250 (2)
0	250
250	SA

*Obviamente, para comprar la máquina en efectivo, la cuenta caja tiene saldo, lo que hemos omitido.

La presentación en el Estado de Situación al 31/12/2015 es:

Máquina	1.150	(saldo deudor)
Depreciación acumulada máquina	-250	(saldo acreedor)
Valor libro	950	

A fines del año 2016 se hace el mismo asiento por la depreciación, esto es, se carga cuenta de gasto "Gasto Depreciación" y se abona la cuenta complementaria de máquina: "Depreciación acumulada máquina", ambas por $ 250.

La presentación en el Estado de Situación al 31/12/2016 es:

Máquina	1.150	
Depreciación acumulada máquina	-500	(saldo acreedor)
Valor libro	650	

A fines del año 2017 y del 2018 se registran las mismas contabilizaciones.

La presentación en el Estado de Situación al final de la vida útil, esto es, al 31/12/2018 es:

Máquina	1.150	
Depreciación acumulada máquina	-1000	(saldo acreedor)
Valor libro	150	

El análisis de lo sucedido y registrado es, por una parte, que en el Estado de Resultado de cada uno de los años muestra un gasto de $ 250 por depreciación (recuerde que las cuentas de Resultado son transitorias, esto es "mueren" con el período). Por otra parte, la cuenta "depreciación acumulada máquina" es permanente, pues es de Balance, y va aumentando por la depreciación de cada año hasta terminar al final de los cuatro años con los $ 1.000 que había que depreciar.

Otras cuentas complementarias de Activo son: "estimación de deudores incobrables", "amortización acumulada intangibles", "deterioro acumulado de....", etc.

Si se vende la máquina al final de su vida útil contable al contado en $ 170, el asiento de diario consistirá en reconocer la entrada de dinero a caja y la ganancia extraordinaria de $ 20. Por otra parte, las cuentas "Máquina" y "Depreciación acumulada Máquinas" deben ser cerradas, la primera con un abono y las segundas con un cargo. El asiento será:

Núm.	Detalle		Cuenta	Debe	Haber
3					
	Caja		Activo	170	
	Depreciación acumulada máquina		Comp. Ac	1.000	
		Máquina	Activa		1.150
		Ganancia extraordinaria	Ingreso		20
	GL: Venta de máquina al contado				

Cuando se vende un activo que no es del giro (mercaderías), no se usan las cuentas "ventas" ni "costo de ventas". Por el contrario, se compara el valor contable neto del activo con el valor de venta y si este es mayor que el primero, se reconoce una ganancia extraordinaria; de lo contrario será una pérdida extraordinaria. En el ejemplo anterior, el valor contable neto del activo es de $ 150 y su valor de venta es de $ 170.

N° 2: Complementarias de Pasivo

Las complementarias de Pasivo se tratan como cuentas de Activo, esto es, se aumentan al Debe (cargos) y se disminuyen al Haber (abonos), por lo tanto, tienen saldo deudor y se presentan en el Pasivo restando a la cuenta principal.

Una de las cuentas típicas es la de "Intereses diferidos por leasing" que se presenta en el Pasivo restando a la cuenta principal "Obligaciones por leasing". Se carga por el total de los intereses incluidos en las cuotas futuras de leasing y se va abonando en la medida que los intereses se van devengando, esto es pasando a gastos.

Supongamos que al 1/1/2015 se arriendan equipos mediante leasing por un total de $ 50.000 que incluyen $ 10.000 de intereses.

Los asientos para ejemplificar esta situación son:

Núm.	Detalle		Cuenta	Debe	Haber
1					
	Equipos en leasing			40.000	
	Intereses diferidos por leasing			10.000	
		Obligaciones por leasing			50.000
	GL: Adquisición de equipos mediante leasing				

Junto a este registro la presentación en el Estado de Situación a esta fecha es:

Pasivo	
Obligaciones por leasing	50.000
Intereses diferidos por leasing	(10.000)
	40.000

Cuando a fin de año haya que pagar la primera cuota de, por ejemplo $ 500, que incluye $ 100 de intereses, se debe efectuar el siguiente asiento:

Núm.	Detalle		Cuenta	Debe	Haber
2					
	Obligaciones por leasing			500	
	Gasto intereses			100	
		Intereses diferidos por leasing			100
	Caja				500
	GL: Pago cuota leasing				

La presentación en el Estado de Situación es la siguiente:

Pasivo	
Obligaciones por leasing	49.500
Intereses diferidos por leasing	(9.900)
	39.600

N° 3: complementarias de Patrimonio

Las complementarias de Patrimonio se tratan como cuentas de Activo, esto es, se aumentan al Debe (cargos) y se disminuyen al Haber (abonos), por lo tanto, tienen saldo deudor y se presentan en el Patrimonio restando a la cuenta "capital".

Uno de los casos es la cuenta "Cuenta obligada socio xx" que se usa al iniciarse una sociedad de personas. En el Debe se registran los aportes que el socio se compromete a enterar según escritura pública y en el Haber se registran los aportes que va realizando.

Obviamente, el Debe será siempre mayor o igual al haber; por lo que tiene saldo deudor o cero. Veamos el siguiente ejemplo:

Socios A y B se comprometen a aportar $ 500 cada uno. Al cabo de algunos días, el Socio A aporta el $ 400 en efectivo y Socio B $ 100 en mercaderías y $ 200 en máquinas.

El registro por el compromiso es aumentar las cuentas "cuenta obligada socio A" y "Cuenta obligada Socio B", ambas por $ 500, cargándolas contra aumento de la cuenta "Capital "por $ 1.000(abono).

El asiento es:

Núm.	Detalle		Cuenta	Debe	Haber
1					
	Cuenta obligada socio A		Com. Pat.	500	
	Cuenta obligada socio B		Com. Pat.	500	
		Capital	Patrimonio		1.000
	GL: compromiso de aportes según escritura				

Después de este registro la presentación en el Balance es:

Capital	1.000	
Cuenta obligada Socio A	-500	(saldo deudor)
Cuenta obligada Socio B	-500	(saldo deudor)
Capital pagado	0	

El asiento por los aportes será:

Núm.	Detalle		Cuenta	Debe	Haber
2					
	Caja			400	
	Mercaderías			100	
	Máquinas			200	
		Cuenta obligada socio A			400
		Cuenta obligada socio B			300
	GL: Aportes de los socios				

El registro por los aportes realizados consistió en cargar las cuentas de Activo "Caja" por $ 400, "Mercaderías" por $ 100 y "Máquinas" por $ 200 y abonar las cuentas "Cuenta obligada Socio A" por $ 400 y la cuenta "Cuenta obligada socio B" por $ 300 dejándolas con saldos de $ 100 y $ 200 respectivamente.

En las cuentas de Mayor:

Caja	
(2)400	

Mercaderías	
(2)100	

Capital	
	1000 (1)

Cuenta obligada soc. A	
(1) 500	
	400 (2)
SD	100

Cuenta obligada soc. B	
(1) 500	
	300 (2)
SD	200

Máquinas	
(2) 200	

Después de este registro la presentación correspondiente en el Patrimonio del Balance es la siguiente:

Patrimonio		
Capital	1.000	
Cuenta obligada Socio A	-100	
Cuenta obligada Socio B	-200	(saldo deudor)
Capital pagado	700	

En consecuencia, faltan $ 300 de aportes por realizar.

Otras cuentas complementarias de Patrimonio son; "Pérdidas acumuladas", "Pérdidas del ejercicio", "capital por suscribir (accionistas"), "capital autorizado (acciones)", "acciones propia emisión", etc.

1.7. Apertura (en diario y mayor)

Cuando un negocio está en marcha, el primer asiento en el período es abrir las cuentas de mayor, esto es poner los saldos iniciales provenientes del período anterior. Esto implica hacer un asiento en el Diario cargando las cuentas que terminaron con saldo deudor y abonando las cuentas que terminaron con saldo acreedor en el período anterior. Las empresas llevan un Libro de inventarios y Balance desde donde se obtienen los datos para efectuar el asiento en el Diario y en el Mayor.

Cuando se inician las actividades de una empresa, los asientos de apertura son diferentes. Distinguiremos tres casos: empresa de propietario individual, de una sociedad de personas y de una sociedad de capital.

En el primer caso, los datos para el asiento de apertura están en la declaración de inicio de actividades que todo empresario debe presentar al Servicio de Impuestos internos. En todo caso el propietario puede aportar Activos y también deudas.

La diferencia entre ambos constituye el aporte neto de capital. Como es lógico el asiento de apertura consiste en cargar las cuentas de Activo y abonar las cuentas de Pasivo y Patrimonio.

En el caso de empresas constituidas como sociedades de personas, existen dos fases: a) el registro del compromiso adquirido por los socios cuya suma constituye el capital de formación, y b) el pago del aporte comprometido por cada socio. Los asientos para este caso fueron explicados un poco más arriba cuando se explicaron las cuentas complementarias de Patrimonio. No obstante daremos otro ejemplo:

Supongamos que el 10 de marzo del periodo x, los socios Jorge y Diego se comprometen según escritura aportar $ 500 cada uno. El 20 de marzo, Jorge aporta Vehículos tasados en $ 250 con una deuda pendiente de $ 50 y Diego aporta $ 130 en efectivo y local tasado en $ 400 con una deuda hipotecaria de $ 300. Los asientos contables en el Diario, el Mayor y la presentación en el Estado de Situación serían como sigue:

Línea	Detalle		Cuenta	Debe	Haber
10/3					
	Cuenta obligada socio Jorge			500	
	Cuenta obligada socio Diego			500	
		Capital			1.000
	GL: Compromiso de aportes s/escritura				
20/3					
	Vehículos			250	
		Deuda vehículos			50
		Cuenta obligada socio Jo.			200
	GL: Aportes socio Jorge				
20/3					
	Caja			130	
	Local			400	
		Deuda hipotecaria			300
		Cuenta obligada socio Di.			230
	GL: Aportes socio Diego				

La situación en el Libro Mayor será:

Cuenta obligada socio Jo.	
500	
	200
500	200
SD	300

Cuenta obligada socio Di.	
500	
	230
500	230
SD	270

Capital	
	1.000
0	1.000
1.000	S:A

Vehículo	
250	
250	0
SD	250

Deuda vehículo	
	50
0	50
50	SA

Local	
400	
400	0
SD	400

La presentación en el Balance es la que sigue:

Activo	
Caja	130
Vehiculo	250
Local	400
Total Activos	780

Pasivo	
Deuda vehículo	50
Deuda hipotecaria	300
Patrimonio	
Capital	1.000
Cuenta obligada socio Jorge	(300)
Cuenta Obligada socio Juan	(270)
Capital pagado	430
Total Pasivo + Patrimonio	780

Cuando se trata de sociedades de capital, el asiento de apertura es un poco más complejo. En este caso hay tres etapas secuenciales: *autorización* de emitir el capital por parte de la autoridad competente, *suscripción* del capital y *pago* del capital.

A través de un sencillo ejemplo explicaremos las cuentas intervinientes, su tratamiento, el significado de sus saldos y la presentación en el Balance.

Ejemplo: se constituye una sociedad anónima con un capital autorizado $ 200 millones dividido entre 4 millones de acciones de un valor nominal de $ 50 cada una. Inversionistas interesados suscriben el 80 % de las acciones emitidas y posteriormente pagan el 60 % de las acciones suscritas.

Línea	Detalle		Cuenta	Debe	Haber
1					
	Acciones por suscribir		Comp. Pat.	200	
		Capital	Patrimonio		200
	GL: Autorización de emitir capital por 200 millones				
2					
	Accionistas		Comp. Pat.	160	
		Acciones por suscribir	Comp. Pat.		160
	GL: Suscripción del 80 % del capital autorizado				

3					
	Caja		Activo	96	
		Accionistas	Comp. Pat.		96
	GL: Pago del 60 % de las acciones suscritas				

Capital	
	200 (1)
	Cap. autorizado

Acciones por suscribir	
(1) 200	160 (2)
Cap. Autorizado	Cap. suscrito
SD cap. por suscribir 40	

Accionistas	
(2) 160	96 (3)
Cap. suscrito	Cap. Pagado
SD cap. por pagar 64	

Caja	
(3) 96	

Presentación en el Patrimonio

Patrimonio		
Capital	200	
Capital por suscribir	-40	(SD cuenta acciones por suscribir)
Capital suscrito	160	
Capital por pagar	-64	(SD cuenta accionistas)
Capital pagado	96	

Es conveniente dejar en claro que en el Balance se presenta solo el capital pagado.

1.8. Distribución de resultado

Las distribuciones de resultados de los ejercicios anuales, normalmente se efectúan a comienzos del año siguiente.

Normalmente se reparten Utilidades cuando las hay. Cuando hay Pérdidas, estas se acumulan cuando hay pérdidas acumuladas anteriores o son absorbidas por Utilidades acumuladas anteriores.

Una pérdida del ejercicio, en el primer caso se traspasa a la cuenta "Pérdida acumulada" con el asiento.

Línea	Detalle		Cuenta	Debe	Haber
1					
	Pérdida acumulada		Comp. Pat	xxx	
		Pérdida del ejercicio	Comp.Pat		xxx
	Glosa: acumulación de pérdida				

Con el asiento anterior la cuenta "pérdida del ejercicio" que tenía saldo deudor queda saldada con el abono y la cuenta "Pérdida acumulada" que tenía saldo deudor queda aumentada con el cargo.

Si hay Utilidad acumulada, esta absorberá la pérdida del ejercicio con el siguiente asiento:

Línea	Detalle		Cuenta	Debe	Haber
1					
	Utilidad acumulada		Pat	xxx	
		Pérdida del ejercicio	Com. Pat		xxx
	Glosa: absorción de pérdida con Utilidad acumulada				

Con este último asiento, se disminuye la cuenta de Patrimonio "Utilidad acumulada" y se salda la cuenta complementaria de Patrimonio "Pérdida del ejercicio".

Visto el proceso contable en forma didáctica desde los asientos de apertura hasta los asientos de cierre, de distribución de resultados y los registros, presentaremos en el siguiente diagrama el flujo de transacciones en el proceso contable:

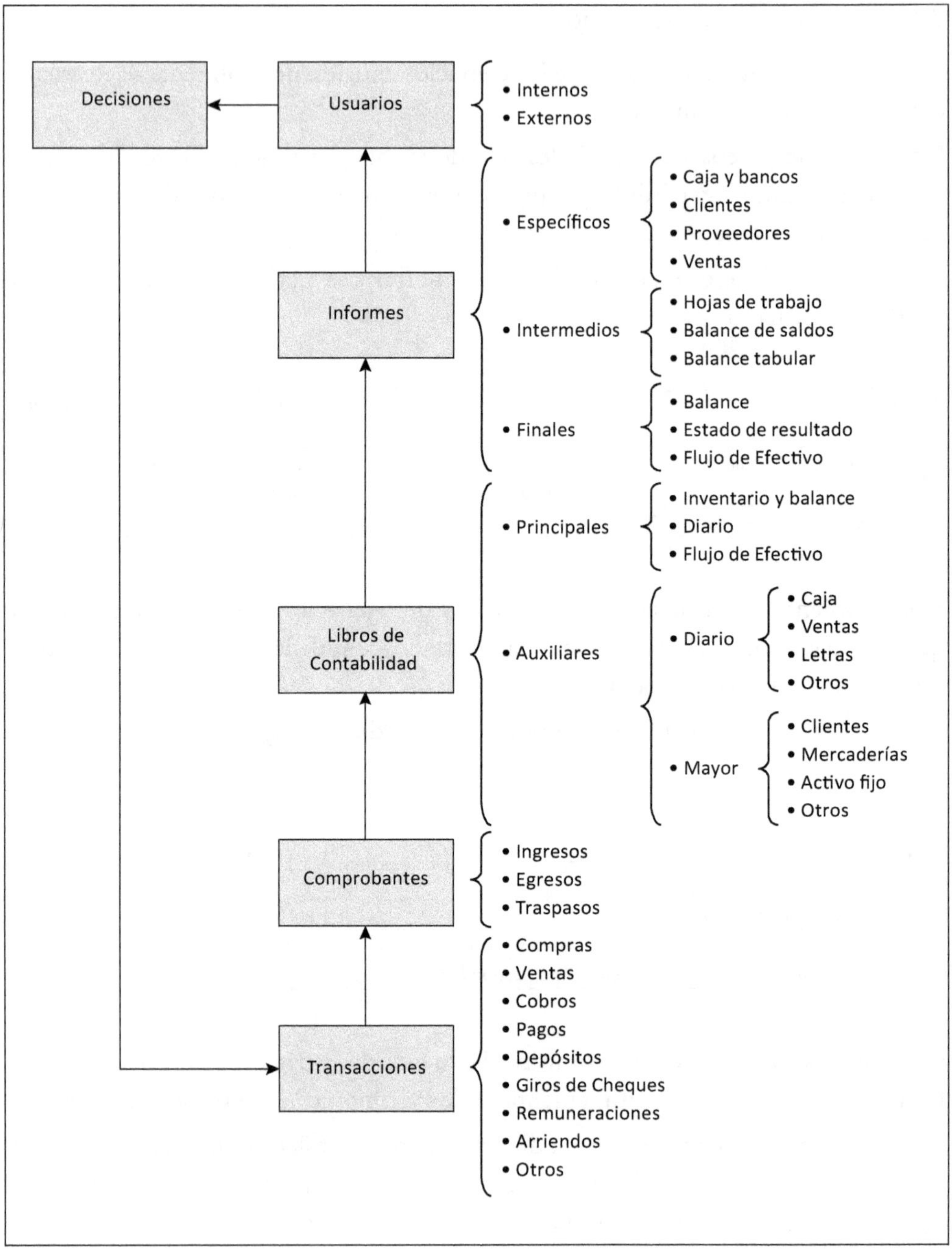
Decisiones
Usuarios
• Internos
• Externos
Informes
• Específicos
• Caja y bancos
• Clientes
• Proveedores
• Ventas
• Intermedios
• Hojas de trabajo
• Balance de saldos
• Balance tabular
• Finales
• Balance
• Estado de resultado
• Flujo de Efectivo
Libros de Contabilidad
• Principales
• Inventario y balance
• Diario
• Flujo de Efectivo
• Auxiliares
• Diario
• Caja
• Ventas
• Letras
• Otros
• Mayor
• Clientes
• Mercaderías
• Activo fijo
• Otros
Comprobantes
• Ingresos
• Egresos
• Traspasos
Transacciones
• Compras
• Ventas
• Cobros
• Pagos
• Depósitos
• Giros de Cheques
• Remuneraciones
• Arriendos
• Otros

1.9. Laboratorio continuo empresa "Continua" resuelto

A continuación, haremos un ejercicio para tres períodos incorporando gran parte de los contenidos vistos hasta aquí. La idea es, al final del período 3 visualizar nuevamente las relaciones Ingresos-entradas de dinero y los Gastos-egresos de dinero y hacer un análisis económico-financiero de la evolución de la empresa.

La Compañía "Continua" realizó las siguientes transacciones en los períodos respectivos

Período 1, 2 y 3.

Confeccione todos los registros para el primer período: Hoja de trabajo como en el capítulo anterior, LD, LM y BT.

Todas las cifras están en miles de millones de $.

1. Juan aporta vehículos tasados en $ 500 y Diego aporta Efectivo por $ 500.
2. Se compran mercaderías en $ 300 + IVA al crédito.
3. Se venden mercaderías en $ 500 + IVA al crédito. El costo de la venta es de $ 150.
4. Se efectúa un depósito a plazo (DAP) por $ 200.
5. Se compran mercaderías en $ 800 + IVA al crédito.
6. Se devuelve el 50 % de la compra anterior por no corresponder a especificaciones.
7. Se venden mercaderías en $ 700 + IVA al crédito. El costo de la venta es de $ 200.
8. Clientes devuelve el 50 % de la venta realizada por la empresa en el número anterior.
9. Se arrienda uno de los vehículos. Se reciben $ 100 por este y el próximo período.
10. Se obtiene un crédito del banco por $ 350 al 10 % de interés simple por período.
11. Llegan las cuentas por consumos básicos por un total de $ 80 + IVA.
12. Los gastos administrativos ascienden a $ 200 y se cancelarán a principios del próximo período.
13. El DAP ha generado $ 15 de intereses al fin de este período.
14. La depreciación de los vehículos se estima en $ 40.

15. Se liquidan o ajustan las cuentas de IVA.
16. La tasa de Impuesto a la Renta es de 20 %.
17. Repase transacciones anteriores por si falta algún hecho por registrar.

Hoja de trabajo Cía. "Continua" Período 1

	1	2	3	4	5	6	7	8	9	10	11	12	13	14	15	16	Total
Activos																	
Caja	500			(200)					100	350							750
Dap				200									15				215
Clientes			595				833	(417)									1.011
Mercaderias		300	(150)		800	(400)	(200)	100									450
Iva Crédito		57			152	(76)					15				(148)		0
Intereses Por Cobrar																	
Vehículos	500																500
																	2.926
Gastos																	
Costo De Venta			150				200	(100)									250
Gastos Administración											80	200					280
Gasto Depreciación														40			40
Gasto Intereses										35							35
Gastos Impto. Renta																62	62
Total																	3.594
Pasivos																	
Depreciación Acumu.														40			40
Proveedores		357			952	(476)											833
Cuentas Por Pagar											95	200					295
Iva Por Pagar															13		13
Intereses Por Pagar										35							35
Préstamo Bancario										350							350
Arr. Rec. Anticipado									50								50
Provisión Impto. Renta																62	62
Iva Débito			95				133	(67)							(161)		0
																	1.678
Patrimonio																	
Capital	1.000																1.000
Utilidades Retenidas																	
Utilidad Del Ejercicio																	
Ingresos																	
Ventas			500				700	(350)									850
Intereses Ganado													15				15
Arriendo Ganado									50						15		50
Total																	3.594

Libro Diario "Continua" Período 1

N°	Cuentas		Clase	Debe	Haber
1					
	Caja		Activo	500	
	Vehículo		Activo	500	
		Capital	Patrimonio		1.000
	Glosa Aporte de los dueños				
2					
	Mercadería		Activo	300	
	IVA Crédito		Activo	57	
		Proveedores	Pasivo		357
	Glosa Compra de mercadería al crédito				
3					
	Costo de venta		Gasto	150	
		Mercadería	Activo		150
	Clientes		Activo	595	
		IVA Débito	Pasivo		95
		Venta	Ingreso		500
	Glosa Venta de mercadería al crédito				
4					
	DAP		Activo	200	
		Caja	Activo		200
	Glosa Apertura de depósito a plazo				
5					
	Mercadería		Activo	800	
	IVA Crédito		Activo	152	
		Proveedores	Pasivo		952
	Glosa Compra de mercadería al crédito				
6					
	Proveedores		Pasivo	476	
		Mercadería	Activo		400
		IVA Crédito	Activo		76
	Glosa Se devuelve 50 % de mercadería				
7					
	Costo de Venta		Gasto	200	
		Mercadería	Activo		200
	Clientes		Activo	833	
		IVA Débito	Pasivo		133
		Venta	Ingreso		700
	Glosa Venta de mercadería al crédito				
8					
	Mercadería		Activo	100	
		Costo de Venta	Gasto		100
	IVA Débito		Pasivo	67	
	Venta		Ingreso	350	
		Clientes	Activo		417
	Glosa Devolución de venta 50 %				

9					
	Caja		Activo	100	
		Arriendo Ganado	Ingreso		50
		Arr. Recib. x Antic.	Pasivo		50
	Glosa Arriendo pagado anticipado (Vehículo)				
10					
	Caja		Activo	350	
		Prestamo Bancario	Activo		350
	Gasto interés		Gasto	35	
		Interés por pagar	Pasivo		35
	Glosa Crédito bancario 10 % por periodo				
11					
	Gasto de Administración		Gasto	80	
	IVA Crédito		Activo	15	
		Cuentas por pagar	Pasivo		95
	Glosa Cuentas de consumo básico				
12					
	Gasto de administración		Gasto	200	
		Cuentas por pagar	Pasivo		200
	Glosa Gasto de administración				
13					
	DAP		Activo	15	
		Interés ganado	Ingreso		15
	Glosa DAP ha generado intereses				
14					
	Gasto depreciación		Gasto	40	
		Deprec. acumulada	Pasivo		40
	Glosa Depreciación vehículo				
15					
	IVA Débito		Pasivo	161	
		IVA Crédito	Activo		148
		IVA por pagar	Pasivo		13
	Glosa Liquidación de IVA				
16					
	Gasto Impuesto rrenta		Gasto	62	
		Provis. Impto. Rta.	Pasivo		62
	Glosa Impuesto a la renta				
	Total			6.338	6.338

Libro Mayor "Continua" Período 1

Nota: igual que en el ejercicio de Arco período 2 resuelto en el punto 1.4) anterior, sugerimos al estudiante que identifique las cifras del mayor con el número de transacción que le corresponde. Hágalo transacción por transacción. A manera de ejemplo, lo hacemos para la 1 y la 2.

Caja	
(1) 500	200
100	
350	
950	200
SD	750

Vehículo	
(1) 500	0
500	0
SD	500

Capital	
0	1.000 (1)
0	1.000
1.000	SA

Mercaderías	
(2) 300	150
800	400
100	200
1.200	750
SD	450

IVA Crédito	
(2) 57	76
152	
15	
224	76
Saldada	148

Clientes	
595	417
833	
1.428	417
SD	1.011

Proveedores	
476	357 (2)
	952
476	1.309
833	SD

Costo de venta.	
150	100
200	
350	100
SD	250

IVA por pagar	
0	13
0	13
13	SA

Gastos Administración	
80	0
200	
280	0
SD	280

Gasto por interes	
35	0
35	0
SD	35

Provisión impuesto renta	
0	62
0	62
62	SA

Cuentas por pagar	
0	95
	200
0	295
295	SA

Depreciación acumulada	
0	40
0	40
40	SA

IVA Débito	
67	95
	133
67	228
161	Saldada

Interés ganado	
0	15
0	15
15	SA

Préstamo bancario	
0	350
0	350
350	SA

Gasto impuesto renta	
62	0
62	0
SD	62

Ventas	
350	500
	700
350	1.200
850	SA

Arriendo ganado	
0	50
0	50
50	SA

Gasto depreciación	
40	0
40	0
SD	40

Depósito a plazo	
200	
15	
215	0
SD	215

Arriendo recibido poranticipado	
0	50
0	50
50	SA

Intereses por pagar	
0	35
0	35
35	SA

Balance de ocho columnas "continua" período 1

Cuentas	SUMAS		SALDOS		BALANCE		RESULTADOS	
	Débitos	Crédito	Deudor	Acreedor	Activos	Pas y Pat.	Gastos	Ingresos
Caja	950	200	750		750			
Vehículo	500	0	500		500			
Capital	0	1.000		1.000		1.000		
Mercadería	1.200	750	450		450			
IVA crédito	224	224	0	0	0	0	0	0
Proveedores	476	1.309		833		833		
Costo venta	350	100	250				250	
Clientes	1.428	417	1.011		1.011			
IVA débito	228	228		0		0		
Ventas	350	1.200		850				850
Depósito a plazo	215	0	215		215			
Arriendo ganado	0	50		50				50
Arr. recib.x antic.	0	50		50		50		
Prestamo Bancario	0	350		350		350		
Gasto interés|	35	0	35				35	
intereses por pagar	0	35		35		35		
Gasto administración	280	0	280				280	
Cuentas por pagar	0	295		295		295		
Interés ganado	0	15		15				15
Gasto depreciación	40	0	40				40	
Dep. Acumulada	0	40		40		40		
IVA por pagar	0	13		13		13		
Gasto Impto renta	62	0	62				62	
Provisión impto. renta	0	62		62		62		
Total	**6.338**	**6.338**	**3.593**	**3.593**	**2.926**	**2.678**	**667**	**915**
						248	**248**	
					2.926	**2.926**	**915**	**915**

Balance General al 31/12/Per 1
Cía. Continua
(Miles de millones de pesos)

Activo corriente	
Caja	750
Depósito a plazo	215
Clientes	1.011
Mercaderías	450
Activo no corriente	
Vehículo	500
Depreciación acumulada	-40
Total Activo	2.886

Pasivo corriente	
Provisión impuesto renta	62
Proveedores	833
Arriendo recibido por anticip.	50
IVA por pagar	13
Cuentas por pagar	295
Intereses por pagar	35
Pasivo no corriente	
Préstamo bancario	350
Patrimonio	
Capital	1.000
Utilidades retenidas	
Utilidad del ejercicio	248
Total Pasivo y Patrimonio	2.886

Estado de Resultado
Cía. Continua
Para el período 1

Ventas	850
Costo ventas	-250
Margen bruto	600
Gastos administración	-280
Gasto depreciación	-40
Resultado operacional	280
Gasto interés	-35
Arriendo ganado	50
Interés ganado	15
Resultado antes impuesto	310
Gasto Impuesto renta	-62
Utilidad de ejercicio	248

Estado de Flujo de efectivo
Cía. Continua
Para el período 1

Entradas	
Saldo inicial	500
Arriendos	100
Préstamo bancario	350
Total entradas	950

Salidas	
Inversión en DAP	200
Total egresos	200

Saldo final caja	750

Antes de comenzar el período 2, recordamos el cierre de las cuentas que en esta ocasión no haremos. Basta con tener presente que las cuentas de resultados quedaron con saldo cero y todo quedó resumido en la cuenta de Patrimonio "Utilidad del ejercicio". Al cerrar posteriormente las cuentas de Balance también quedan con saldo cero, pero estas se deben reabrir en el período siguiente pues son permanentes, esto es, sus saldos finales pasan a ser saldos iniciales en el período que sigue.

Empresa "Continua" Período 2

1. Se cancelan los gastos administrativos y los gastos por consumos básicos del período anterior.
2. Se cancela el IVA del período anterior.
3. Compra de mercaderías al crédito en $ 200 + IVA.
4. Los socios acuerdan pagar el 50 % de la Utilidad del período anterior en partes iguales. El resto se retendrá o reinvertirá en la empresa.
5. Compra de mercaderías al crédito en $ 400 + IVA.
6. Venta al crédito del 50 % de la compra anterior en $ 800 + IVA.
7. Clientes cancelan la deuda con la empresa del período anterior.
8. Se retiran $ 225 del DAP (el capital inicial más los intereses).
9. Se cancela la deuda con los proveedores contraída en el período anterior.
10. Llegan las cuentas por consumos básicos por un total de $ 100 + IVA.
11. Los gastos administrativos ascienden a $ 250 y se cancelarán a principios del próximo período.
12. Nuevo aporte dueños en partes iguales de terrenos tasados en $ 200.
13. La depreciación de los vehículos se estima en $ 40.
14. Se vende uno de los terrenos al crédito documentado en $ 60. El costo es de $ 45.
15. Se liquidan o ajustan las cuentas de IVA.
16. La tasa de Impuesto a la Renta es de 20 %.
17. Repase las transacciones de este período y los Estados financieros del período anterior por si existe algún hecho no registrado.

Hoja de trabajo "Continua" Período 2

	0	1	2	3	4	5	6	7	8	9	10	11	12	13	14	15	Total
Activos																	
Caja	750	(295)	(13)					1.011	215	(833)							
Dap	215								(215)								
Clientes	1.011						952	(1.011)									
Mercaderias	450			200		400	(200)										
Iva Crédito				38		76					19					(133)	
Intereses por Cobrar																	
Vehículos	500																
Terrenos													200		(45)		
Documentos Por Cobrar															60		
Gastos																	
Costo De Venta							200										
Gastos Administración											100	250					
Gasto Depreciación														40			
Gasto Intereses																	
Gastos Impto. Renta																	
Total A+G	2.926																
Pasivos																	
Depreciación Acumu.	40													40			
Proveedores	833			238		476				(833)							
Cuentas Por Pagar	295	(295)									119	250					
Iva Por Pagar	13		(13)													19	
Intereses Por Pagar	35																
Préstamo Bancario	350																
Arr. Rec. Anticipado	50																
Provisión Impto. Renta	62																
Iva Débito							152									(152)	
Cuentas Partic. S. Juan					62												
Cuentas Partic. S. Diego					62												
Patrimonio																	
Capital	1.000												200				
Utilidades Retenidas					124												
Utilidad Del Ejercicio	248				(248)												
Ingresos																	
Ventas							800										
Interés Ganado																	
Arriendo Ganado																	
Ganancia Extraord.															15		
Total P+PAT+I	2.926																

Nota: Debe terminar el cuadro y verificar con los estados finales que siguen.

Libro Diario "Continua" Período 2

Línea	DETALLE		CUENTA	DEBE	HABER
0					
	Caja		Activo	750	
	Depósito a plazo		Activo	215	
	Clientes		Activo	1.011	
	Mercaderías		Activo	450	
	Vehículo		Activo	500	
		Depreciación acumulada	Comp. Act.		40
		Proveedores	Pasivo		833
		Cuentas por pagar	Pasivo		295
		IVA por pagar	Pasivo		13
		Intereses por pagar	Pasivo		35
		Préstamo bancario	Pasivo		350
		Arr. Recib. por Anticipad.	Pasivo		50
		Prov. Impuesto renta	Pasivo		62
		Capital	Patrimonio		1.000
		Utilidad del ejercicio	Patrimonio		248
	GL: Asiento de apertura				
1					
	Cuentas por pagar		Pasivo	295	
		Caja	Activo		295
	GL: Pago gastos de administración y de consumos básicos				
2					
	IVA por pagar		Pasivo	13	
		Caja	Activo		13
	GL: Pago IVA período anterior				
3					
	Mercaderías		Activo	200	
	IVA Crédito		Activo	38	
		Proveedores	Pasivo		238
	GL: Compra mercaderías crédito				
4					
	Utilidad del ejercicio		Patrimonio	248	
		Cta. part. Soc. J	Comp. Pat.		62
		Cta. part. Soc. D	Comp. Pat.		62
		Utilidades retenidas	Patrimonio		124
	GL: Distribución Utilidades				
5					
	Mercaderías		Activo	400	
	IVA crédito		Activo	76	
		Proveedores	Pasivo		476
	GL: Compra Mercaderías crédito				

6					
	Clientes		Activo	952	
		Ventas	Ingreso		800
		IVA Débito	Pasivo		152
	Costo de venta			200	
		Mercaderías	Activo		200
	GL: Venta de mercaderías al crédito				
7					
	Caja		Activo	1.011	
		Clientes	Activo		1.011
	GL: Recaudación clientes periodo anterior				
8					
	Caja		Activo	215	
		DAP	Activo		215
	GL: Retiro depósito a plazo				
9					
	Proveedores		Pasivo	833	
		Caja	Activo		833
	GL: Pago aproveedores periodo anterior				
10					
	Gastos de administración			100	
	IVA Crédito		Activo	19	
		Cuentas por pagar	Pasivo		119
	GL: Devengo cuentas consumos básicos				
11					
	Gastos de administración		Gastos	250	
		Cuentas por pagar	Pasivo		250
	GL: Devengo gastos de administración				
12					
	Terrenos		Activo	200	
		Capital	Patrimonio		200
	GL: Aporte dueños en terrenos				
13					
	Gasto depreciación		Gasto	40	
		Depreciación acumulada	Comp. Act		40
	GL: Depreciación del vehículo				
14					
	Documentos por cobrar		Activo	60	
		Terrenos	Activo		45
		Ganancia extraordinaria			15
	GL: Venta de terreno				
15					
	IVA Débito			152	
		IVA Crédito	Activo		133
		IVA por pagar	Pasivo		19
	GL: Liquidación cuentas IVA				

16					
	Arriendo recibido por anticipado		Pasivo	50	
		Arriendo ganado	Ingreso		50
	GL: Devengo Ingreso por arriendo				
17					
	Gasto interés		Gasto	35	
		Intereses por pagar	Pasivo		35
	GL: Devengo interés por préstamo				
18					
	Gasto impuesto renta		Gasto	48	
		Provisión impuesto renta	Pasivo		48
	GL: Devengo impuesto renta				
Total				8.361	8.361

Libro Mayor "Continua" Período 2

Nota: igual que en el ejercicio de Arco período 2 resuelto en el punto 1.4) anterior, sugerimos al estudiante que identifique las cifras del mayor con el número de transacción que le corresponde. Hágalo transacción por transacción. A manera de ejemplo, lo hacemos para la 1 y la 2.

Caja	
(0) 750	295 (1)
1.011	13
215	833
1.976	1.141
SD	835

Depósito a plazo	
(0) 215	215
215	215
Saldada	

Clientes	
(0) 1.011	1.011
952	
1.963	1.011
SD	952

Mercaderías	
(0) 450	200
200	
400	
1.050	200
SD	850

IVA crédito	
38	133
76	
19	
133	133
Saldada	

Vehículo	
(0)500	
500	0
SD	500

Terrenos	
200	45
200	45
SD	155

Documentos por cobrar	
60	
60	0
SD	60

Costo de venta	
200	
200	0
SD	200

Gastos administración	
100	
250	
350	0
SD	350

Gasto depreciación	
40	
40	0
SD	40

Gasto interés	
35	
35	0
SD	35

Gasto impuesto renta	
48	
48	0
SD	48

Depreciación acumulada	
	40 (0)
	40
0	80
80	SA

Proveedores	
833	833 (0)
	238
	476
833	1.547
714	SA

Cuentas por pagar	
295	295 (0)
	119
	250
295	664
369	SA

IVA por pagar	
13	13 (0)
	19
13	32
19	SA

Intereses por pagar	
	35 (0)
	35
0	70
70	SA

Préstamo bancario	
	350 (0)
0	350
350	SA

Arriendo recibido por anticipado	
50	50 (0)
50	50
	Saldada

Provisión impuesto renta	
	62 (0)
	48
0	110
110	SA

IVA débito	
152	152
152	152
Saldada	

Cuenta particular socio Juan	
	62
0	62
62	SA

Cuenta particular socio Diego	
	62
0	62
62	SA

Capital	
	1.000 (0)
	200
0	1.200
1.200	SA

Utilidades retenidas	
	124
0	124
124	SA

Utilidad del ejercicio	
248	248 (0)
248	248
Saldada	

Ventas	
	800
0	800
800	SA

Arriendo ganado	
0	50
0	50
50	SA

Ganancia extraordinaria	
0	15
0	15
15	SA

Balance ocho columnas "Continua" período

Nº	Detalle de las cuentas	Débitos	Créditos	SALDOS		BALANCE GENERAL		ESTADO DE RESULTADOS	
				Deudor	Acreedor	Activo	Pasivo y Patrimonio	Gastos	Ingresos
1	Caja	1.976	1.141	835		835			
2	Depósito a plazo	215	215	0					
3	Clientes	1.963	1.011	952		952			
4	Mercaderías	1.050	200	850		850			
5	IVA crédito	133	133	0					
6	Vehículos	500	0	500		500			
7	Terrenos	200	45	155		155			
8	Documento por cobrar	60	0	60		60			
9	Costo de ventas	200	0	200				200	
10	Gasto de administración	350	0	350				350	
11	Gasto depreciación	40	0	40				40	
12	Gasto interés	35	0	35				35	
13	Gasto impuesto renta	48	0	48				48	
14	Depreciación acumulada	0	80		80		80		
15	Proveedores	833	1.547		714		714		
16	Cuentas por pagar	295	664		369		369		
17	IVA por pagar	13	32		19		19		
18	Intereses por pagar	0	70		70		70		
19	Préstamo bancario	0	350		350		350		
20	Arriendo recibido por anticipado	50	50		0				
21	Provisión impuesto renta	0	110		110		110		
22	IVA débito	152	152		0				
23	Cuenta particular socio juan	0	62		62		62		
24	Cuenta particular socio diego	0	62		62		62		
25	Capital	0	1.200		1.200		1.200		
26	Utilidades retenidas	0	124		124		124		
27	Utilidad del ejercicio	248	248		0				
28	Venta	0	800		800				800
29	Arriendo ganado	0	50		50				50
30	Ganancia extraordinaria	0	15		15				15
	Sub Total	8.361	8.361	4.025	4.025	3.352	3.160	673	865
	Utilidad del ejercicio						192	192	
	Total	8.361	8.361	4.025	4.025	3.352	3.352	865	865

Estado de resultado
Cía. Continua
Para el período 2
(Miles de millones de pesos)

Ventas	800
Costo ventas	-200
Margen bruto	600
Gastos administración	-350
Gasto depreciación	-40
Resultado operacional	210
Gasto interés	-35
Arriendo ganado	50
Ganancia extraordinaria	15
Resultado antes de impuesto	240
Impuesto renta	-48
Utilidad del ejercicio	192

Balance General al 31/12/Per 2
Cía. Continua
(Miles de millones de pesos)

Activo corriente		**Pasivo corriente**	
Caja	835	Proveedores	714
Clientes	952	Cuenta por pagar	369
Mercaderías	850	IVA por pagar	19
Documento por cobrar	60	Intereses por pagar	70
		Provisión impuesto renta	110
		Cuenta particular socio Juan	62
		Cuenta particular socio Diego	62
Activo no corriente		**Pasivo no corriente**	
Vehículo	500	Préstamo bancario	350
Depreciación acumulada	-80		
Terreno	155		
		Patrimonio	
		Capital	1.200
		Utilidades retenidas	124
		Utilidad del ejercicio	192
Total Activo	**3.272**	**Total Pasivo y Patrimonio**	**3.272**

Estado de flujo de efectivo
Cía. Continnua
Para periodo 2

Entradas	
Saldo inicial	750
Recaudación clientes	1.011
Retiro depósito a plazo	215
Total entradas	**1.976**

Salidas	
Pago cuentas	295
Pago IVA	13
Pago proveedores	833
Total egresos	**1.141**

Saldo final caja	835

Antes de comenzar el período 3, recordamos el cierre de las cuentas que en esta ocasión no haremos. Basta con tener presente que las cuentas de resultados quedaron con saldo cero y todo quedó resumido en la cuenta de Patrimonio "Utilidad del ejercicio". Al cerrar posteriormente las cuentas de Balance también quedan con saldo cero, pero estas se deben reabrir en el período siguiente pues son permanentes, esto es, sus saldos finales pasan a ser saldos iniciales en el período que sigue.

Período 3

1. Se recauda el total del crédito otorgado a los clientes.
2. Se cancela todo el crédito de corto plazo recibido por la empresa, se incluye a los socios.
3. Ventas del período al crédito en $ 1.000 + IVA. El costo de la mercadería vendida es de $ 250.
4. Se retiene toda la Utilidad del trimestre anterior.
5. Se venden los vehículos en $ 335 al crédito documentado.
6. Se toma un DAP por $ 110 en dólares que genera una pérdida de $ 5 por baja en el precio del dólar.
7. Los gastos de administración del período ascienden a un monto de $ 200. Quedan pendiente de pago.
8. Interés por préstamo bancario: $ 30. Se devenga.
9. Tasa de Impuesto a la Renta: 20 %. Se provisiona.

Hoja de trabajo "Continua" Período 3

	0	1	2	3	4	5	6	7	8	9	10
Activos											
Caja	835	1.012	(1.406)				(110)				331
Dap							105				105
Clientes	952	(952)		1.190							1.190
Mercaderías	850			(250)							600
Iva crédito											
Vehículo	500					(500)					0
Terrenos	155										155
Documentos x cobrar	60	(60)				335					335
Gastos											
Costo de venta				250							250
Gastos administr								200			200
Gasto depreciación											0
Gasto interes									30		30
Gasto impto. renta										86	86
Përdida extraordinaria						85	5				90
Total A+G	3.352										3.372
Pasivos											
Deprec. acumulada.	80					(80)					0
Proveedores	714		(714)								0
Cuentas por pagar	369		(369)					200			200
Iva por pagar	19		(19)								0
Intereses x pagar	70		(70)						30		30
Préstamo bancario	350										350
Arr. rec. antic.											
Provision impto. renta	110		(110)							86	86
Iva débito				190							190
Cuenta partic. S. Juan	62		(62)								0
Cuenta partic. S. Diego	62		(62)								0
Patrimonio											
Capital	1.200										1.200
Utilidades retenidas	124				192						316
Utilidad del ejercicio	192				(192)						0
Ingresos											
Ventas				1.000							1.000
Arriendo ganado											
Ganancia extraordinaria											
Total P+Pat+I	3.352										3.372

Libro Diario "Continua" Período 3

Línea	Detalle		Cuenta	Debe	Haber
0					
	Caja			835	
	Clientes			952	
	Mercaderías			850	
	Vehículos			500	
	Terrenos			155	
	Documentos por cobrar			60	
		Depreciación acumulada			80
		Proveedores			714
		Cuentas por pagar			369
		IVA por pagar			19
		Intereses por pagar			70
		Préstamo bancario			350
		Provisión impuesto renta			110
		Cuenta particular Socio Juan			62
		Cuenta particular socio Diego			62
		Capital			1.200
		Utilidades retenidas			124
		Utilidad del ejercicio			192
	GL: asiento de apertura				
1					
	Caja			1.012	
		Clientes			952
		Documentos por cobrar			60
	GL: Recaudación clientes y documentos				
2					
	Proveedores			714	
	Cuentas por pagar			369	
	IVA por pagar			19	
	Intereses por pagar			70	
	Provisión impuesto renta			110	
	Cuenta particular socio Juan			62	
	Cuenta particular socio			62	
		Caja			1.406
	GL: Cancelación deudas de corto plazo				
3					
	Clientes			1.190	
		Ventas			1.000
		IVA débito			190
	Costo de venta			250	
		Mercaderías			250
	GL: Venta de mercaderías al crédito				

4					
	Utilidad del ejercicio			192	
		Utilidades retenidas			192
	GL: Retención de Utilidades				
5					
	Documentos por cobrar			335	
	Depreciación acumulada			80	
	Pérdida extraordinaria			85	
		Vehículo			500
	GL: Venta de vehículo				
6					
	DAP			105	
	Pérdida extraordinaria			5	
		Caja			110
	GL: Inversión en dap y pérdida				
7					
	Gastos de administración			200	
		zCuentas por pagar			200
	GL: Devengo gastos de administración				
8					
	Gasto interés			30	
		Int. por pagar			30
	GL: Devengo gastos de intereses				
9					
	Gasto impuesto renta			86	
		Provisión impuesto renta			86
	GL: Devengo impuesto			8.328	8.328

Libro Mayor "Continua" Período 3

Caja	
835	1.406
1.012	110
1.847	1.516
SD	331

Depósito a plazo	
105	
105	0
SD	105

Clientes	
952	952
1.190	
2.142	952
SD	1.190

Mercaderías	
850	250
850	250
SD	600

IVA crédito	

Vehículos	
500	500
500	500
Saldada	

Terrenos	
155	
155	0
SD	165

Documentos por cobrar	
60	60
335	
395	60
SD	335

Costo de venta	
250	
250	0
SD	250

Gastos administración	
200	
200	0
SD	200

Pérdida extraordinaria	
85	
5	
90	0
SD	90

Gasto interés	
30	
30	0
SD	30

Gasto impuesto renta	
86	
86	0
SD	86

Depreciación acumulada	
80	80
80	80
Saldada	

Proveedores	
714	714
714	714
Saldada	

Cuentas por pagar	
369	369
	200
369	569
200	SA

IVA por pagar	
19	19
19	19
Saldada	

Interés por pagar	
70	70
	30
70	100
30	SA

Préstamo bancario	
	350
0	350
350	SA

Arriendo recibido anticipadamente	

Provisión impuesto renta	
110	110
	86
110	196
86	SA

IVA débito	
	190
0	190
190	SA

Cuenta particular socio Juan	
62	62
62	62
Saldada	

Cuenta particular socio Diego	
62	62
62	62
Saldada	

Capital	
	1.200
0	1.200
1.200	SA

Utilidades retenidas	
	124
	192
0	316
316	SA

Utilidad del ejercicio	
192	192
192	192
Saldada	

Ventas	
	1.000
0	1.000
1.000	SA

Balance ocho columnas "Continua" período 3

Nº	Detalle de las cuentas	Débitos	Créditos	SALDOS		BALANCE GENERAL		ESTADO DE RESULTADOS	
				Deudor	Acreedor	Activo	Pasivo y Patrimonio	Gastos	Ingresos
1	Caja	1.847	1.516	331		331			
2	Depósito a plazo	105	0	105		105			
3	Clientes	2.142	952	1.190		1.190			
4	Mercaderías	850	250	600		600			
5	IVA crédito								
6	Vehículos	500	500						
7	Terrenos	155	0	155		155			
8	Documento por cobrar	395	60	335		335			
9	Costo de ventas	250	0	250				250	
10	Gasto de administración	200	0	200				200	
11	Pérdida extraordinaria	90	0	90				90	
12	Gasto interés	30	0	30				30	
13	Gasto impuesto renta	86	0	86				86	
14	Depreciación acumulada	80	80						
15	Proveedores	714	714						
16	Cuentas por pagar	369	569		200		200		
17	IVA por pagar	19	19						
18	Interés por pagar	70	100		30		30		
19	Préstamo bancario	0	350		350		350		
20	Arriendo recibido anticipadamente								
21	Provisión impuesto renta	110	196		86		86		
22	IVA débito	0	190		190		190		
23	Cuenta particular socio juan	62	62						
24	Cuenta particular socio diego	62	62						
25	Capital	0	1.200		1.200		1.200		
26	Utilidades retenidas	0	316		316		316		
27	Utilidad del ejercicio	192	192						
28	Venta	0	1.000		1.000				1.000
29	Arriendo ganado								
30	Ganancia extraordinaria								
	Sub total	8.328	8.328	3.372	3.372	2.716	2.372	656	1.000
	Utilidad del ejercicio						344	344	
	Total	8.328	8.328	3.372	3.372	2.716	2.716	1.000	1.000

Estado de Resultado
Cía. Continua
Para el período 3
(Miles de millones de pesos)

Ventas	1.000
Costo ventas	(250)
Margen bruto	750
Gastos administración	(200)
Gasto depreciación	
Resultado operacional	550
Gasto interés	(30)
Pérdida extraord.	(90)
Interés ganado	
Resultado antes impuesto	430
Impuesto renta	(86)
Utilidad del ejercicio	344

Balance general al 31/12 período 3
Cía. Continua
(Miles de millones de Pesos)

Activo corriente	
Caja	331
Depósito a plazo	105
Clientes	1.190
Mercaderías	600
Documentos por cobrar	335
Activo no corriente	
Terreno	155
Total Activo	**2.716**

Pasivo corriente	
Provisión impuesto renta	86
Proveedores	
Arriendo recibido anticipad.	
IVA débito	190
Cuentas por pagar	200
Intereses por pagar	30
Pasivo no corriente	
Préstamo bancario	350
Patrimonio	
Capital	1.200
Utilidades retenidas	316
Utilidad del ejercicio	344
Total Pasivo y Patrimonio	**2.716**

Estado de Flujo de Efectivo
Cía. Continua Para el período 3

Entradas	
Saldo inicial	835
Recaudación clientes período anterior	1.012
Total entradas	**1.847**

Salidas	
Pago deudas per. ant.	1.406
Inversión en DAP	110
Total egresos	**1.516**

Saldo final caja	331

Ejercicio resuelto con Hoja de trabajo de ajuste

La empresa de aerolíneas debe preparar la información definitiva al 30 de junio con los saldos antes de ajustes que se dan en la hoja de trabajo, más la siguiente información:
1) El arriendo consumido durante el primer semestre fue de $ 3.000 mensuales.
2) El gasto de seguros del período ascendió $ 3.900.
3) El primero de junio se pagó anticipadamente el servicio de tres meses de mantenimiento. Se consumió un tercio.
4) Los repuestos utilizados para el trabajo de mantenimiento costaron $ 3.750 para el período.
5) De acuerdo a los vuelos realizados corresponde una depreciación de $ 20.950.
6) Se entregó durante el período servicios de transporte por $ 12.000 de los pasajes vendidos.
7) Los sueldos del mes pendientes de pago ascienden a $ 3.500.
8) El disponible incluye depósitos a plazo que generaron intereses no contabilizados por $ 4.000.

Aerolíneas Trasandinas Limitada
Pre-balance al 30 de junio de 2000

Cuentas	Saldo Deudor	Saldo Acreedor	Ajustes		Balance		Estado de Resultados	
			Debe	Haber	Activo	Pasivo	Gastos	Ingresos
Diponible	190.500							
Arriendos vigentes	54.000							
Seguros vigentes	46.800							
Mantenimiento no devengado	22.500							
Repuestos	57.000							
Aeronaves	810.000							
Depreciación acumulada aeronaves	–	76.950						
Ingresos anticipados por transporte de pasajeros	–	60.000						
Remuneraciones por pagar								
Capital, Juan Morgan	–	977.760						
Cuenta particular, Juan Morgan	12.000							
Ingresos por transporte de pasajeros		183.990						
Consumo de combustible	13.700							
Remuneraciones	86.700							
Repuestos consumidos								
Mantenimiento realizado								
Servicios publicitarios consumidos	5.500							
Arriendos consumidos								
Seguros consumidos								
Depreciación								
Intereses ganados								
	1.298.700	1.298.700						
Utilidad Ejercicio								

Solución

Saldos Pre-balance al 30 de junio de 2000	Saldo Deudor	Saldo Acreedor	Ajustes		Balance		Estado de Resultados	
Cuentas			**Debe**	**Haber**	**Activo**	**Pasivo**	**Gastos**	**Ingresos**
Diponible	190.500		–	–	190.500	–		
Arriendos vigentes	54.000		–	18.000	36.000	–		
Seguros vigentes	46.800		–	3.900	42.900	–		
Mantenimiento no devengado	22.500		–	7.500	15.000	–		
Repuestos	57.000		–	3.750	53.250	–		
Aeronaves	810.000		–	–	810.000	–		
Depreciación acumulada aeronaves	–	76.950	–	20.950	–	97.900		
Ingresos anticipados por transporte de pasajeros	–	60.000	12.000	–	–	48.000		
Remuneraciones por pagar			–	3.300	–	3.300		
Capital, Juan Morgan	–	977.760	–	–	–	977.760		
Cuenta particular, Juan Morgan	12.000		–	–	12.000	–		
Ingresos por transporte de pasajeros		183.990	–	12.000			–	195.990
Consumo de combustible	13.700		–	–			13.700	
Remuneraciones	86.700		3.300	–			90.000	
Repuestos consumidos			3.750	–			3.750	
Mantenimiento realizado			7.500	–			7.500	
Depreciación			20.950	–			20.950	
Servicios publicitarios consumidos	5.500		–	–			5.500	
Arriendos consumidos			18.000	–			18.000	
Seguros consumidos			3.900	–			3.900	
Intereses por cobrar			4.000		4.000			
Intereses ganados				4.000				4.000
Sub Total	1.298.700	1.298.700	73.400	73.400	1.163.650	1.126.960	163.300	199.990
Utilidad Ejercicio (Pérdidas del Ejercicio						36.690	36.690	
Totales iguales					1.163.650	1.163.650	199.990	199.990

CAPÍTULO III

Contabilizaciones y temas especiales

1. Remuneraciones

Nota: aunque en este apartado no están los datos actualizados, esto no afecta los procedimientos de cálculo general y de confección de una liquidación de sueldo.

1.1. Introducción

El concepto de remuneraciones se usa para designar a la retribución económica que recibe el trabajador a cambio de sus servicios personales, prestados a otra persona o empresa.

El Código del trabajo, Ley N° 18.620 y sus modificaciones, norman las relaciones laborales en Chile. En sus 482 artículos más las modificaciones, dan un marco de referencia para las relaciones laborales.

En el Artículo N° 7 del Código del Trabajo se define: "Contrato individual de trabajo es una convención por la cual el empleador y el trabajador se obligan recíprocamente, este a prestar servicios personales bajo dependencia y subordinación del primero, y aquel a pagar por estos servicios una remuneración determinada".

Se desprende de esta definición que existen dos tipos de trabajadores:

a) Dependientes.
b) Independientes.

1.2. Remuneración de trabajadores independientes

Definición de trabajadores independientes

Son trabajadores independientes los que prestan servicios técnicos o profesionales a las empresas o personas, sin formar parte de su "nómina" y no tienen subordinación laboral, ni cumplen con horarios predeterminados de trabajo.

La remuneración de trabajadores independientes es conocida con el nombre de "Honorarios", los cuales constituyen el todo de la Remuneración.

Contrato de honorarios

El contrato de prestación de servicios por el cual el empleador y un trabajador se comprometen a la realización de un trabajo determinado, que es en esencia intelectual. El contratante se compromete a pagar este servicio a un precio predeterminado por ambos.

Este contrato de prestación de servicios no involucra una relación laboral con vínculo de subordinación y dependencia, lo que se traduce que queda fuera de la regulación de la legislación laboral.

Los honorarios están sujetos a la retención del 10 % de acuerdo a lo dispuesto en el Artículo Nº 84 letra b) de la Ley de la Renta (DL Nº 824), en calidad de Pagos Provisionales Mensuales.

Documentación y registros

El profesional que perciba Ingresos lucrativos provenientes del ejercicio profesional, deberá emitir a la empresa o empleador una "Boleta de Honorarios", en la cual debe establecerse el valor de los servicios prestados, la retención del Impuesto a la renta y el Valor Líquido.

A continuación, se presenta un modelo usual de "Boleta a honorarios".

NOMBRE DEL PROFESIONAL
PROFESIÓN
R.U.T.
DIRECCIÓN COMPLETA
CIUDAD

BOLETA DE HONORARIOS
ORIGINAL - CLIENTE

Nº 000

______________, ___ de ________ de ___

Señor (es) ______________________________
Dirección ______________________________
Ciudad ________________ R.U.T.: ______________

Por atención profesional:

______________________________	$ __________
______________________________	__________
______________________________	__________
______________________________	__________
	__________
Total Neto	$ __________
(-) 10% Retención	$ __________
Total Líquido	$ __________

____
Firma

La empresa deberá llevar un "Libro de Retenciones", en el cual registrará todas las Boletas de Honorarios, y el que se centralizará mensualmente. Este registro deberá cumplir con los requisitos de los "Libros de Contabilidad" obligados por el Código de Comercio y el Servicio de Impuestos Internos.

Un diseño estándar de este registro se muestra a continuación:

RAZÓN SOCIAL
RUT

FOLIO Nº __

LIBRO DE RETENCIONES

Nº	FECHA	NOMBRE DEL PROFESIONAL	RUT	VALOR PRESTACIÓN	IMPTO. RETENIDO	VALOR A PAGAR
TOTALES						

La empresa debe depositar en arcas fiscales el impuesto retenido por honorarios. El pago se hace mediante el formulario Nº 29 – Declaración mensual y Pago simultáneo de Impuestos, este impuesto se declara y paga antes del 12 del mes siguiente, al que se refieren los impuestos.

Además, la empresa debe emitir los certificados de retención de impuestos y enviarlos a los profesionales, anualmente. Asimismo, debe declarar y presentar al Servicio de Impuestos Internos el formulario Nº 1879, indicando los impuestos retenidos sobre las rentas del Artículo Nº 42, Nº 2 (Honorarios y otros). Este formulario debe presentarse anualmente en las fechas que indique el S.I.I.

Contabilización de los honorarios

Las contabilizaciones que proceden para este tipo de transacciones se ilustrarán en el siguiente ejemplo:

La Sociedad de responsabilidad limitada "XX", contrata al Sr. Juan López Romo, RUT: 6.443.942-1, Contador Auditor, para que realice un estudio de costos del proceso productivo.

El sr. López entregará un informe de su trabajo con fecha 12 de julio y sus honorarios ascienden a $ 400.000, los que se pagarán en el mismo mes, previa aprobación del informe por el gerente general.

Con fecha 20 de julio, El gerente aprueba el informe y autoriza el pago de honorarios.

a) La primera contabilización que procede es por la obligación que contrae la empresa el 12 de julio por la prestación de Servicios, y además la retención del impuesto.

12/07/x1 __________ N1 ____________	
Asesoría Contable (Honorarios)	400.000
Impuesto Ret. por pagar	40.000
Honorarios por pagar	360.000
Por la obligación y retención del impuesto, según Boleta Nº 0X1 del Sr. Juan López Romo.	

b) El segundo hecho económico ocurre con el pago de la prestación al trabajador o asesor.

20/07/x1 ________ N2 ________	
Honorarios por pagar	360.000
Banco	360.000
Por el pago de honorarios según cheque Nº 00N1 del Banco NN a la orden del Sr. Juan López Romo.	

c) Por último, debe pagarse al fisco el impuesto retenido, para lo cual se confecciona el formulario Nº 29, antes descrito y se paga el impuesto retenido antes del 12 de agosto del mismo año.

El giro del cheque para el pago de este impuesto da origen a la siguiente contabilización:

12/08/x1 ________ N3 ________	
Impuesto Ret. por pagar	40.000
Banco	40.000
Por el pago del impuesto retenido, Giro cheque Nº 00x0 del Banco NN A la orden de Tesorería General de la República.	

1.3. Remuneración de trabajadores dependientes

Son trabajadores dependientes los que prestan sus servicios personales bajo dependencia y subordinación del empleador y están regidos por un Contrato de Trabajo.

Contrato de trabajo

El contrato de trabajo es un acuerdo entre dos o más partes para prestar un servicio y ser pagado por este.

En el artículo Nº 7 del Código del Trabajo se señala: "Contrato individual de trabajo es una convención por la cual el empleador y el trabajador se obligan recíprocamente, este a prestar servicios personales bajo dependencia y subordinación del primero y aquél a pagar por estos servicios una remuneración determinada".

De esta definición podemos concluir lo siguiente:

Empleador es una persona natural o jurídica, que utiliza los servicios intelectuales o materiales de una o más personas.

Trabajador es toda persona natural que presta servicios personales, intelectuales o materiales bajo dependencia o subordinación.

Existe una *relación laboral*, por la cual el trabajador está obligado a desempeñar una labor y el empleador a pagar por esta.

La característica más importante de un contrato de trabajo es la *subordinación y dependencia*, ya que esta determina la existencia o no del contrato de trabajo.

Por lo anterior podemos concluir que los requisitos básicos para que exista una relación laboral son:

a) La existencia de dos partes ligadas por un vínculo.
b) Este vínculo debe ser la subordinación y dependencia.
c) La prestación de servicios debe ser remunerada.

Debemos acotar además que, de acuerdo a la legislación laboral, los derechos de los trabajadores son irrenunciables, mientras subsista un contrato de trabajo.

Los contratos de Trabajo los podemos clasificar de la siguiente manera:

a. Individual o colectivo

Contrato de trabajo individual es el que se celebra entre un empleador y un trabajador, en cambio el colectivo es aquel que se celebra entre uno o más empleadores con una o más organizaciones sindicales o con trabajadores que se unen para negociar colectivamente.

b. Indefinido y a plazo fijo

Contrato de trabajo indefinido es aquel que no se especifica su término. También se presume indefinido el contrato de un trabajador que prestare servicios discontinuos, en virtud de dos o más contratos a plazo fijo durante 12 meses o más, en un período de 15 meses, contados desde la primera contratación. El contrato a plazo fijo es aquel que establece su duración, la restricción de este contrato es que no puede pactarse por más de un año y, si el trabajador continuare prestando servicios con conocimiento del empleador, el contrato pasa a ser indefinido.

Es importante mencionar además que el 85 % de los trabajadores que sirvan a un mismo empleador deben tener la nacionalidad chilena, exceptuando a aquellas empresas que no ocupan más de 25 trabajadores.

ADMINISTRADORAS DE FONDOS DE CESANTÍA			
AFC CHILE			
Contratos	**Empleador**	**Trabajador**	**Total**
Indefinidos	2,4%	0,6%	3,0%
Plazo Fijo	3,0%	0,0%	3,0%

Cada trabajador dependiente regido por el Código del Trabajo, tendrá una cuenta individual, donde tanto él como su empleador deberán cotizar mensualmente una fracción o porcentaje de su remuneración.

Al momento de quedar cesante, el trabajador podrá retirar los recursos acumulados en su cuenta individual y, de ser necesario, recurrir a un Fondo Solidario, el cual será constituido con parte de los aportes de los empleadores y con aportes del Estado.

Mediante el Seguro de Cesantía, las personas que quedan cesantes mantendrán algún nivel de Ingreso, facilitando además la situación de aquellas personas que renuncian en búsqueda de nuevos puestos de trabajo.

El Seguro de Cesantía tiene por fin proporcionar beneficios monetarios a todos los trabajadores afiliados en caso de cesantía, mediante la combinación de cuentas individuales en un fondo solidario.

En su financiamiento colaboran los trabajadores, las empresas y el Estado, y sus beneficios son complementarios a otros beneficios sociales.

a) Descuentos por impuestos

La Ley de Impuesto a la Renta – DL – 824, se refiere a las rentas del trabajo en el artículo N° 42, señalando: “Se aplicará, calculará y cobrará un impuesto en conformidad al Artículo N° 43 sobre las siguientes rentas:

1° Sueldos, sobresueldos, salarios, premios, dietas, gratificaciones, participaciones y cualesquiera otras asimilaciones y asignaciones que aumenten la remuneración pagada por los servicios personales, montepíos y pensiones, exceptuadas las imposiciones obligatorias que se destinen a la formación de fondos de previsión y retiro, y las cantidades percibidas por concepto de gastos de representación”.

Queda exceptuadas además de este impuesto las rentas estipuladas en el Art. N° 17 de la misma ley, que entre otras menciona:

- Asignaciones familiares.
- Asignaciones de movilización y colación, siempre que el monto sea razonable a juicio del Director Regional del Servicio de Impuestos Internos.
- Traslación y viáticos.
- Gastos de representación.
- Gratificaciones de Zona, establecidas o pagadas en virtud de una ley, etc.

El impuesto que grava a las remuneraciones se determina de acuerdo al Artículo N° 43 de la Ley de la Renta y tiene el carácter de Impuesto Único y se determinará de acuerdo a la siguiente tabla:

Tabla de impuesto único a los trabajadores

Renta imponible mensual		Factor	Cantidad a rebajar
Desde	Hasta		
0 UTM	13,5 UTM	Exento	–,–
10 UTM	30 UTM	0,05	0,675 UTM
30 UTM	50 UTM	0,10	2,175 UTM
50 UTM	70 UTM	0,15	4,675 UTM
70 UTM	90 UTM	0,25	11,675 UTM
90 UTM	120 UTM	0,32	17,675 UTM
120 UTM	150 UTM	0,37	23,975 UTM
150 UTM	y más	0,40	28,475 UTM
El valor de la Unidad Tributaria Mensuual (UTM) será el que fija el Servicio de Impuestos Internos para el mes en el que se pagan las remuneraciones.			

El impuesto determinado se pagará a la Tesorería General de la república, antes el día 12 del mes siguiente al que efectuó la retención, mediante el Formulario N° 29.

b) Descuentos judiciales

Los descuentos judiciales corresponden a la retención de una parte de la remuneración del trabajador, ordenada por un juez en cumplimiento a fallos en beneficio del cónyuge, hijos y ascendientes directos del trabajador.

En todo caso estos descuentos no podrán superar el 50 % de la remuneración líquida del trabajador y deberán ser depositadas por el empleador en el lugar y plazo que el tribunal disponga.

Descuentos voluntarios

Los descuentos voluntarios, son los que el trabajador autoriza voluntariamente, como por ejemplo: cuotas sindicales, cuotas para clubes sociales o deportivos, descuento de cuotas de préstamos que la empresa u otra institución le haya otorgado, descuento de los anticipos de remuneración que el trabajador haya solicitado, cuotas de ahorro, etc.

Sin embargo, estos descuentos no podrán exceder del 30 % de la remuneración total del trabajador y en casos muy especiales y expresamente autorizadas por el trabajador, el empleador podrá deducir además un 15 % de la remuneración total.

- *Remuneración líquida*

Consiste en la diferencia entre los Haberes y los Descuentos. Este valor debe ser informado al trabajador mediante una liquidación de remuneraciones, y ser pagado en moneda en curso legal en las fechas convenidas de acuerdo al contrato de trabajo, que en ningún caso podrá exceder de un mes.

En p. 218, se presenta un Modelo de Liquidación de remuneraciones:

- *Ley de accidentes del trabajo*

El empleador deberá pagar, con respecto a las remuneraciones pagadas, además una cotización establecida en la Ley Nº 16.744 de 1968, conocida como Ley de accidentes del trabajo, con el objeto de cubrir los riesgos de accidentes del trabajo y enfermedades profesionales.

La tasa de cotización básica es de 0,95 %, que se calcula sobre la remuneración del trabajador y varía de acuerdo al "riesgo teórico o presunto" en función de la actividad económica de la empresa, de este modo la cotización puede variar en 1,70 %, 2,55 % o 3,4 %. El Decreto Nº 67 determina que después del segundo año de operaciones de la empresa, la cotización aumenta en base del "riesgo efectivo", en un rango entre 0 % y 6,8 %.

Estos valores son conocidos como "Leyes Sociales" y al igual que los descuentos previsionales el empleador deberá pagarlos antes del día 10 del mes siguiente al pago de las remuneraciones a las Mutuales o Asociaciones de Seguridad en que se encuentre afiliado.

Modelo de Liquidación de remuneraciones

Nombre o Razón Social de la Empresa

LIQUIDACIÓN DE REMUNERACIONES

Mes de:

Nombre de trabajador:			
RUT:			
Nº Días Trabajados: (Base 30 días)			
Nº días hábiles trabajados			
HABERES			
Remuneración base		$	
Gratificación		$	
Horas extraordinarias	Nº	$	
Asignaciones		$	
Premios/Bonos		$	
Otros haberes		$	
TOTAL HABERES IMPONIBLES			$
Asignación de colación		$	
Asignación de movilización		$	
Asignación Familiar	Nº Cargas	$	$
TOTAL HABERES			$
DESCUENTOS			
10% Fondo de Pensiones AFP:		$	
Seguro Invalidez y sobrevivencia		$	
Fondo de Salud – ISAPRE		$	
Seguro de cesantía		$	
Impuesto Único		$	$
OTROS DESCUENTOS			
Cuotas		$	
Préstamos		$	
Otros descuentos		$	
Anticipos de remuneración		$	$
REMUNERACIÓN LÍQUIDA			$

En letras:

He recibido conforme:

Firma del Trabajador

- *Costo para la empresa*

El costo para la empresa estará constituido por el total de haberes consignados en el contrato de trabajo y liquidados en la Remuneración, con excepción de las Asignaciones familiares, las cuales son pagadas por el estado y deben descontarse de las imposiciones que el empleador pague en las Cajas de previsión (INP).

- *Contabilizaciones y registros*

Toda empresa que tenga en su nómina más de cinco trabajadores debe registrar las remuneraciones en el "Libro de Remuneraciones" el que tendrá el carácter de "Registro auxiliar" y por lo tanto debe timbrarse ante el Servicio de Impuestos Internos (SII).

En dicho libro debe individualizarse a cada trabajador y anotarse los Haberes, Descuentos y la Remuneración Líquida del Trabajador.

Este registro debe totalizarse mensualmente y centralizado en el Libro Diario.

A continuación, se muestra un modelo de "Libro Auxiliar de Remuneraciones".

Libro Auxiliar de remuneraciones

Razón Social de la Empresa

Folio Nº ------

Libro de remuneraciones

Mes: de

Nombre del trabajador	R.U.T.	HABERES								
		Rem. Base	Hrs. Extraord	Asignaciones	Otros	Total Hab. Imponibles	Otras Asignaciones	Asig. Familiar Otros	Total Hab. No Imponibles	Total Haberes
				Antigüedad Premios Aguinaldos			Colación Movilización			

DESCUENTOS										
A.F.P.										
Nombre AFP	Fondo Pensiones	Seguro Invalidez	Fondo de Salud	Total Desctos. Previsionales	Base Imp. Impuesto	Impuesto único	Descuentos varios	Anticipos Remuneración	Total descuentos	Líquido a pagar
	10% sobre Remunerac. Imponible	% cotización Remunerac. Imponible	7% sobre Remunerac. Imponible			Impuesto según Tabla	Cotización adicinal Salud			
							Préstamos Cuotas Bienestar Cuotas Sindicales			

A continuación, presentamos el asiento tipo correspondiente a una liquidación de remuneraciones, la cual es similar a la que proviene de la centralización del libro de remuneraciones:

dd/mm/aa_____________ Nº _______________	
Remuneración	**Remuneración base**
Otras remuneraciones (Gratificación, horas extras)	
Asignaciones imponibles	
Asignación colación y movilización	
Entidades de previsión por pagar	(Asignaciones familiares)
Entidades de previsión por pagar	(AFP-Isapre-Fonasa-INP)
Impuesto único por pagar	(Impuesto único trabajadores)
Cuotas sociales por pagar	(Cuotas sociales, sindicatos, etc.)
Cuenta corriente del personal	(Anticipos personal, préstamos, etc.)
Retenciones judiciales por pagar	(Retenciones judiciales)
Remuneraciones por pagar	(Remuneración líquida)
Glosa: Por las remuneraciones del mes de MM	

dd/mm/aa_____________ Nº _______________	
Leyes sociales	(Ley de Actos. del trabajo)
Entidades de previsión por pagar	
Glosa: Por la cotización de la ley de accidentes del trabajo.	(Gratificación, Horas Extras)

Cuando ocurre el pago de la remuneración al trabajador y de los descuentos varios:

dd/mm/aa_____________ Nº _______________	
Remuneraciones por pagar	(Remuneración líquida)
Banco/Caja	
Glosa: Por el pago de las remuneraciones	

Antes del Día 10 del mes siguiente al que se pagaron las remuneraciones, debe emitirse el pago de las Entidades de Previsión:

dd/mm/aa_____________ Nº _______________	
Entidades de previsión por pagar	
Banco/Caja	
Glosa: Por el pago de AFP, Isapre, Fonasa, INP, etc.)	

Antes del día 12 se debe pagar a Tesorería General de la República el impuesto único retenido:

dd/mm/aa____________ Nº ______________	
Impuesto único por pagar	
Banco/Caja	
GL: Por el pago del impuesto único retenido.	

Lo anteriormente expuesto se ejemplifica a continuación:

Ejemplo N° 1:

La empresa "El Pituto" tiene en su nómina, con contrato a plazo indefinido, al siguiente		
trabajador	:	
Nombre del trabajador	:	Antonio Bravo Cárdenas
Remuneración base	:	$ 650.000
Gratificación contractual	:	30 % sobre remuneración base
Nº cargas	:	3 cargas (esposa y 2 hijos menores)
Bono por cumplimiento de metas por 20 % de la remuneración base		
AFP Habitat	:	
Isapre	:	Consalud, cotización 9 %
Asig. de movilización	:	$ 12.000
Asig. de colación	:	$ 24.000

Información adicional:

a) Durante el mes de mayo se ha pagado un anticipo de remuneración de $ 120.000.

b) La empresa está asociada a la Mutual de Seguridad con una cotización básica (0,95 %).

TABLA IMPUESTO ÚNICO A LOS TRABAJADORES
Mayo de 2008

RENTA LÍQUIDA IMPONIBLE			Cantidad a
DESDE	DESDE	TASA	Rebajar
-	473.647,50	EXENTO	-
473.647,51	1.052.550,00	0,05	23.682,38
1.052.550,01	1.754.250,00	0,10	76.309,88
1.754.250,01	2.455.950,00	0,15	164.022,38
2.455.950,01	3.157.650,00	0,25	409.617,38
3.157.650,01	4.210.200,00	0,32	630.652,88
4.210.200,01	5.262.750,00	0,37	841.162,88
5.262.750,01	y más	0,40	999.045,38

INGRESO MÍNIMO MENSUAL	$ 144.000
(Desde 01-07-2007)	
GRATIFICACIÓN - TOPE MÁXIMO	
4.75 INGRESO MÍNIMO MENSUAL	$ 684.000

LEY DE ACCIDENTES DEL TRABAJO

Cotización Básica:	0,95%
Cotozación Adicional:	0.85%, 1.70 %, 2.55% , 3.40%
(Dependiendo de la evaluación del riesgo)	

CÁLCULO ABREVIADO DE HORAS EXTRAORDINARIAS

Remuneración mensual		
Factor (*1)	0,0079545	44 HORAS
Factor	0,0077777	45 HORAS
Fórmula: (*1)		
(1* (1.5 sobreprecio * (28 días/ 30 días)/4 semanas/44horas))		

ADMINISTRADORAS DE FONDOS DE PENSIONES
COTIZACIONES OBLIGATORIAS

NOMBRE AFP	PENSIÓN VEJEZ	SEGURO SOBREVIVENCIA	TOTAL
Capital	10,00%	2,64%	12,64%
Cuprum	10,00%	2,65%	12,65%
Habitat	10,00%	2,41%	12,41%
Planvital	10,00%	2,99%	12,99%
Provida	10,00%	2,59%	12,59%

Cotizacion de Salud:	Base	7,0%

ADMINISTRADORAS DE FONDOS DE CESANTÍA
AFC CHILE

CONTRATOS	EMPLEADOR	TRABAJADOR	TOTAL
Indefinidos	2,4%	0,6%	3,0%
Plazo Fijo	3,0%	0,0%	3,0%

ÍNDICES

MES	U.T.M.	U.F. (*1)
Abril	$ 34.807	$ 19.956,52
Mayo	$ 35.085	$ 20.061,03

(*1) Último día del mes
Tope Imponible 60 UF

ASIGNACIÓN FAMILIAR Y MATERNAL

Ingreso Mensual (DFL 150)		Monto por Carga
Desde	Hasta	
$ -	$ 135.124	$ 5.393
$ 135.125	$ 264.667	$ 4.223
$ 264.668	$ 412.791	$ 1.375
$ 412.792	y más	$ -

Se pide:

A. Confeccionar la Liquidación de Remuneración correspondiente al mes de mayo/2008.
B. Hacer las contabilizaciones correspondientes a la liquidación.
C. Determinar el costo de la empresa.

LIQUIDACIÓN DE REMUNERACIONES

Nombre de trabajador: Antonio Bravo Cárdenas
Mes: Mayo de 2008

HABERES			
Haberes imponibles			
Remuneración base		$	650.000
Gratificación Contractual		$	195.000
Comisiones			
Horas extraordinarias	Hrs		
Bono cumplimiento metas		$	130.000
Total Haberes Imponibles		**$**	**975.000**
Haberes no imponibles			
Asignación de colación		$	24.000
Asignación de movilización		$	12.000
Cargas Familiares	(3 Cargas)	$	–
Total haberes no imponibles		**$**	**36.000**
Total Haberes		**$**	**1.011.000**
DESCUENTOS			
Descuentos Previsionales			
Tope imponible 60 UF			
10,00%	Fondo de Pensiones	$	97.500
2,41%	Seguro Invalidez	$	23.498
7,00%	Fondo de Salud	$	68.250
0,60%	Seguro de cesantía	$	5.850
Total Descuentos Previsionales		**$**	**195.098**
Impuesto Único		**$**	**15.313**
Otros Descuentos			
Exceso Cotización Isapre	2%	$	19.500
Anticipos de remuneración		$	120.000
Total Otros descuentos		**$**	**139.500**
Total Descuentos		**$**	**349.910**
Remuneración líquida		**$**	**661.090**

COSTO EMPRESA				
Haberes imponibles			$	975.000
Haberes No imponibles			$	36.000
Cotización Seguro cesantía	2.4%		$	23.400
Cotización Accidentes del Trabajo	0,95%		$	9.263
Total			$	**1.043.663**

31-05-2008		
Remuneraciones	975.000	
Asignaciones	36.000	
AFP por Pagar		120.998
AFC por Pagar		5.850
Isapre por Pagar		87.750
Imptos. por Pagar		15.313
Cta. Cte. Personal		120.000
Remuneraciones por Pagar		661.090
Por la liquidación de remuneraciones		

31-05-2008		
Leyes Sociales	32.663	
Mutual Seg. por Pagar		23.400
AFC por Pagar		9.263
Por leyes sociales		

Anexo:

Datos actualizados para el cálculo de remuneraciones, junio-2009.

2. Inventarios o mercaderías

Las existencias de mercaderías son valores monetarios relevantes dentro del Activo de algunas empresas tales como las empresas comerciales. Las existencias de mercaderías pueden abarcar varios rubros. Entre otros: las mercaderías, las mercaderías en consignación, las materias primas, las mercaderías en tránsito.

Dada la importancia de este grupo de Activos se han ideado algunos métodos para el registro y control. De estos métodos, dos son los más conocidos: a) El método de la cuenta única, y b) El método de la permanencia de inventario.

Las anotaciones que se hacen en esta cuenta única las resumimos a continuación:

Nombre	
Inventario inicial Compras a precio de compras Fletes, embalajes y seguros Devoluciones de venta (notas de crédito) Corrección monetaria tributaria	Ventas a precio de venta Castigos a precio de compra Retiros a precio de compra Devoluciones de compra a precio de compra

2.1. Valorización de mercaderías

La existencia de mercaderías son valores monetarios relevantes dentro del Activo de algunas empresas tales como las empresas comerciales. Las existencias de mercaderías pueden abarcar varios rubros. Entre otros: las mercaderías, las mercaderías en consignación, las materias primas, las mercaderías en tránsito.

Dada la importancia de este grupo de Activos se han ideado algunos métodos para el registro y control. De estos métodos, dos son los más conocidos:

A. El método de la cuenta única.

B. El método de la permanencia de inventario.

A. El método de la cuenta única

A pesar de las limitaciones de la cuenta única de mercaderías, se le usa más de lo que se cree, eso sí con algunas modificaciones. El método de la permanencia de inventario es más exacto desde un punto de vista de registro y de control, pero es un método bastante oneroso de implementar y usar.

Este método emplea una sola cuenta para registrar las entradas y las salidas mezclando los precios de venta con los precios de compra o de costo. Mezcla así, los conceptos de Activo con los de resultado. Es una de las pocas cuentas que puede tener saldo deudor o acreedor, por eso se le dice que es una cuenta mixta. Su saldo no significa nada.

Las anotaciones que se hacen en esta cuenta única las resumimos a continuación:

Mercaderías	
Inventario inicial	Ventas a precio de venta
Compras a precio de compras	Castigos a precio de compra
Fletes, embalajes y seguros	Retiros a precio de compra
Devoluciones de venta (notas de crédito)	Devoluciones de compra a precio de compra
Corrección monetaria tributaria	

Determinación del resultado mediante fórmulas

Para obtener el Resultado económico (Utilidad o Pérdida) mediante fórmulas, es menester conocer el inventario final de mercaderías debidamente valorizado. Aplicaremos fórmulas en dos casos:

a. Si el saldo de la cuenta única "Mercadería" es deudor, el Resultado económico (Utilidad) se encuentra restando el saldo deudor al inventario final, esto es: Utilidad = Inventario final – Saldo deudor. Esto se aplica cuando el inventario final es mayor al saldo deudor.

   En caso contrario, si el inventario final es menor al saldo deudor, el resultado económico (pérdida) se encuentra restando el inventario final del saldo deudor, esto es: Pérdida = Saldo deudor – Inventario final. Observe las dos fórmulas y se dará cuenta que el cálculo aritmético es al revés.

b. Si el saldo de la cuenta púnica "Mercaderías" es acreedor, hay Utilidad, y esta se encuentra sumando a este saldo el inventario final. En otra forma: Utilidad = Saldo acreedor + Inventario final.

Ejemplos del caso a) en que hay SD en cuenta de "mercaderías":

Si el inventario final (IF) es mayor al saldo deudor (SD). Supongamos Saldo deudor (SD) = 30.000 a Inventario final (IF) = 50.000 y los siguientes datos específicos en la cuenta "Mercaderías".

Mercaderías				
Inventario inicial			Ventas a precio de venta	70.000
Compras a precio de compras	100.000		Castigos a precio de compra	
Fletes, embalajes y seguros			Retiros a precio de compra	
Devoluciones de venta (notas de crédito)	20.000		Devoluciones de compra a precio de compra	20.000
Corrección monetaria tributaria				
	120.000			90.000
SD			**30.000**	

Aplicando la primera fórmula de la letra a), se tiene:

Utilidad = IF – SD = 50.000 – 30.000 = 20.000

Si hacemos el Estado de Resultado correspondiente llegamos al mismo resultado económico: Ventas netas = ventas – devoluciones = 50.000

Ventas netas (ventas – devoluciones)	50.000
Costo de Ventas (compras netas – inventario final = 80.000 – 50.000)	30.000
Resultado Utilidad	20.000

Si el IF es menor al SD. Supongamos SD = 30.000 eIF = 20.000 y los mismos datos específicos en la cuenta de mayor. Aplicando la segunda fórmula del caso a) Pérdida = SD – IF = 30.000 – 20.000 = 10.000. Si hacemos el Estado de Resultado correspondiente llegamos al mismo resultado económico.

Ventas netas (ventas – devoluciones)	50.000
Costo de Ventas (compras netas – inventario final = 80.000 – 20.000)	60.000
Resultado Utilidad	-10.000

Ejemplos del caso b) en que hay SA en cuenta de "mercaderías"

Supongamos:

- SA = 40.000
- IF = 10.000

Los siguientes datos específicos en la cuenta "Mercaderías".

Mercaderías			
Inventario inicial		Ventas a precio de venta	140.000
Compras a precio de compras	100.000	Castigos a precio de compra	
Fletes, embalajes y seguros		Retiros a precio de compra	
Devoluciones de venta (notas de crédito)	20.000	Devoluciones de compra a precio de compra	20.000
Corrección monetaria tributaria			
	120.000		160.000
40.000		**SA**	

Aplicando la fórmula del caso b), se tiene: Utilidad = SA + IF = 40.000 + 10.000 = 50.000.

Si hacemos el Estado de Resultado correspondiente llegamos al mismo resultado económico.

Ventas netas (ventas – devoluciones)	120.000
Costo de Ventas (compras netas – inventario final = 80.000 – 10.000)	70.000
Resultado Utilidad	50.000

Desdoblamiento de la cuenta "Mercaderías".

Es una variante de la cuenta única que vimos en el último apartado y consiste en registrar el movimiento de las mercaderías en mas de una cuenta que, en este caso, serán tres cases de cuentas, a saber "Mercaderías"; "Cuentas de gastos de mercaderías"; "Cuentas de Ingresos de mercaderías".

En la cuenta de "Mercaderías" solo se registra el inventario inicial y durante el ejercicio contable no tiene movimiento. Las compras se registra el inventario inicial y durante el ejercicio contable no tiene movimiento. Las compras se registran en una cuenta "Compras". Al final del ejercicio se debe efectuar un inventario físico valorizado para incluirlo en el Balance. El saldo de la cuenta "Compras" es siempre deudor. Si el IF es mayor al SD habrá Utilidad y si es menor, habrá pérdida.

Cuentas de Gasto. En estas solo se registran cargos, entreestos tenemos las cuentas de: Devoluciones de ventas, FES, compras, castigos y mermas, muestras gratis, donaciones.

Cuentas de Ingresos. En estas solo se registran abonos. Forman parte de este grupo: las cuentas de ventas y la de devoluciones de compras.

Obviamente con este sistema se puede obtener información muy detallada, pero tiene la desventaja de trabajar con demasiadas cuentas.

En resumen, debemos decir que los métodos de registro de mercaderías que hemos descrito implican efectuar un análisis extracontable para obtener información detallada.

Ejercicio ilustrativo

Mercaderías	
Inventario inicial	Ventas a precio de venta
Compras a precio de compras	Castigos a precio de compra
Fletes, embalajes y seguros	Retiros a precio de compra
Devoluciones de venta (notas de crédito)	Devoluciones de compra a precio de compra

B. El método de permanencia de inventario

Este método, a diferencia del anterior usa registros detallados que permiten obtener información inmediata de las mercaderías que existen en bodega, las ventas netas del período, el costo de lo vendido y en bodega, el resultado del período. Por cada artículo se lleva un registro que indica en todo momento el inventario inicial, los aumentos y disminuciones de las meraderías, y, por supuesto, el inventario final también en unidades físicas y monetarias.

Este método tiene dos alternativas para registrar el movimiento de las mercaderías. Aquel basado en tres cuentas y el basado en dos cuentas. Veremos el primero de los mencionados, el más completo.

Las cuentas que usa son: una de Activo "Mercaderías", una de Ingreso. "Ventas" y una de gasto: "Costo de ventas". Los cargos y abonos de cada una se presentan en las respectivas cuentas T.

Mercaderías	
Inventario inicial	Ventas a precio de venta
Compras a precio de compras	Castigos a precio de compra
Fletes, embalajes y seguros	Retiros a precio de compra
Devoluciones de venta (notas de crédito)	Devoluciones de compra a precio de compra
Corrección monetaria tributaria	Muestras gratis donaciones

Ventas	
Devoluciones de ventas a precio de venta	Ventas a precios de ventas

Costo de ventas	
Costo de las ventas	Devoluciones de ventas a precio de costo

Como lo mencionamos al principio de la sección, este método requiere llevar una tarjeta (subcuenta) por cada artículo y para valorar las salidas se requiere algún método de valorización. De esta manera conoceremos el costo de cada venta al instante y por diferencia con el precio de venta, conoceremos también la Utilidad al instante. Las normas internacionales (NIC) reconocen dos métodos de valorización, a saber:

- Método FIFO (First In First Out) o PEPS (Primero en Entrar Primero en Salir) o el método de costo más antiguo. Esto se refiere a que los primeros precios en entrar, deben ser los precios para valorar las salidas. Es decir, los precios de los bienes vendidos deben ser siempre tomados de los precios de las mercaderías más antiguas y que *aún están en bodega.*
- Método PMP (Precio Medio Ponderado). Las salidas de mercaderías se valorizan a este precio promedio que se calcula dividiendo el costo total de las mercaderías en bodega entre el número total de unidades en bodega. El precio promedio se modifica cuando hay entradas de mercaderías (compras) a precios diferentes del promedio antes calculado.

Para mejor comprender estos métodos presentaremos un ejemplo ilustrativo.

Ejemplo ilustrativo resuelto.

Dada la siguiente información del movimiento del artículo AA, del mes de abril del 2018, según Tarjeta deExistencias:

1-4 Inventario Inicial: 20 unidades a $ 25c/u adquiridas el 03/03/18 y 40 unidades a $ 30c/u adquiridas el 25/03/18.

10-4 Compra de 60 unidades a $ 40 c/u.

15-4 Venta de 70 unidades.

17-4 Cliente devuelve 12 unidades de la venta del día 15-4.

20-4 Se castigan las 12 unidades que nos devolvieron por encontrarse dañadas.

20-4 El dueño retira 23 unidades.

Información adicional:

1. Compras y ventas son al crédito simple de 180 días.
2. Las ventas se efectúan con 20 % de recargo sobre el costo.

Se pide:

A. Traspasar el movimiento a la tarjeta de existencias del artículo X para el mes de abril 2018, según los métodos FIFO y Promedio Ponderado.

B. Muestre los asientos para el mes de abril 2018 (para los dos métodos).

C. Determine el valor de la mercadería que permanece en inventario para el mes de abril 2018 (para los dos métodos).

D. Si usted sabe que el VNR al 30/04/01 es de $ 1.000 para el total de las existencias. Realice el registro contable si corresponde y muestre esta situación en los Estados financieros (para los dos métodos).

Solución parte a)

FIFO			Unidades			Valores ($)			Precio Saldos
Fecha	Detalle	Precio	Entrada	Salida	Saldo	Entrada	Salida	Saldo	
01-Abr	Saldo Inicial		60		60	1.700		1.700	20 a $ 25 40 a $ 30
10-Abr	Compra	$ 40	60		120	2.400		4.100	20 a $ 25 40 a $ 30 60 a $ 40
15-Abr	Venta	20 a $ 25 40 a $ 30 10 a $ 40		70	50		2.100	2.000	50 a $ 40
16-Abr	Devolución de Venta	2 a $ 30 10 a $ 40	12		62	460		2.460	2 a $ 30 60 a $ 40
20-Abr	Castigo	2 a $ 30 10 a $ 40		12	50		460	2.000	50 a $ 40
20-Abr	Retiro	23 a $ 40		23	27		920	1.080	27 a $ 40

Promedio			Unidades			Valores ($)			Precio Saldos
Fecha	Detalle	Precio	Entrada	Salida	Saldo	Entrada	Salida	Saldo	
01-Abr	Saldo Inicial		60		60	1.700		1.700	60 a $ 28,33
10-Abr	Compra	$ 40	60		120	2.400		4.100	120 a $ 34,17
15-Abr	Venta	70 a $ 34,17		70	50		2.392	1.708	50 a $ 34,17
16-Abr	Devolución de Venta	12 a $ 34,17	12		62	410		2.118	62 a $ 34,17
20-Abr	Castigo	12 a $ 34,17		12	50		410	1.708	50 a $ 34,17
20-Abr	Retiro	23 a $ 34,17		23	27		786	922	27 a $ 34,17

Parte b)

Asientos Contables (FIFO)

	Cuenta		Monto	
Fecha	**Debe**	**Haber**	**Debe**	**Haber**
10/04/2018				
	Mercadería		$ 2.400	
	IVA Crédito		$ 456	
		Proveedores		$ 2.856
	Compra de mercaderías.			
15/04/2018				
	Clientes		$ 2.999	
		IVA Débito		$ 479
		Ingreso por Venta		$ 2.520
	Costo de Venta		$ 2.100	
		Mercadería		$ 2.100
	Venta de mercaderías.			
16/04/2018				
	Ingreso por Venta		$ 553	
	IVA Débito		$ 105	
		Clientes		$ 657
	Mercaderías		$ 460	
		Costo de venta		$ 460
	Devolución venta de mercaderías.			
20/04/2018				
	Castigo		$ 460	
		Mercadería		$ 460
	Castigo de mercaderías dañadas.			
20/04/2018				
	Capital		$ 1.095	
		IVA Débito		$ 175
		Ingreso por Venta		$ 920
	Costo de Venta		$ 920	
		Mercadería		$ 920
	Retiro de los dueños.			
30/04/2018				
	IVA Débito		$ 456	
		IVA Crédito		$ 456
	Ajuste de IVA de abril.			

Parte c)

El costo de la mercadería que permanece en existencia (FIFO).

Mercaderías	
$ 1.700	$ 2.100
$ 2.400	$ 460
$ 460	$ 920
$ 4.560	$ 3.480
SD	**$ 1.080**

El costo de la mercadería que permanece en existencia (Promedio Ponderado).

Mercaderías	
$ 1.700	$ 2.392
$ 2.400	$ 410
$ 410	$ 786
$ 4.510	$ 3.588
SD	**$ 922**

Parte d)

Las existencias a la fecha de presentación de los Estados financieros se presentan al menor valor entre el costo y su VNR. En el caso de FIFO la existencia tiene que quedar valorizada al VNR ($ 1.000), ya que es menor al costo ($ 1.080).

			FIFO	
Fecha	**Debe**	**Haber**	**Debe**	**Haber**
30/04/2018				
	Pérdida menor valor existencias		$ 80	
		Provisión menor valor existencias		$ 80
	Ajuste de las existencias a su VNR.			

Estado de Situación Financiera

Activos	
Activo Corriente Existencias	$ 1.000
Notas a los EEFF	
Existencias (Costo)	$ 1.080
Provisión M.V. Existencias	-$ 80
Existencias netas	$ 1.000

Para el caso de Promedio Ponderado la existencia tiene que quedar valorizada al costo ($ 922), ya que es menor al VNR ($ 1.000). Por lo tanto, no hay ajuste.

Estado de Situación Financiera

Activos	
Activo Corriente Existencias	$ 922
Notas a los EEFF	
Existencias (Costo)	$ 922
Provisión M.V. Existencias	$ 0
Existencias Netas	$ 922

CAPÍTULO IV

Guía de ejercicios

A. Ejercicios básicos

Introducción

En esta guía se presentan ejercicios simples con solución, clasificados por temas. Esto permite al estudiante escoger lo que necesita. Varios de los ejercicios presentados corresponden a evaluaciones de la asignatura de Contabilidad I.

La presentación de esta guía de ejercicios solucionados está dividida en ocho partes:

I Parte: Ejercicios con igualdad del inventario.

II Parte: Ejercicios de análisis de transacciones.

III Parte: Ejercicios con Libro Diario, Libro Mayor, Balance General y Estado de Resultados.

IV Parte: Ejercicios de valoración de mercaderías (LIFO, FIFO Y PPP).

V Parte: Ejercicios de IVA.

VI Parte: Ejercicios de ajustes y regularizaciones periódicas.

VII Parte: Ejercicios de constitución de sociedad.

VIII Parte: Ejercicios con Cierre y Distribución de Resultados.

Parte I: Ejercicio con igualdad de inventario

Ejercicio N° 1 Aries

A) Determine el valor solicitado en cada caso, conociendo el valor de dos de los tres componentes del Balance.
   a) Activo 1.000, Pasivo cero, ¿Patrimonio?
   b) Activo 5.500, Pasivo 5.500, ¿Patrimonio?
   c) Activo 4.000, Pasivo 2.000, ¿Patrimonio?
   d) Pasivo 10.000, Activo 10.000, ¿Patrimonio?
   e) Pasivo 8.000, Activo 15.000, ¿Patrimonio?
   f) Patrimonio 7.000, Pasivo 7.000, ¿Activo?
   g) Patrimonio 9.000, Pasivo cero, ¿Activo?

B) Determine el valor solicitado en cada caso, empleando los componentes del Estado de Resultados.
   a) Ventas 19.000, costos y gastos 10.000, ¿resultado?
   b) Ventas 10.000, costos y gastos 19.000, ¿resultado?
   c) Ventas 15.000, costos y gastos 15.000, ¿resultado?
   d) Costos y gastos 17.000, Utilidad 5.000, ¿ventas?
   e) Costos y gastos 11.000, pérdida 10.000, ¿ventas?
   f) Utilidad 5.000, ventas 13.000, ¿costos y gastos?
   g) Pérdida 4.000, ventas 17.000, ¿costos y gastos?

Solución

A) Determine el valor solicitado en cada caso, conociendo el valor de los tres componentes del Balance.

La Ecuación de Inventario es la fórmula con que se expresa la igualdad entre recursos y deudas y de la cual se deriva el principio de dualidad económica o Partida Doble, es decir:

ACTIVO = PASIVO + PATRIMONIO

Esta igualdad permanece durante toda la vida de la empresa, aunque sus componentes cambien constantemente de valor.

a) Activo 1.000, Pasivo cero, ¿Patrimonio?

ACTIVO	=	PASIVO	+	PATRIMONIO
$ 1.000	=	$ 0	+	PATRIMONIO
PATRIMONIO	=	$ 1.000		

b) Activo 5.500, Pasivo 5.500, ¿Patrimonio?

ACTIVO	=	PASIVO	+	PATRIMONIO
$ 5.500	=	$ 5.500	+	PATRIMONIO
PATRIMONIO	=	$ 0		

c) Activo 4.000, Pasivo 2.000, ¿Patrimonio?

ACTIVO	=	PASIVO	+	PATRIMONIO
$ 4.000	=	$ 2.000	+	PATRIMONIO
PATRIMONIO	=	$ 2.000		

d) Pasivo 10.000, Activo 10.000, ¿Patrimonio?

ACTIVO	=	PASIVO	+	PATRIMONIO
$ 10.000	=	$ 10.000	+	PATRIMONIO
PATRIMONIO	=	$ 0		

e) Pasivo 8.000, Activo 15.000, ¿Patrimonio?

ACTIVO	=	PASIVO	+	PATRIMONIO
$ 15.000	=	$ 8.000	+	PATRIMONIO
PATRIMONIO	=	$ 7.000		

f) Patrimonio 7.000, Pasivo 7.000, ¿Activo?

ACTIVO	=	PASIVO	+	PATRIMONIO
ACTIVO	=	$ 7.000	+	$ 7.000
ACTIVO	=	$ 14.000		

g) Patrimonio 9.000, Pasivo o, ¿Activo?

ACTIVO	=	PASIVO	+	PATRIMONIO
ACTIVO	=	$ 0	+	$ 9.000
ACTIVO	=	$ 9.000		

B) Determine el valor solicitado en cada caso, empleando los componentes del Estado de Resultados.

Dónde:

Resultado = Ingresos - Gastos Resultado = Ventas - Costos - Gastos

Estado de resultado

Ventas	$ XXX
Costo ventas	($ XXX)
Margen bruto	$ XXX
Gastos administración	($ XXX)
Resultado	$ XXX

a) Ventas 19.000, costos y gastos 10.000, ¿resultado?

RESULTADO	=	INGRESOS	-	GASTOS
RESULTADO	=	$ 19.000	-	$ 10.000
RESULTADO	=	$ 9.000 (Utilidad del ejercicio)		

b) Ventas 10.000, costos y gastos 19.000, ¿resultado?

RESULTADO	=	INGRESOS	-	GASTOS
RESULTADO	=	$ 10.000	-	$ 19.000
RESULTADO	=	- $ 9.000 (Pérdida del ejercicio)		

c) Ventas 15.000, costos y gastos 15.000, ¿resultado?

RESULTADO	=	INGRESOS	-	GASTOS
RESULTADO	=	$ 15.000	-	$ 15.000
RESULTADO	=	$ 0 (No existe Utilidad ni Pérdida)		

d) Costos y gastos 17.000, Utilidad 5.000, ¿ventas?

RESULTADO	=	VENTAS	-	COSTOS Y GASTOS
$ 5.000	=	VENTAS	-	$ 17.000
VENTAS	=	$ 22.000		

e) Costos y gastos 11.000, pérdida 10.000, ¿ventas?

RESULTADO	=	VENTAS	-	COSTOS Y GASTOS
- $ 10.000	=	VENTAS	-	$ 11.000
VENTAS	=	$ 1.000		

f) Utilidad 5.000, ventas 13.000, ¿costos y gastos?

RESULTADO	=	VENTAS	-	COSTOS Y GASTOS
$ 5.000	=	$ 13.000	-	COSTOS Y GASTOS
COSTOS Y GASTOS = $ 8.000				

g) Pérdida 4.000, ventas 17.000, ¿costos y gastos?

RESULTADO	=	VENTAS	-	COSTOS Y GASTOS
-$ 4.000	=	$ 17.000	-	COSTOS Y GASTOS
COSTOS Y GASTOS = $ 21.000				

Ejercicio N° 2 Tauro

Constitución de una empresa comercializadora:

- Aportes iniciales.
- Transacciones Básicas: Compras, Ventas, Gastos, Créditos.

Transacciones del mes de agosto:

- Vi 13/08 Situación Inicial: Aporte de $ 10.000.000 de cada uno de los 4 socios de la empresa "Libros y Textos".
- Sáb 14/08 Compra 200 libros a $ 5.000 c/u. Al contado = $ 1.000.000.
- Sáb 14/08 Arriendo local $ 100.000 c/mes por 1 año de $ 1.200.000. Pago al contado.
- Lu 16/08 Venta 50 libros en $ 30.000 c/u al contado $ 1.500.000.
- Ma 17/08Se abre cuenta corriente en el Banco República con depósito de $ 20.000.000.
- Mi 18/08 El Banco informa que los gastos de apertura de la cuenta corriente fueron de $ 10.000 y los descuenta del saldo disponible.

Se pide:

Por cada transacción, elaborar los movimientos que afectan la ecuación del inventario, preparar el Balance General y el Estado de Resultados después de cada transacción.

Solución

Vi 13/08 Situación Inicial: Aporte de $ 10.000.000 de cada uno de los 4 socios de la empresa "Libros y Textos".

	Activo	=	Pasivo	+	Patrimonio	
Caja	$ 40.000.000	=	$ 0	+	$ 40.000.000	Capital
Total	$ 40.000.000	=	$ 40.000.000			

Sáb 14/08 Compra 200 libros al contado a $ 5.000 c/u. = $ 1.000.000.-

	Activo	=	Pasivo	+	Patrimonio	
Caja	$ 39.000.000	=	$ 0	+	$ 40.000.000	Capital
mercaderías	$ 1.000.000	=				
Total	$ 40.000.000	=	$ 40.000.000			

Sáb 14/08 Arriendo local $ 100.000 c/mes por 1 año de $ 1.200.000. Pago al contado.

	Activo	=	Pasivo	+	Patrimonio	
Caja	$ 37.800.000	=	$ 0	+	$ 40.000.000	Capital
Mercaderías	$ 1.000.000	=				
Arriendo Ant.	$ 1.200.000	=				
Total	$ 40.000.000	=	$ 40.000.000			

Lu 16/08 Venta 50 libros en $ 30.000 c/u al contado $ 1.500.000

ACTIVO = PASIVO + PATRIMONIO → Capital
→ Resultado (Ganancia o Pérdida)

	Activo	=	Pasivo	+	Patrimonio	+	(Ingreso – gastos)
Caja	$ 39.300.000	=	$ 0	+	$ 40.000.000	+	$ 1.500.000 - $ 250.000
Mercaderías	$ 750.000	=					↓ ↓
Arriendo Ant.	$ 1.200.000	=					Ventas Costo de Ventas
Total	$ 41.250.000	=	$ 41.250.000				

ACTIVO = PASIVO + CAPITAL + RESULTADO

ACTIVO = PASIVO + CAPITAL + (INGRESOS – GASTOS)

Ma 17/08 Se abre cuenta corriente en el Banco República depositando $ 20.000.000.

ACTIVO = PASIVO + CAPITAL + RESULTADO

	Activo	=	Pasivo	+	Capital	+	Resultado
Caja	$ 19.300.000	=	$ 0	+	$ 40.000.000	+	$ 1.250.000
Banco	$ 20.000.000	=					
Mercaderías	$ 750.000	=					
Arriendo Ant.	$ 1.200.000	=					
Total	$ 41.250.000	=	$ 41.250.000				

Mi 18/08 El Banco informa que los gastos de apertura de la cuenta corriente fueron de $ 10.000 y los descuenta del saldo disponible.

ACTIVO = PASIVO + CAPITAL + RESULTADO

	Activo	=	Pasivo	+	Capital	+	Resultado
Caja	$ 19.300.000	=	$ 0	+	$ 40.000.000	+	$ 1.240.000(*)
Banco	$ 19.990.000	=					
Mercaderías	$ 750.000	=					
Arriendo ant.	$ 1.200.000	=					
Total	$ 41.240.000	=	$ 41.240.000				

(*) RESULTADO = VENTAS – COSTOS – GASTOS

RESULTADO = $ 1.500.000 - $ 250.000 - $ 10.000

RESULTADO = $ 1.240.000

Balance General

Activo	
Caja	$ 19.300.000
Banco	$ 19.990.000
Mercaderías	$ 750.000
Arriendo anticipado	$ 1.200.000
Total	$ 41.240.000

Pasivo y Patrimonio	
Capital	$ 40.000.000
Resultado	$ 1.240.000
Total	$ 41.240.000

Estado de resultado

Ventas	$ 1.500.000
Costo Ventas	($ 250.000)
Margen Bruto	$ 1.250.000
Gastos	($ 10.000)
Resultado del Ejercicio	$ 1.240.000

Ejercicio N° 3 Géminis

Confeccione los Estados Contables con las siguientes transacciones:

1. Aporte de los dueños
   - Muebles $ 2.000
   - Efectivo $ 1.000
   - Mercaderías $ 5.000
   - Documentos por pagar $ 3.000

2. Se compran mercaderías al contado en $ 500.
3. Venta por $ 1.000 al crédito simple. Costo $ 300.
4. Compra de muebles por $ 200 al contado.
5. Pagode documentos por $ 200.
6. Se obtiene crédito del Banco por $ 1.200.
7. Dueños aportan $ 400 en mercaderías.
8. Se paga arriendo del mes por $ 250.
9. Llegan las cuentas de consumos básicos por $ 120. Se cancelan en efectivo.
10. Clientes anticipan $ 700 por mercaderías que recibirán en el futuro.
11. Se venden mercaderías en $ 800, cuyo costo es de $ 300 al contado.

Se pide:

Por cada transacción, modificar las cuentas que afectan la ecuación del inventario y preparar el Balance General y el Estado de Resultados después de cada transacción.

Solución

Movimientos que afectan la ecuación del inventario:

1) Aporte de los dueños
   - Muebles $ 2.000
   - Efectivo $ 1.000
   - Mercaderías $ 5.000
   - Documentos por pagar $ 3.000

	Activo	=	Pasivo	+	Patrimonio	
Caja	$ 1.000		$ 3.000			Documentos por pagar
Mercaderías	$ 5.000				$ 5.000	Capital
Muebles	$ 2.000					
Total	$ 8.000	=	$ 8.000			

2) Se compran mercaderías al contado en $ 500.

	Activo	=	Pasivo	+	Patrimonio	
Caja	$ 500		$ 3.000			Documentos por pagar
Mercaderías	$ 5.500				$ 5.000	Capital
Muebles	$ 2.000					
Total	$ 8.000	=	$ 8.000			

3) Ventas por $ 1.000 al crédito simple. Costo $ 300.

	Activo	=	Pasivo	+	Patrimonio	
Caja	$ 500		$ 3.000			Documentos por pagar
Clientes	$ 1.000				$ 5.000	Capital
Mercaderías	$ 5.200				$ 700	Resultado(*)
Muebles	$ 2.000					
Total	$ 8.700	=	$ 8.700			

(*) RESULTADO = VENTAS - COSTOS - GASTOS

RESULTADO = $ 1.000 - $ 300 - $ 0

RESULTADO = $ 700

4) Compra de muebles por $ 200 al contado.

	Activo	=	Pasivo	+	Patrimonio	Activo
Caja	$ 300		$ 3.000			Documentos por pagar
Clientes	$ 1.000				$ 5.000	Capital
Mercaderías	$ 5.200				$ 700	Resultado
Muebles	$ 2.200					
Total	$ 8.700	=	$ 8.700			

5) Pago de documentos por $ 200.

	Activo	=	Pasivo	+	Patrimonio	Activo
Caja	$ 100		$ 2.800			Documentos por pagar
Clientes	$ 1.000				$ 5.000	Capital
Mercaderías	$ 5.200				$ 700	Resultado
Muebles	$ 2.200					
Total	$ 8.500	=	$ 8.500			

6) Se obtiene crédito del Banco por $ 1.200.

	Activo	=	Pasivo	+	Patrimonio	
Caja	$ 1.300		$ 2.800			Documentos por pagar
Clientes	$ 1.000		$ 1.200			Préstamo Banco
Mercaderías	$ 5.200				$ 5.000	Capital
Muebles	$ 2.200				$ 700	Resultado
Total	$ 9.700	=	$ 9.700			

7) Dueños aportan $ 400 en mercaderías.

	Activo	=	Pasivo	+	Patrimonio	
Caja	$ 1.300		$ 2.800			Documentos por pagar
Clientes	$ 1.000		$ 1.200			Préstamo Banco
Mercaderías	$ 5.600				$ 5.400	Capital
Muebles	$ 2.200				$ 700	Resultado
Total	$ 10.100	=	$ 10.100			

8) Se paga arriendo del mes por $ 250.

	Activo	=	Pasivo	+	Patrimonio	
Caja	$ 1.050		$ 2.800			Documentos por pagar
Clientes	$ 1.000		$ 1.200			Préstamo Banco
Mercaderías	$ 5.600				$ 5.400	Capital
Muebles	$ 2.200				$ 450	Resultado(*)
Total	$ 9.850	=	$ 9.850			

(*) RESULTADO = VENTAS - COSTOS - GASTOS

RESULTADO = $ 1.000 - $ 300 - $ 250

RESULTADO = $ 450

9) Llegan las cuentas de consumos básicos por $ 120. Se cancelan en efectivo.

	Activo	=	Pasivo	+	Patrimonio	Activo
Caja	$ 930		$ 2.800			Documentos por pagar
Clientes	$ 1.000		$ 1.200			Préstamo Banco
Mercaderías	$ 5.600				$ 5.400	Capital
Muebles	$ 2.200				$ 330	Resultado(*)
Total	$ 9.730	=	$ 9.730			

(*) RESULTADO = VENTAS - COSTOS - GASTOS

RESULTADO = $ 1.000 - $ 300 - $ 250 - $ 120

RESULTADO = $ 330

10) Clientes anticipan $ 700 por mercaderías que recibirán en el futuro.

	Activo	=	Pasivo	+	Patrimonio	Activo
Caja	$ 1.630		$ 2.800			Documentos por pagar
Clientes	$ 1.000		$ 1.200			Préstamo Banco
Mercaderías	$ 5.600		$ 700			Anticipo de Clientes
Muebles	$ 2.200				$ 5.400	Capital
			$ 330			Resultado
Total	$ 10.430	=	$ 10.430			

11) Se venden mercaderías en $ 800, cuyo costo es de $ 300 al contado.

	Activo	=	Pasivo	+	Patrimonio	
Caja	$ 2.430		$ 2.800			Documentos por pagar
Clientes	$ 1.000		$ 1.200			Préstamo Banco
Mercaderías	$ 5.300		$ 700			Anticipo de Clientes
Muebles	$ 2.200				$ 5.400	Capital
					$ 830	Resultado(*)
Total	$ 10.930	=	$ 10.930			

(*) RESULTADO = VENTAS - COSTOS - GASTOS

RESULTADO = ($ 1.000 + $ 800) - ($ 300 + $ 300) - ($ 250 + $ 120)

RESULTADO = $ 1.800 - $ 600 - $ 370

RESULTADO = $ 830

Balance General

Activo	
Caja	$ 2.430
Clientes	$ 1.000
Mercaderías	$ 5.300
Muebles	$ 2.200
Total	$ 10.930

Pasivo y Patrimonio	
Documentos por Pagar	$ 2.800
Préstamo Banco	$ 1.200
Anticipo de Clientes	$ 700
Capital	$ 5.400
Resultado	$ 830
Total	$ 10.930

Estado de Resultado

Ventas	$ 1.800
Costo ventas	($ 600)
Margen bruto	$ 1.200
Gastos	($ 370)
Resultado del ejercicio	$ 830

Parte II: Ejercicios de análisis de transacciones

Ejercicio N° 4 Cáncer

A partir de los siguientes antecedentes realice:

a) Un cuadro de análisis de transacciones.
b) Responda las preguntas.
c) Confeccione Balance y Estado de Resultado.

1) Una empresa inicia actividades con un aporte inicial de $ 500.000 en dinero en efectivo, $ 1.800.000 en terrenos, un automóvil por $ 3.000.000 y deudas con los proveedores por $ 1.000.000.
2) Se compran $ 500.000 de mercadería, cancelando 30 % al crédito simple y el saldo en efectivo.
3) Se vende mercadería en $ 100.000 al crédito simple. Costo de venta $ 80.000.
4) Se compra un computador en $ 250.000, cancelando 50 % al crédito simple y el saldo al crédito documentado.

Solución

Cuadro de análisis de transacción:

Transacciones	Cuentas	Tipo	Variación	Debe	Haber
Inicio de Actividades	Caja	Activo	+	500.000	
	Terrenos	Activo	+	1.800.000	
	Vehículo	Activo	+	3.000.000	
	Proveedores	Pasivo	+		1.000.000
	Capital	Patrimonio	+		4.300.000
Compra de mercaderías	Mercaderías	Activo	+	500.000	
	Proveedores	Pasivo	+		150.000
	Caja	Activo	-		350.000
Venta de mercaderías	Clientes	Activo	+	100.000	
	Ventas	R. Ganancia	+		100.000
	Costo Ventas	R. Pérdida	+	80.000	
	Mercaderías	Activo	-		80.000
Compra 1 computador	Equipos	Activo	+	250.000	
	Doc. Por Pagar	Pasivo	+		125.000
	Acreedores	Pasivo	+		125.000

Preguntas

1. ¿A cuánto asciende el saldo en dinero en efectivo? (responda a través de la cuenta T).

Caja	
Debe	**Haber**
500.000	350.000
500.000	350.000
S:D	150.000

2. ¿A cuánto asciende el monto por concepto de mercadería en stock? (responda a través de la cuenta T).

Mercaderías	
Debe	**Haber**
500.000	80.000
500.000	80.000
SD	420.000

Balance General

Activo	
Caja	$ 150.000
Clientes	$ 100.000
Mercaderías	$ 420.000
Vehículo	$ 3.000.000
Equipos	$ 250.000
Terrenos	$ 1.800.000
Total	$ 5.720.000

Pasivo y Patrimonio	
Proveedores	$ 1.150.000
Documentos por Pagar	$ 125.000
Acreedores	$ 125.000
Capital	$ 4.300.000
Resultado del Ejercicio	$ 20.000
Total	$ 5.720.000

Estado de Resultado

Ventas	$ 100.000
Costo Ventas	($ 80.000)
Margen Bruto	$ 20.000
Gastos	(0)
Resultado del Ejercicio	$ 20.000

Ejercicio N° 5 Leo

Se pide:

A. Completar el Cuadro de Análisis de Transacciones.

B. Confeccionar el Balance y el Estado de Resultados.

Hecho económico

1) Se inician actividades con aporte de:
   - $ 300.000 en efectivo,
   - $ 200.000 en Banco,
   - $ 28.000 en mercaderías, y
   - $ 25.000 en documentos por pagar.

2) Se compra mercaderías en $ 72.000. Se paga: el 50 % en efectivo y el resto se queda debiendo al crédito simple.
3) Se vende el 40 % de la totalidad de la mercadería que tenía en $ 90.000; cobrándose un 80 % en efectivo y el resto en documentos.
4) Llegan cuentas del teléfono e internet por:
   - $ 25.000. Deben ser pagadas durante el mes.
5) Se obtiene crédito bancario por $ 480.000 que quedan depositados en la cuenta corriente. Por los gastos del crédito el banco cobra $ 6.000 que son descontados de la cuenta corriente.
6) Dueño aporta:
   - Terrenos valorizados en $ 18.000.
   - Mercaderías por $ 52.000.
   - Documentos por Pagar por $ 30.000.
7) Se paga cuentas de teléfono e internet con cheque.
8) Se deposita en la cuenta corriente, el 60 % del efectivo disponible.

Solución

Cuadro de análisis de transacciones:

Transacciones	Cuentas	Tipo	Variación	Debe	Haber
1. Inicio de Actividades	Caja	Activo	+	300.000	
	Banco	Activo	+	200.000	
	Mercaderías	Activo	+	28.000	
	Documentos por Pagar	Pasivo	+		25.000
	Capital	Patrimonio	+		503.000
2. Compra de mercaderías	Mercaderías	Activo	+	72.000	
	Proveedores	Pasivo	+		36.000
	Caja	Activo	-		36.000
3. Venta de mercaderías	Caja	Activo	+	72.000	
	Documentos por cobrar	Activo	+	18.000	90.000
	Ventas	R. Ganancia	+	40.000	40.000
	Costo Ventas	R. Pérdida	+		
	Mercaderías	Activo	-		
4. Contabiliza cuentas teléfono e internet	G. Consumos básicos	R.Pérdida	+	25.000	
	Cuentas por pagar	Pasivo	+		25.000
5. Obtención Préstamo Banco	Banco	Activo	+	480.000	
	Préstamo Banco	Pasivo	+		480.000
	Gastos Bancarios	R. Pérdida	+	6.000	
	Banco	Activo	-		6.000
6. Aporte terrenos	Terrenos	Activo	+	18.000	
	Mercaderías	Activo	+	52.000	
	Documentos por Pagar	Pasivo	+		30.000
	Capital	Patrimonio	+		40.000
7. Cancelación cuentas de teléfono e internet	Cuentas por Pagar	Pasivo	-	25.000	
	Banco	Activo	-		25.000
8. Depósito Cuenta Corriente.	Banco	Activo	+	201.600	
	Caja	Activo	-		201.600

Caja	
Debe	**Haber**
300.000	36.000
72.000	
372.000	36.000
SD	336.000

SD 336.000 → 201.600(60 %) → (Depósito Banco)
SD 336.000 → 134.400 (40 %) → (Caja)

Balance General

Activo	
Caja	$ 134.400
Banco	$ 850.600
Documentos por Cobrar	$ 18.000
Mercaderías	$ 112.000
Terrenos	$ 18.000
Total	$ 1.133.000

Pasivo y Patrimonio	
Proveedores	$ 36.000
Documentos por Pagar	$ 55.000
Préstamo Banco	$ 480.000
Capital	$ 543.000
Resultado del Ejercicio	$ 19.000
Total	$ 1.133.000

Estado de Resultado

Ventas	$ 90.000
Costo Ventas	($ 40.000)
Margen Bruto	$ 50.000
Gastos	($ 31.000)
Resultado del Ejercicio	$ 19.000

Parte III:

Ejercicios con Libro Diario, Libro Mayor, Balance General y Estado de Resultados

Ejercicio N° 6 Virgo

A continuación, se le presentarán una serie de transacciones comerciales, correspondientes al mes de marzo de 2004 de una empresa comercializadora (Tasa de IVA = 18 %).

Día	Detalle de la transacción
1/3	Héctor Retamal inicia sus actividades comerciales, aportando $ 300.000 en efectivo.
2/3	Se abre una Cuenta Corriente en el Banco Crédito e Inversiones (BCI), depositándose $ 250.000.
4/3	Se compra mobiliario para la empresa por $ 80.000 + IVA, pagándose el 50 % con cheque del BCI. El saldo se cancelará en 30 días.
5/3	Se arrienda local de venta pagando 2 meses por anticipado, girándose cheque del BCI por $ 36.000.
7/3	Se hace una compra de mercaderías, al crédito, a la empresa ABC, por $ 161.000 + IVA. El detalle de las mercaderías compradas es el siguiente: • 200 ú Art. A, a $ 180 c/u $ 36.000 • 500 ú Art. B, a $ 250 c/u $ 125.000 $ 161.000
9/3	Se venden mercaderías al contado, por un valor de $ 78.500 + IVA: • 100 ú Art. A, a $ 260 c/u $ 26.000 • 150 ú Art. B, a $ 350 c/u $ 52.500 $ 78.500
10/3	Se deposita en el BCI la suma de $ 100.000.
10/3	Héctor Retamal, propietario de la empresa, retira dinero en efectivo para sus gastos personales, $ 12.000.
12/3	Se hace un abono a la empresa ABC, girándose cheque del BCI por $ 100.000.
13/3	Se venden al crédito a San Martín y Cía. Ltda, 250 ú Art. B, a $ 360 c/u ($ 90.000 neto).
15/3	Se paga propaganda radial, girándose cheque del BCI por $ 15.000.
16/3	Se compran mercaderías a J. Muñoz e Hijos, por $ 111.000 + IVA, pagándose el 50 % con cheque del BCI y aceptándose por el saldo dos documentos a 60 y 90 días. • 200 ú Art. A, a $ 180 c/u $ 36.000 • 300 ú Art. B, a $ 250 c/u $ 75.000 $ 111.000
17/3	Se compran 1.000 acciones de Chilectra S.A. a $ 18 c/u, girándose cheque del BCI.
19/3	Se venden mercaderías a Franco y Cía. Ltda por $ 62.400 neto, mitad al contado y mitad contra aceptación de un documento a noventa días, según el siguiente detalle: • 120 ú Art. A, a $ 280 c/u $ 33.600 • 80 ú Art. B, a $ 360 c/u $ 28.800 $ 62.400
19/3	Se pagan en efectivo los siguientes gastos: • Teléfono $ 1.850 • Luz $ 1.630 $ 3.480
22/3	San Martín y Cía. Ltda., nos hace un abono en efectivo a su cuenta por $ 30.000.
25/3	Se recibe dividendo de la empresa Chilectra S.A. por $ 1 por acción.
26/3	Se hace un depósito a 30 días plazo en el BCI por $ 80.000, girándose un cheque del mismo banco, por $ 15.000, y utilizándose $ 65.000 del dinero en efectivo.

30/3	Felipe Lamarca nos anticipa $ 6.000, con cheque del Banco de Chile, a cuenta de mercaderías por entregar.
31/3	Se registra la depreciación del mobiliario usado por la empresa. Su vida útil estimada es de 3 años con un valor residual de $ 10.000. El Impuesto a la Renta es de un 15 % y debe provisionarse. El IVA (18 %) debe cancelarse en el próximo período.

Se pide:

A. Efectúe los asientos en el Libro Diario.

B. Traspase los asientos al Libro Mayor.

C. Obtenga el Estado de Resultados para el período 1/3/04 al 31/3/04.

D. Obtenga al 31/3/04 el Balance General en forma de cuenta.

Solución

Libro Mayor

Caja			
(1)	300.000	250.000	(2)
(6)	92.630	100.000	(7)
(14)	36.816	12.000	(8)
(16)	30.000	3.480	(15)
(17)	1.000	65.000	(18)
(19)	6.000		
	466.446	430.480	
	SD	35.966	

B.C.I.			
(2)	250.000	47.200	(3)
(7)	100.000	36.000	(4)
		100.000	(9)
		15.000	(11)
		65.490	(12)
		18.000	(13)
		15.000	(18)
	350.000	296.690	
	SD	53.310	

Depósito a plazo		
(18)	80.000	
	80.000	0
	SD	80.000

Clientes			
(10)	106.200	30.000	(16)
	106.200	30.000	
	SD	76.200	

Documentos por cobrar		
(14)	36.816	
	36.816	0
	SD	36.816

Mercaderías			
(5)	161.000	55.500	(6)
(12)	111.000	62.500	(10)
		41.600	(14)
	272.000	159.600	
	SD	112.400	

Muebles		
(3)	80.000	
	80.000	0
	SD	80.000

Depreciación acumulada		
	1.685	(20)
0	1.685	
1.685	SA	

Arriendos anticipados			
(4)	36.000	18.000	(23)
	36.000	18.000	
	SD	18.000	

Acciones	
(13) 18.000	
18.000	0
SD	18.000

Proveedores	
(9) 100.000	189.980 (5)
100.000	189.980
89.980	SA

Documentos por pagar	
	65.490 (12)
0	65.490
65.490	SA

Acreedores	
	47.200 (3)
0	47.200
47.200	SA

Impuesto por pagar	
	5.120 (21)
0	5.120
5.120	SA

Capital	
	300.000 (1)
0	300.000
300.000	SA

H. Retamal cuenta personal	
(8) 12.000	
12.000	0
SD	12.000

Anticipo clientes	
	6.000 (19)
0	6.000
6.000	SA

Utilidad del ejercicio	
	29.015
0	29.015
29.015	SA

Ventas	
	78.500 (6)
	90.000 (10)
	62.400 (14)
0	230.900
230.900	SA

Costo de ventas	
(6) 55.500	
(10) 62.500	
(14) 41.600	
159.600	0
SD	159.600

Gastos generales	
(15) 3.480	
3.480	0
SD	3.480

Gastos propaganda	
(11) 15.000	
15.000	0
SD	15.000

Gasto arriendo	
(23) 18.000	
18.000	0
SD	18.000

Depreciación	
(20) 1.685	
1.685	0
SD	1.685

Ingresos extraordinarios	
	1.000 (17)
0	1.000
1.000	SA

Impuesto	
(21) 5.120	
5.120	0
SD	5.120

Liquidación IVA

IVA crédito fiscal	
(3) 14.400	
(5) 28.980	41.562
(12) 19.980	
63.360	41.562
SD	21.798

IVA débito fiscal	
	14.130 (6)
41.562	16.200 (10)
	11.232 (14)
41.562	41.562

3)

Estado de resultado
Período: 01/03/04 al 31/03/04

Ventas	$ 230.900
Costo Ventas	($ 159.600)
Utilidad Bruta	$ 71.300
Gasto Propaganda	($ 15.000)
Gastos Generales	($ 3.480)
Depreciación	($ 1.685)
Gasto Arriendo	(18.000)
Utilidad Operacional	$ 33.135
Ingresos Extraordinarios	1.000
Utilidad antes de Impuesto	34.135
Impuesto (15 %)	($ 5.120)
Utilidad del Ejercicio	29.015

4)

Balance general
Al 31/03/2018

Activo	
Caja	$ 35.966
B.C.I.	$ 53.310
Arriendos Anticipados	$ 18.000
Depósito a Plazo	$ 80.000
Clientes	$ 76.200
Documentos por cobrar	$ 36.816
IVA Crédito Fiscal	$ 21.798
Mercaderías	$ 112.400
Muebles	$ 80.000
Depreciación Acumulada	($ 1.685)
Acciones	$ 18.000
Total	$ 530.805

Pasivo y Patrimonio	
Proveedores	$ 89.980
Acreedores	$ 47.200
Documentos por Pagar	$ 65.490
Impuesto por Pagar	$ 5.120
Anticipo de Clientes	$ 6.000
Capital	$ 300.000
Utilidad del Ejercicio	$ 29.015
H. Retamal Cuenta Personal	($ 12.000)
Total	$ 530.805

Ejercicio N° 7 Libra

Dados los siguientes saldos al 31.12.2004:

Disponible	4.000
Préstamo banco L/P	3.000
Artículos terminados	12.000
Depreciación acumulada	1.300
Documentos x cobrar	5.000
Estimación cuentas incobrables	465
Ventas	85.545
Proveedores	9.200
Intereses recibidos por anticipado	300
Cta. personal socio Caro (S. Deudor)	2.800
Dividendos recibidos x inversiones	340
Costo ventas	79.890
Documentos en Garantía	4.500
Cta. personal socio Roca (S. deudor)	2.000
Revalorización capital propio	2.600
Castigo cuentas x cobrar	500

Gastos C. básicos y remun.	580
Arriendos pagados anticipadam.	600
Iva débito fiscal	600
C. monetaria (s. acreedor)	740
Productos en proceso	3.000
Vehículos	6.500
Valores negociables	800
Muebles y equipos	3.800
Provisión indemn. Años servic.	2.500
Utilidades retenidas	7.000
Clientes	6.000
Depreciaciones	300
Utilidad venta Activos fijos	380
Capital	20.000
Costo investigación	700
Inversión empresas relacionadas	1.000

Se pide:

A. Ajustar (Asientos) las siguientes cuentas :
   1.1. Los arriendos se pagaron el 01.09.2004 y corresponde a 6 meses.
   1.2. Los intereses se recibieron el 01.10.2004 y corresponden a 4 meses.
   1.3. Falta registrar los C. Básicos del mes de diciembre, su valor se estima en $ 70.

B. Presentar el Balance General Clasificado al 31.12.04.

C. Obtenga el Estado de Resultados en forma vertical (o como informe) para el 2004.

D. Cerrar (Asientos) las Cuentas de Resultado.

E. Distribuir (Asientos) el Resultado de la siguiente forma :
   - 30 % Se retiene.
   - 60 % Para Socio Caro.
   - 10 % Para Socio Roca.

F. Pagar a los Socios, si corresponde, endosando documentos de Clientes.

Solución

A. Ajustar (Asientos) las siguientes cuentas:

1.1) Los arriendos se pagaron el 01/09/2004 y corresponden a 6 meses.

Gasto arriendos		400	
	Arriendos pagados anticipadamente		400

1.2) Los intereses ganados se recibieron el 01/10/2004 y corresponden a 4 meses.

Intereses recibidos por anticipado		225	
	Ingresos financieros		225

1.3) Falta registrarlos C. Básicos del mes de diciembre, su valor se estima en $ 70.

Gastos Consumos básicos		70	
	Provisión C. Básicos		70

B. Presentar el Balance General Clasificado al 31/12/2004.

Balance General al 31/12/2004

Activo corriente		**Pasivo corriente**	
Disponible	$ 4.000	Proveedores	$ 9.200
Valores negociables	$ 800	IVA débito fiscal	$ 600
Clientes	$ 6.000	Provisión C. básicos	$ 70
Documentos por cobrar	$ 5.000	Intereses recibidos por anticipado	$ 75
Documentos en garantía	$ 4.500	**Pasivo no corriente**	
Estimación cuentas incobrables	($ 465)	Préstamo banco largo plazo	$ 3.000
Productos en proceso	$ 3.000	Provisión indemn. años servicios	$ 2.500
Artículos terminados	$ 12.000	**Patrimonio**	
Arriendos pagados anticipadamente.	$ 200	Capital	$ 20.000
Activo no corriente		Revalorización capital propio	$ 2.600
Vehículos	$ 6.500	Utilidades retenidas	$ 7.000
Muebles y equipos	$ 3.800	Utilidad del ejercicio	$ 5.490
Depreciación acumulada	($ 1.300)	Cuenta personal S. Caro	($ 2.800)
		Cuenta personal S. Roca	($ 2.000)
Inversión empresas Relacionadas	$ 1.000		
Costo investigación	$ 700		
Total	$ 45.735	**Total**	$ 45.735

C. Obtenga el Resultado en forma vertical (o como informe) para año 2004.

Estado de Resultado

Ventas	85.545
Costo Ventas	(79.890)
Utilidad Bruta	5.655
G. Consumos básicos y Rem	(650)
Gasto Arriendos	(400)
Depreciaciones	(300)
Castigo cuentas por cobrar	(500)
Utilidad Operacional	3.805
Ingresos financieros	225
Dividendos recibidos invers	340
Utilidad venta Activos fijos	380
Corrección monetaria	740
Utilidad del ejercicio	5.490

D. Cerrar (Asientos) las Cuentas de Resultado.

Se realizan 3 asientos:

1			
Ventas		$ 85.545	
Ingresos financieros		$ 225	
Dividendos recibidos por inversión		$ 340	
Utilidad venta A. Fijo		$ 380	
Corrección monetaria		$ 740	
	Pérdidas y Ganancias		$ 87.230
Glosa: Cierre de las cuentas de resultado ganancia.			

2			
Pérdidas y ganancias		$ 81.740	
	Costo ventas		$ 79.890
	Gastos C. básicos y remuner.		$ 650
	Arriendos pagados		$ 400
	Depreciación		$ 300
	Castigo cuentas por cobrar		$ 500
Glosa: Cierre de las cuentas de resultado pérdida.			

3			
Pérdidas y ganancias		$ 5.490	
	Utilidad del ejercicio		$ 5.490
Glosa: Reconocimiento de la Utilidad del ejercicio.			

E. Distribuir (Asientos) el Resultado de la siguiente forma:

- 30 % Se retiene.
- 60 % Para Socio Caro.
- 10 % Para Socio Roca.

Utilidad del Ejercicio		$ 5.490	
	Utilidades retenidas		$ 1.647
	Cuenta personal socio Caro		$ 3.294
	Cuenta personal socio Roca		$ 549
Glosa: Distribución de Utilidad del año 2004.			

F. Pagar a los Socios, si corresponde, con efectivo.

	Cta. personal s. Caro		
Retiro	$ 2.800	$ 3.294	Distribución de Utilidad
	$ 2.800	$ 3.294	
	$ 494	SA	(Saldo a favor Socio) Pasivo de empresa.

	Cta. personal s. Roca		
Retiro	$ 2.000	$ 549	Distribución de Utilidad
	$ 2.000	$ 549	
	SD	$ 1.451	(Debe a la Empresa) Activo de empresa.

Por lo tanto, solo corresponde pagar al Socio Caro el saldo de $ 494. En tanto, que el Socio Roca queda debiendo $ 1.451 a la empresa, saldo que se aplicará a Utilidades futuras. El asiento queda de la siguiente forma:

Cuenta personal socio Caro		$ 494	
	Disponible		$ 494
Glosa: Pago del dueño en efectivo.			

Ejercicio N° 8 Escorpión

A continuación, se le presentarán una serie de transacciones comerciales, correspondientes al mes de diciembre de 2004 de una empresa comercializadora. Considere tasa de IVA: 18 %.

A partir de ello se les pide:

1. Efectúe los asientos en el Libro Diario.
2. Traspase los asientos al Libro Mayor.
3. Confeccione el Balance de Comprobación y Saldos.
4. Obtenga el Estado de Resultados para el período 1/12/04 al 31/12/04.
5. Obtenga al 31/12/04 al Balance General en forma tributaria, y en forma de cuenta.

Considere que la Empresa utiliza las siguientes cuentas:

Cuentas de Activo	Cuentas de Pasivo	Cuentas de gastos e Ingresos
Caja	Capital	Ingresos por Venta
Banco	Proveedores	Costo Ventas
Arriendos Anticipados	Acreedores varios	Costos publicidad
Mercaderías	IVA Débito Fiscal	Remuneraciones
IVA Crédito Fiscal		Gastos Generales
Vehículos		Depreciación
Clientes		Gastos en arriendo

Día	Detalle de la transacción
1/12	Se inician las actividades con un aporte en dinero por $ 10.000.000
3/12	Se abre cuenta corriente en el Banco X con depósito inicial de $ 8.000.000. Comprobante de depósito N° 35418.
5/12	Se arrienda local de venta pagando 3 meses por anticipado, por un valor total de $ 600.000. El pago se efectúa al contado con cheque N° 300210 del Banco X.
9/12	Se compran mercaderías por $ 400.000 más IVA (factura 5432). El pago se efectúa 50 % al contado con cheque N° 300211, y 50 % a 60 días.
12/12	Se compra camioneta por valor de $ 2.500.000 más IVA (fact. 3108) la cual se paga en un 20 % al contado con cheque N°300212, y el saldo en dos cuotas a 60 y 90 días respectivamente.
15/12	Se compran mercaderías por $ 2.500.000 más IVA (fact. 15312). El pago se efectúa con $ 2.000.000 al contado, cheque N° 300213; y el saldo a crédito a 60 días.
16/12	Se venden mercaderías por $ 5.500.000 más IVA (fact. 0001). El pago se recibe en un 50 % al contado, lo cual se deposita en el banco, comprobante depósito 29156. Por el saldo, el cliente se acoge a crédito a 30 y 60 días. El costo de las mercaderías vendidas es de $ 3.100.000. Nota despacho N° 200.
19/12	Se pagan gastos de publicidad por $ 500.000 más IVA (fact. 35278). El pago se efectúa en un 50 % al contado con dinero en efectivo, y el saldo a crédito a 30 días, recibo N° 3540.

21/12	Se compran en mercaderías $ 2.000.000 más IVA (fact. 1305). Se paga al contado $ 1.000.000 con cheque N° 300214, y el saldo se negocia con crédito a 30 días.
24/12	Se pagan remuneraciones por $ 850.000, correspondientes al mes de diciembre. El pago se efectúa con cheque N° 300215, 300216, 300217, 300218, 300219, 300220, y 300221.
26/12	Se pagan gastos generales por $ 110.500 con cheques N° 300222, 300233, 300224. Comprobantes de pago N° 151813, 21742, 161572-8.
27/12	Se venden mercaderías por $ 2.500.000 más IVA (fact. N° 0002). Se recibe cheque por $ 1.000.000, comprobante de depósito 158321 y por el saldo se da crédito a 60 días. El costo de las mercaderías vendidas es $ 1.800.000, Nota de despacho N° 201.
30/12	Para la camioneta comprada con fecha 12/12 se estima una vida útil de 3 años, con un valor residual de $ 400.000. El monto de la Depreciación mensual es por lo tanto $ 58.333. La camioneta se alcanzó a depreciar 18 días en el mes de diciembre.

Solución

Nota: Las compras y ventas se registran en dos partes. Primero por el total y luego el asiento por la forma de pago.

Libro Diario

N°	Fecha	CUENTA		MONTO	
		Debe	Haber	Debe	Haber
		Caja		$ 10.000.000	
			Capital		$ 10.000.000
		GL: Constitución de la sociedad.			
2	3/12				
		Banco		$ 8.000.000	
			Caja		$ 8.000.000
		GL: Comprobante 35418.			
3	5/12				
		Arriendos Anticipados		$ 600.000	
			Banco		$ 600.000
		GL: Comprobante N° 300210 del Banco X.			
4	9/12				
		Mercaderías		$ 4.000.000	
		IVA Crédito Fiscal		$ 720.000	
			Proveedores		$ 4.720.000
		GL: Factura N° 5432.			
5	9/12				
		Proveedores		$ 2.360.000	
			Banco		$ 2.360.000
		GL: Cheque N°300211 del Banco X.			
6	12/12				
		Vehículos		$ 2.500.000	
		IVA Crédito Fiscal		$ 450.000	
			Acreedores Varios		$ 2.950.000
		GL: Factura N°3108.			
		A la página siguiente		28.630.000	28.630.000

Continuación Libro Diario

N°	Fecha	CUENTA		MONTO	
		Debe	Haber	Debe	Haber
		De la página anterior		28.630.000	28.630.000
7	12/12				
		Acreedores Varios		$ 590.000	
			Banco		$ 590.000
		GL: Cheque N° 300212 del Banco X.			
8	15/12				
		Mercaderías		$ 2.500.000	
		IVA Crédito Fiscal		$ 450.000	
			Proveedores		$ 2.950.000
		GL: Factura N° 15312.			
9	15/12				
		Proveedores		$ 2.000.000	
			Banco		$ 2.000.000
		GL: Cheque N° 300213 del Banco X.			
10	16/12				
		Clientes		$ 6.490.000	
			Ingresos por Ventas		$ 5.500.000
			IVA Débito Fiscal		$ 990.000
		GL: Factura N° 0001.			
11	16/12				
		Banco		$ 3.245.000	
			Clientes		$ 3.245.000
		GL: Comprobante depósito N°29156			
12	16/12				
		Costo Ventas		$ 3.100.000	
			Mercaderías		$ 3.100.000
		Nota despacho N°200.			
13	19/12				
		Gastos Publicidad		$ 500.000	
		IVA Crédito Fiscal		$ 90.000	
			Acreedores Varios		$ 590.000
		GL: Factura N° 31278.			
14	19/12				
		Acreedores Varios		$ 295.000	
			Caja		$ 295.000
		GL: Recibo N° 3540.			
15	21/12				
		Mercaderías		$ 2.000.000	
		IVA Crédito Fiscal		$ 360.000	
			Proveedores		$ 2.360.000
		GL: Factura N° 1305.			
		A la página siguiente		21.620.000	21.620.000

Continuación Libro Diario

N°	Fecha	CUENTA		MONTO	
		Debe	**Haber**	**Debe**	**Haber**
		De la página anterior		21.620.000	21.620.000
16	21/12				
		Proveedores		$ 1.000.000	
			Banco		$ 1.000.000
		GL: Cheque N°300214 del Banco X			
17	24/12				
		Remuneraciones		$ 850.000	
			Banco		$ 850.000
		GL: Cheques N° 300215, 300216, 3000217, 300218, 300219, 300220, 300221 Banco X.			
18	26/12				
		Gastos Generales		$ 110.500	
			Banco		$ 110.500
		GL: Comprobantes N° 15813, 21742, 161572-8.			
19	27/12				
		Clientes		$ 2.950.000	
			Ingresos por Ventas		$ 2.500.000
			IVA Débito Fiscal		$ 450.000
		GL: Factura N° 0002.			
20	27/12				
		Banco		$ 1.000.000	
			Clientes		$ 1.000.000
		GL: Comprobante depósito N° 158321.			
21	27/12				
		Costo Ventas		$ 1.800.000	
			Mercaderías		$ 1.800.000
		GL: Nota de despacho N° 201.			
22	30/12				
		Depreciación		$ 35.000	
			Vehículos		$ 35.000
		GL: Depreciación camioneta del 12/12/04 al 31/12/04.			
23	30/12				
		Gasto en arriendo		$ 200.000	
			Arriendo Anticipado		$ 200.000
		GL: Gasto en arriendo mes de diciembre.			
		Totales		**$ 58.195.500**	**$ 58.195.500**

Libro Mayor

Caja	
Debe	**Haber**
10.000.000	8.000.000
	295.000
10.000.000	8.295.000
SD	1.705.000
10.000.000	10.000.000

Banco	
Debe	**Haber**
8.000.000	600.000
3.245.000	2.360.000
1.000.000	590.000
	2.000.000
	1.000.000
	850.000
	110.500
12.245.000	7.510.500
SD	4.734.500
12.245.000	12.245.000

Arriendos Anticipados	
Debe	**Haber**
600.000	200.000
600.000	200.000
SD	400.000
600.000	600.000

Mercaderías	
Debe	**Haber**
4.000.000	3.100.000
2.500.000	1.800.000
2.000.000	
8.500.000	4.900.000
SD	3.600.000
8.500.000	8.500.000

IVA Crédito Fiscal	
Debe	**Haber**
720.000	
450.000	
450.000	
90.000	
360.000	
2.070.000	-
SD	2.070.000
2.070.000	2.070.000

Vehículos	
Debe	**Haber**
2.500.000	35.000
2.500.000	35.000
SD	2.465.000
2.500.000	2.500.000

Clientes	
Debe	**Haber**
6.490.000	3.245.000
2.950.000	1.000.000
9.440.000	4.245.000
SD	5.195.000
9.440.000	9.440.000

Acreedores Varios	
Debe	**Haber**
590.000	2.950.000
295.000	590.000
885.000	3.540.000
2.655.000	SA
3.540.000	3.540.000

Proveedores	
Debe	**Haber**
2.360.000	4.720.000
2.000.000	2.950.000
1.000.000	2.360.000
5.360.000	10.030.000
4.670.000	SA
10.030.000	10.030.000

Ingresos por Ventas	
Debe	**Haber**
	5.500.000
	2.500.000
-	8.000.000
8.000.000	SA
8.000.000	8.000.000

IVA Débito Fiscal	
Debe	**Haber**
	990.000
	450.000
-	1.440.000
1.440.000	SA
1.440.000	1.440.000

Costo Ventas	
Debe	**Haber**
3.100.000	
1.800.000	
4.900.000	-
SD	4.900.000
4.900.000	4.900.000

Capital	
Debe	**Haber**
	10.000.000
-	10.000.000
10.000.000	SA
10.000.000	10.000.000

Remuneraciones	
Debe	**Haber**
850.000	
850.000	-
SD	850.000
850.000	850.000

Gastos Generales	
Debe	**Haber**
110.500	
110.500	-
SD	110.500
110.500	110.500

Depreciación	
Debe	**Haber**
35.000	
35.000	-
SD	35.000
35.000	35.000

Gastos en Arriendo	
Debe	**Haber**
200.000	
200.000	-
SD	200.000
200.000	200.000

Gastos Publicidad	
Debe	**Haber**
500.000	
500.000	
SD	500.000
500.000	500.000

Balance de comprobación y saldos

	Total de		Saldos	
Cuentas	**Débitos**	**Créditos**	**Deudores**	**Acreedores**
Caja	10.000.000	8.295.000	1.705.000	
Banco	12.245.000	7.510.500	4.734.500	
Arriendos Anticipados	600.000	200.000	400.000	
Mercaderías	8.500.000	4.900.000	3.600.000	
IVA Crédito Fiscal	2.070.000	-	2.070.000	
Vehículos	2.500.000	35.000	2.465.000	
Clientes	9.440.000	4.245.000	5.195.000	
Capital	-	10.000.000		10.000.000
Proveedores	5.360.000	10.030.000		4.670.000
Acreedores Varios	885.000	3.540.000		2.655.000
IVA Débito Fiscal	-	1.440.000		1.440.000
Ingresos por Ventas	-	8.000.000		8.000.000
Costo Venta	4.900.000	-	4.900.000	
Gastos Publicidad	500.000	-	500.000	
Remuneraciones	850.000	-	850.000	
Gastos Generales	110.500	-	110.500	
Depreciación	35.000	-	35.000	
Gato Arriendo	200.000	-	200.000	
TOTALES	58.195.500	58.195.500	26.765.000	26.765.000

Estado de Resultado
Período: 01/12/04 al 31/12/04

Ingreso por Venta	$ 8.000.000
Costo Venta	($ 4.900.000)
Resultado Bruto	$ 3.100.000
Gastos Publicidad	($ 500.000)
Remuneraciones	($ 850.000)
Gastos Generales	($ 110.500)
Depreciación	($ 35.000)
Gasto Arriendo	($ 200.000)
Utilidad del Ejercicio	$ 1.404.500

Balance General
al 31/12/04

Activo S			**Pasivos**	
Caja	$ 1.705.000		Proveedores	$ 4.670.000
Banco	$ 4.734.500		Acreedores Varios	$ 2.655.000
Arriendos Anticipados	$ 400.000		IVA Débito Fiscal	$ 1.440.000
Mercaderías	$ 3.600.000			
IVA Crédito Fiscal	$ 2.070.000		Capital	$ 10.000.000
Vehículos	$ 2.465.000		Utilidad del Ejercicio	$ 1.404.500
Clientes	$ 5.195.000			
Total	$ 20.169.500		**Total**	$ 20.169.500

Ejercicio N° 9 Sagitario

Dado el siguiente listado de Débitos y Créditos de una empresa:

Cuentas	Débitos	Créditos
Caja	5.200.000	2.600.000
Mercaderías	7.350.000	1.800.000
Gastos Financieros	230.000	-
Ventas	-	1.000.000
Gastos Generales	400.000	-
Ingresos Extraoperacionales	-	350.000
Banco	4.800.000	800.000
Maquinarias	3.000.000	1.150.000
Clientes	2.250.000	750.000
Deudores	1.500.000	500.000
Préstamo Bancario	1.250.000	2.250.000
Depreciación Acumulada Maquinaria	300.000	700.000
Capital	-	?
Utilidad Venta Máquina	-	350.000
Intereses Ganados	-	50.000
Proveedores	400.000	1.500.000
Anticipo de Clientes	-	50.000
Anticipo a Proveedores	130.000	-
Cuenta Personal	-	80.000
Acreedores	100.000	500.000
Documentos por Cobrar	850.000	540.000
Costo de Ventas	200.000	-

Se pide:

A. Determinar el Capital Inicial de la empresa.

B. Confeccionar el Balance General y Estado de Resultados.

Solución

A. Capital Inicial: $ 12.990.000

B.

Balance general

Activos	
Caja	$ 2.600.000
Banco	$ 4.000.000
Clientes	$ 1.500.000
Documentos por Cobrar	$ 310.000
Deudores	$ 1.000.000
Mercaderías	$ 5.550.000
Anticipo a Proveedores	$ 130.000
Maquinarias	$ 1.850.000
Total	$ 16.940.000

Pasivos	
Préstamo Bancario	$ 1.000.000
Proveedores	$ 1.100.000
Depre. Acumulados Máquinas	$ 400.000
Acreedores	$ 400.000
Anticipo de Clientes	$ 50.000
Capital	$ 12.990.000
Utilidad del Ejercicio	$ 920.000
Cuenta Personal	$ 80.000
Total	$ 16.940.000

Estado de resultado

Ventas	$ 1.000.000
Costo de Ventas	($ 200.000)
Margen Bruto	$ 800.000
Gastos Generales	($ 400.000)
Utilidad Operacional	$ 400.000
Utilidad Venta Máquina	$ 350.000
Intereses Ganados	$ 50.000
Ingresos Extra operacionales	$ 350.000
Gastos Financieros	($ 230.000)
Utilidad del Ejercicio	$ 920.000

Parte IV:
Ejercicios con mercaderías (LIFO, FIFO Y PPP)*

- No es aceptado por NIIF. Se incluye por referencia histórica. IVA: 18 %.

Ejercicio N° 10 Capricornio

Se dispone de la siguiente información respecto a uno de los productos que comercializa una empresa:

Al 1° de abril de 2003 existen en inventario 800 unidades del artículo, con un costo total de $ 200.000. Durante abril se produjeron las siguientes transacciones:

04-04	Se compran 1800 unidades a un valor unitario neto de $ 230. Se cancela mitad con cheque al día y el saldo con documento a 30 días.
07-04	El dueño retira 100 unidades para su consumo personal. El monto facturado lo cancela con cheque extendido para el 05 de mayo de 2003.
12-04	Se devuelven 300 unidades compradas el día 04-04-03, este valor se abonará a futuras compras.
15-04	Se venden 100 unidades con un 30 % de Utilidad sobre el costo, el cliente tenía $ 100.000 a su favor (monto que se descuenta en esta oportunidad) y el saldo lo documenta con cheques a 30 y 60 días.
25-04	Se venden a crédito simple la mitad de las unidades en existencia en $ 300 c/u neto.
28-04	Se acepta devolución de 100 unidades vendidas el día 15. Se extiende cheque a 30 días por el valor de la devolución.

Se pide:

A. Completar la tarjeta de existencias del producto, empleando el método de valorización FIFO.
B. Registrar en el Libro Diario las transacciones ocurridas en abril de 2003.
C. Determinar el resultado obtenido por la empresa por los hechos económicos ocurridos en abril de 2003. Indique cómo llegó al resultado solicitado.

Recuerde que al calcular en la tarjeta costos unitarios debe usar tres decimales. Única oportunidad en que puede emplear valores con decimales.

Solución

A. Tarjeta de Existencias (FIFO)

Fecha	Detalle	Entradas			Salidas			Saldos		
		Cant.	Precio	Total	Cant.	Precio	Total	Cant.	Precio	Total
01/04/03	Inventario Inicial							800	250	200.000
04/04/03	Compra	1.800	230	414.000				1.800	230	414.000
07/04/03	Retiro de dueño				100	250	25.000	700	250	175.000
								1.800	230	414.000
12/04/03	Devolución Compra				300	230	69.000	700	250	175.000
								1.500	230	345.000
15/04/03	Venta				100	250	25.000	600	250	150.000
								1.500	230	345.000
25/04/03	Venta				600	250	150.000			
					450	230	103.500	1.050	230	241.500
28/04/03	Devolución Venta				(100)	(250)	(25.000)	100	250	25.000
								1.050	230	241.500

B. Libro Diario

Línea	Detalle		Debe	Haber
04/04/03				
	Mercaderías		414.000	
	IVA Crédito Fiscal		74.520	
		Banco		244.260
		Documento por Pagar		244.260
07/04/03				
	Documentos por Cobrar		29.500	
		Venta		25.000
		IVA Débito Fiscal		4.500
	Costo de Ventas		25.000	
		Mercaderías		25.000
12/04/03				
	Anticipo a Proveedores		81.420	
		Mercaderías		69.000
		IVA Crédito Fiscal		12.420
15/04/03				
	Clientes		38.350	
		Venta		32.500
		IVA Débito Fiscal		5.850
	Costo de Ventas		25.000	
		Mercaderías		25.000
	Anticipo Clientes		38.350	
		Clientes		38.350

25/04/03				
	Clientes		371.700	
		Venta		315.000
		IVA Débito Fiscal		56.700
	Costo de Ventas		253.500	
		Mercaderías		253.500
28/04/03				
	Venta		32.500	
	IVA Débito Fiscal		5.850	
		Anticipo Clientes		38.350
	Mercaderías		25.000	
		Costo de Ventas		25.000

C. Resultado obtenido

Ventas	
$ 32.500	$ 25.000
	$ 32.500
	$ 315.000
$ 32.500	$ 372.500
$ 340.000	SA

Costo de Ventas	
$ 25.000	$ 25.000
$ 25.000	
$ 253.500	
$ 303.500	$ 25.000
SD	$ 278.500

Estado de Resultado

Ventas	$ 340.000
Costo de Ventas	($ 278.500)
Margn Bruto	$ 61.500

Ejercicio N° 11 Acuario

Dada la siguiente información del movimiento del artículo X, del mes de abril del 2003, según Tarjeta de Existencias:

1-4	Inventario Inicial: • 20 ú a $ 25 c/u adquiridas el 03.03.03.. • 40 ú a $ 30 c/u adquiridas el 25.03.03.
10-4	Compra de 60 ú a $ 40 c/u.
15-4	Venta de 70 ú.
17-4	Cliente devuelve 12 ú de la venta del día 15-4.
20-4	Se castigan las 12 ú que nos devolvieron por encontrarse dañadas.
20-4	El dueño retira 23 ú.

Información adicional:

1. Compras y ventas son al crédito simple.
2. Las ventas se efectúan con 20 % de recargo sobre el costo.

Se pide:

A. Traspasar el movimiento a la tarjeta de existencias del artículo X (según los métodos FIFO, LIFO y P.P.P.).
B. Asientos de compras, ventas y costo de ventas, castigo, retiro y liquidación mensual de las cuentas IVA (por los tres métodos).
C. Costo de la mercadería que permanece en existencia por los tres métodos.

Solución

A.1) Tarjeta de Existencias (FIFO)

Fecha	Detalle	Entradas			Salidas			Saldos		
		Cant.	Precio	Total	Cant.	Precio	Total	Cant.	Precio	Total
01/04/03	Inventario Inicial							20	25	500
								40	30	1.200
10/04/03	Compra	60	40	2.400				20	25	500
								40	30	1.200
								60	40	2.400

Fecha	Detalle	Entradas			Salidas			Saldos		
		Cant.	Precio	Total	Cant.	Precio	Total	Cant.	Precio	Total
15/04/03	Venta				20	25	500			
					40	30	1.200			
					10	40	400	50	40	2.000
17/04/03	Devolución Venta				(10)	40	(400)	10	40	400
					(2)	30	(60)	2	30	60
20/04/03	Castigo				10	40	400			
					2	30	60	50	40	2.000
20/04/03	Retiro				23	40	920	27	40	1.080

A.2) Tarjeta de Existencias (LIFO)

Fecha	Detalle	Entradas			Salidas			Saldos		
		Cant.	Precio	Total	Cant.	Precio	Total	Cant.	Precio	Total
01/04/03	Inventario Inicial							20	25	500
								40	30	1.200
10/04/03	Compra	60	40	2.400				20	25	500
								40	30	1.200
								60	40	2.400
15/04/03	Venta				60	40	2.400	20	25	500
					10	30	300	30	30	900
17/04/03	Devolución Venta				(10)	30	(300)	10	30	300
					(2)	40	(80)	2	40	80
20/04/03	Castigo				10	30	300	20	25	500
					2	40	80	30	30	900
20/04/03	Retiro				23	30	690	20	25	500
								7	30	210

A.3) Tarjeta de Existencias (PPP)

Fecha	Detalle	Entradas			Salidas			Saldos		
		Cant.	Precio	Total	Cant.	Precio	Total	Cant.	Precio	Total
01/04/03	Inventario Inicial							20	25	500
								40	30	1.200
								60	28,33	1.700
10/04/03	Compra	60	40	2.400				120	34,16	4.100
15/04/03	Venta				70	34,16	2.392	50	34,16	1.708
17/04/03	Devolución Venta				(12)	34,16	(410)	62	34,16	2.118
20/04/03	Castigo				12	34,16	410	50	34,16	1.708
20/04/03	Retiro				23	34,16	786	27	34,16	922

B.1) Asientos Contables (FIFO)

Línea	Detalle		Debe	Haber
10/04				
	Mercaderías		2.400	
	IVA Crédito Fiscal		432	
		Proveedores		2.832
	Glosa: Compra de Mercaderías.			
15/04				
	Clientes		2.974	
		Ventas		2.520
		IVA Débito Fiscal		454
	Costo de Ventas		2.100	
		Mercaderías		2.100
	Glosa: Venta de Mercaderías.			
17/04				
	Ventas		552	
	IVA Débito Fiscal		99	
		Clientes		651
	Mercaderías		460	
		Costo de Ventas		460
	Glosa: Devolución de Venta de mercaderías.			
20/04				
	Castigo mercaderías		460	
		Mercaderías		460
	Glosa: Castigo de Mercaderías.			
20/04				
	Cuenta Personal		1.086	
		Ventas		920
		IVA Débito Fiscal		166
	Costo de Ventas		920	
		Mercaderías		920
	Glosa: Retiro de mercaderías dueño.			
30/04				
	IVA Débito Fiscal		432	
		IVA Crédito Fiscal		432
	Glosa: Liquidación IVA abril.			

B.2) Asientos Contables (LIFO)

Línea	Detalle		Debe	Haber
10/04				
	Mercaderías		2.400	
	IVA Crédito Fiscal		432	
		Proveedores		2.832
	Glosa: Compra de Mercaderías.			
15/04				
	Clientes		3.823	
		Ventas		3.240
		IVA Débito Fiscal		583
	Costo de Ventas		2.700	
		Mercaderías		2.700
	Glosa: Venta de Mercaderías.			
17/04				
	Ventas		456	
	IVA Débito Fiscal		82	
		Clientes		538
	Mercaderías		380	
		Costo de Ventas		380
	Glosa: Devolución de Venta de mercaderías.			
20/04				
	Castigo mercaderías		380	
		Mercaderías		380
	Glosa: Castigo de Mercaderías.			
20/04				
	Cuenta Personal		814	
		Ventas		690
		IVA Débito Fiscal		124
	Costo de Ventas		690	
		Mercaderías		690
	Glosa: Retiro de mercaderías dueño.			
30/04				
	IVA Débito Fiscal		432	
		IVA Crédito Fiscal		432
	Glosa: Liquidación IVA abril.			

B.3) Asientos Contables (PPP)

Línea	Detalle		Debe	Haber
10/04				
	Mercaderías		2.400	
	IVA Crédito Fiscal		432	
		Proveedores		2.832
	Glosa: Compra de Mercaderías.			
15/04				
	Clientes		3.387	
		Ventas		2.870
		IVA Débito Fiscal		517
	Costo de Ventas		2.392	
		Mercaderías		2.392
	Glosa: Venta de Mercaderías.			
17/04				
	Ventas		492	
	IVA Débito Fiscal		89	
		Clientes		581
	Mercaderías		410	
		Costo de Ventas		410
	Glosa: Devolución de Venta de mercaderías.			
20/04				
	Castigo mercaderías		410	
		Mercaderías		410
	Glosa: Castigo de Mercaderías.			
20/04				
	Cuenta Personal		928	
		Ventas		786
		IVA Débito Fiscal		142
	Costo de Ventas		786	
		Mercaderías		786
	Glosa: Retiro de mercaderías dueño.			
30/04				
	IVA Débito Fiscal		432	
		IVA Crédito Fiscal		432
	Glosa: Liquidación IVA abril.			

C.1) Costo de la mercadería que permanece en existencia (FIFO)

Mercaderías	
$ 1.700	$ 2.100
$ 2.400	$ 460
$ 460	$ 920
$ 4.560	$ 3.480
SD	$ 1.080

C.2) Costo de la mercadería que permanece en existencia (LIFO)

Mercaderías	
$ 1.700	$ 2.700
$ 2.400	$ 380
$ 380	$ 690
$ 4.480	$ 3.770
SD	$ 710

C.3) Costo de la mercadería que permanece en existencia (PPP)

Mercaderías	
$ 1.700	$ 2.392
$ 2.400	$ 410
$ 410	$ 786
$ 4.510	$ 3.588
SD	$ 992

Ejercicio N° 12 Piscis

Una empresa importadora de zapatillas lo ha contratado a usted para que lleve el registro de las existencias.

Le entregan los siguientes resultados respecto al mes anterior:

Inventario al 01 de agosto 1.000 ú

- Compras del mes 6.000 ú
- Ventas del mes 2.000 ú

A partir de septiembre comienza su gestión y el inventario inicial al 01 de septiembre está valorado en $ 5.000 la unidad (par de zapatillas).

En el mes de septiembre se obtuvo lo siguiente:

01.09	Se compran 500 unidades a un valor total de $ 2.750.000.
06.09	Se venden 200 unidades a $ 10.000 el par de zapatillas.
07.09	Cuatro clientes devolvieron las zapatillas por encontrarlas en mal estado. Las zapatillas devueltas no son reparables.
08.09	Se compran a los proveedores 600 unidades a $ 6.000.
09.09	Después de verificar la mercadería comprada se encontró que el 10 % estaba mala y se devuelve al proveedor.
15.09	Se venden 200 ú a un precio de $ 10.000, pero aquellos que pagaron al contado se les hizo un descuento de 5 %. Fueron beneficiados con este descuento el 80 % de los clientes.
16.09	Se retiran 20 ú para regalarlas a los empleados.

Para el FIFO, LIFO y PPP se pide:

A. Determinar el Inventario Inicial al 01 de septiembre.
B. Confeccione cada una de las tarjetas de existencias.
C. ¿Con cuál método obtuvo mayor utilidad?
D. ¿Cuál método valoriza más la mercadería?
E. Complete el siguiente cuadro con los datos extraídos de las tarjetas de existencias.

	Inventario Final (ú)	Valor Mercadería	Utilidad
FIFO			
LIFO			
PPP			

Solución

A. Inventario Inicial al 01 de septiembre

	Inventario agosto	1.000 ú	
(+)	Compras agosto	6.000 ú	
(-)	Ventas agosto	(2.000) ú	
		5.000 ú	⟶ Inventario Inicial septiembre

B.1) Tarjeta de Existencias (FIFO o PEPS)

Fecha	Detalle	Precio Unit.	Unidades			Valores			Observaciones
			Entrada	Salida	Saldo	Entrada	Salida	Saldo	
01/09	Inv. Inicial	5.000	5.000		5.000	25.000.000		25.000.000	(1) 5.000 x $ 5.000
01/09	Compra	5.500	500		5.500	2.750.000		27.750.000	(2) 500 x $ 5.500
06/09	Venta	200 x $ 5.000		200	5.300		1.000.000	26.750.000	(1) 4.800 x $ 5.000
07/09	Dev. Venta	4 x $ 5.000	4		5.304	20.000		26.770.000	(1) 4.804 x $ 5.000
07/09	Castigo	4 x $ 5.000		4	5.300		20.000	26.750.000	(1) 4.800x $ 5.000
08/09	Compra	6.000	600		5.900	3.600.000		30.350.000	(3) 600 x $ 6.000
09/09	Dev. Compra	6.000		60	5.840		360.000	29.990.000	(3) 540 x $ 6.000
15/09	Venta	200 x $ 5.000		200	5.640		1.000.000	28.990.000	(1) 4.600 x $ 5.000
16/09	Retiro	20 x $ 5.000		20	5.620		100.000	28.990.000	(1) 4.580 x $ 5.000

B.2) Tarjeta de Existencias (LIFO o UEPS)

Fecha	Detalle	Precio Unit.	Unidades			Valores			Observaciones
			Entrada	Salida	Saldo	Entrada	Salida	Saldo	
01/09	Inv. Inicial	5.000	5.000		5.000	25.000.000		25.000.000	(1) 5.000 x $ 5.000
01/09	Compra	5.500	500		5.500	2.750.000		27.750.000	(2) 500 x $ 5.500
06/09	Venta	200 x $ 5.500		200	5.300		1.100.000	26.650.000	(2) 300 x $ 5.500
07/09	Dev. Venta	4 x $ 5.500	4		5.304	22.000		26.672.000	(2) 304 x $ 5.500
07/09	Castigo	4 x $ 5.500		4	5.300		22.000	26.650.000	(2) 300x $ 5.500
08/09	Compra	6.000	600		5.900	3.600.000		30.250.000	(3) 600 x $ 6.000
09/09	Dev. Compra	6.000		60	5.840		360.000	29.890.000	(3) 540 x $ 6.000
15/09	Venta	200 x $ 6.000		200	5.640		1.200.000	28.690.000	(3) 340 x $ 6.000
16/09	Retiro	20 x $ 6.000		20	5.620		120.000	28.570.000	(3) 320 x $ 6.000

B.3) Tarjeta de Existencias (PPP o PMP)

Fecha	Detalle	Precio Unit.	Unidades			Valores			Observaciones
			Entrada	Salida	Saldo	Entrada	Salida	Saldo	
01/09	Inv. Inicial	5.000	5.000		5.000	25.000.000		25.000.000	5.000 x $ 5.000
01/09	Compra	5.500	500		5.500	2.750.000		27.750.000	5.500 x $ 5.045,45
06/09	Venta	5045,45		200	5.300		1.009.090	26.740.910	5.300 x $ 5.045,45
07/09	Dev. Venta	5045,45	4		5.304	20.182		26.761.092	5.304 x $ 5.045,45
07/09	Castigo	5045,45		4	5.300		20.182	26.740.910	5.300x $ 5.045,45
08/09	Compra	6.000	600		5.900	3.600.000		30.340.910	5.900 x $ 5.142,53
09/09	Dev. Compra	6.000		60	5.840		360.000	29.890.910	5.840 x $ 5.133,72
15/09	Venta	5.133,72		200	5.640		1.026.744	28.954.166	5.640 x $ 5.133,72
16/09	Retiro	5.133,72		20	5.620		102.674	28.851.492	5.620 x $ 5.133,72

C. ¿Con cuál método obtuvo mayor Utilidad?

06/09 →	200 ú x $ 10.000		→ 2.000.000	
15/09 →	(200 ú x $ 10.000)	- $ 80.000	→ $ 1.920.000	
		(Descuento)	$ 3.920.000	→ Ventas Brutas
07/09	(Devolución Venta) 4 ú x $ 10.000		→ ($ 40.000)	
			$ 3.880.000	Ventas Totales

FIFO	
Ventas	$ 3.880.000
(-) Costo de Ventas	($ 1.980.000)
Margen Bruto	$ 1.900.000

Costo Ventas	-	Devolución Ventas
400 ú x $ 5.000		4 ú x $ 5.000
$ 2.000.000	-	$ 20.000
	$ 1.980.000	

LIFO	
Ventas	$ 3.880.000
(-) Costo de Ventas	($ 2.278.000)
Margen Bruto	$ 1.602.000

Costo Ventas	-	Devolución Ventas
200 ú x $ 5.500		4 ú x $ 5.500
200 ú x $ 6.000		
$ 2.300.000	-	$ 20.000
	$ 2.278.000	

PPP	
Ventas	$ 3.880.000
(-) Costo de Ventas	($ 2.015.652)
Margen Bruto	$ 1.864.348

Costo Ventas	-	Devolución Ventas
200 ú x $ 5.045,45		4 ú x $ 5.045,45
200 ú x $ 5.133,72		
$ 2.035.834	-	$ 20.182
	$ 2.015.652	

Se obtuvo mayor Utilidad con el método FIFO (PEPS).

D. ¿Cuál método valoriza más la mercadería?
El método FIFO (PEPS) valoriza más la mercadería.

E.

	Inventario Final (ú)	Valor Mercadería	Utilidad
FIFO	5.620	28.990.000	1.900.000
LIFO	5.620	28.570.000	1.602.000
PPP	5.620	28.851.492	1.864.348

Parte V: Ejercicios con IVA

Ejercicio N° 13 Dragón

Los siguientes datos corresponden a las compras y ventas de mercaderías (al crédito simple) de una empresa en el mes de octubre del 2004:

- Compras netas: $ 350.000.
- Ventas brutas (50 % de las compras): $ 535.500 (IVA incluido).

Determine:

a) IVA Crédito Fiscal.
b) IVA Débito Fiscal.
c) Remanente a favor de la empresa o valor a pagar al fisco (especifique).
d) Utilidad o pérdida del mes.
e) Asiento de compras, de ventas, de liquidación de IVA y de pago al fisco, si corresponde.

Solución

a)

Monto IVA Crédito Fiscal	=	Compras Netas (Iva excluido) x Tasa de IVA
Monto IVA Crédito Fiscal	=	$ 350.000 x 0,19
Monto IVA Crédito Fiscal	=	$ 350.000 x 0,19
Monto IVA Crédito Fiscal	=	$ 66.500

b)

Ventas Netas (IVA excluido)	=	Ventas Brutas (IVA incluido) / Factor IVA
Ventas Netas (IVA excluido)	=	$ 535.500 / 1,19
Ventas Netas (IVA excluido)	=	$ 450.000

Monto IVA Débito Fiscal	=	Ventas Netas x Tasa de IVA
Monto IVA Débito Fiscal	=	$ 450.000 x 0,19
Monto IVA Débito Fiscal	=	$ 85.500

Monto IVA Débito Fiscal	=	Ventas Brutas - Ventas Netas
Monto IVA Débito Fiscal	=	$ 535.500 - $ 450.000
Monto IVA Débito Fiscal	=	$ 85.500

c) La liquidación del IVA consiste en comparar los saldos de las cuentas ICF con el IDF, y proceder a su ajuste o liquidación. Al momento de realizar la liquidación se pueden dar 3 situaciones:
   a) ICF > IDF
   b) ICF < IDF
   c) ICF = IDF

En este caso, se dio la situación b) ICF < IDF.

$ 66.500 < $ 85.500: Esta situación implica que se recaudó más IVA del que se pagó. En este caso, al realizar la liquidación, se colocan los respectivos montos de las cuentas ICF e IDF, y la diferencia se contrarresta con la cuenta "IVA por Pagar". Posteriormente se cancela este IVApor Pagar. De esta manera tanto la cuenta ICF como IDF se saldan.

d)

	Ventas	$ 450.000		
(-)	Costo ventas	($ 175.000)		
	Margen Bruto	$ 275.000	⟶	Utilidad del mes

e)

Línea	Detalle		Debe	Haber
	Mercaderías		350.000	
	IVA Crédito Fiscal		66.500	
		Proveedores		416.500
	Glosa: Centralización Libro Compras octubre'04			
	Clientes		535.500	
		Ventas		450.000
		IVA Débito Fiscal		85.500
	Glosa: Centralización Libro Ventas octubre '04			
	IVA Débito Fiscal		85.500	
		IVA Crédito Fiscal		66.500
		IVA por Pagar		19.000
	Glosa: Ajuste IVA mes octubre '04			

El IVA se paga al mes siguiente hasta el 12 de cada mes (en este caso, el plazo expira el 12 de noviembre del 2004). El asiento queda así:

Línea	Detalle		Debe	Haber
	IVA por Pagar		19.000	
		Banco		19.000
	Glosa: Cancelación IVA período octubre '04			

Ejercicio N° 14 Mono

A partir de los siguientes asientos contables, confeccione Balance General y Estado de Resultados.

Línea	Detalle		Debe	Haber
	Muebles y Útiles		650.000	
	Caja		200.000	
		Capital		850.000
	Mercaderías		800.000	
	IVA Crédito Fiscal		144.000	
		Proveedores		944.000
	Clientes		1.062.000	
		Ventas		900.000
		IVA Débito		162.000
	Costo Ventas		700.000	
		Mercaderías		700.000

Solución

Balance General

Activos	
Caja	$ 200.000
Clientes	$ 1.062.000
Mercaderías	$ 100.000
IVA Crédito Fiscal	$ 144.000
Muebles y Útiles	$ 650.000
Total	$ 2.156.000

Pasivos	
Proveedores	$ 944.000
IVA Débito Fiscal	$ 162.000
Capital	$ 850.000
Resultado del Ejercicio	$ 200.000
Total	$ 2.156.000

Estado de Resultados

Ventas	$ 900.000
Costo de Ventas	($ 700.000)
Resultado del Ejercicio	$ 200.000

Parte VI: Ejercicios con regularizaciones periódicas

Ejercicio N° 15 Rata

Los débitos, créditos y saldos del Balance de la empresa comercializadora "ASIA S.A." sintetizan todas las operaciones del año, excepto las originadas en ajustes y regularizaciones de fin de año.

Balance de Comprobación y Saldos
Al 31 de diciembre de 2004

Cuentas	Total de		Saldos	
	Débitos	Créditos	Deudores	Acreedores
Caja	$ 163.000	$ 145.000	$ 18.000	
Banco	$ 185.600	$ 166.400	$ 19.200	
Valores Negociables	$ 83.000	$ 62.200	$ 20.800	
Clientes	$ 1.556.000	$ 1.304.400	$ 251.600	
Estim. Deudas Incobrables	$ 28.800	$ 28.800		
IVA Crédito Fiscal	$ 163.400	$ 155.400	$ 8.000	
Existencias	$ 848.400	$ 731.800	$ 116.600	
Seguros Vigentes	$ 136.000	$ 40.000	$ 96.000	
Edificios	$ 701.600		$ 701.600	
Vehículos	$ 366.000		$ 366.000	
Muebles	$ 143.400		$ 143.400	
Depreciación Acumulada		$ 88.600		$ 88.600
Derecho de Llaves	$ 176.000		$ 176.000	
Proveedores	$ 1.065.800	$ 1.165.800		$ 100.000
Documentos por Pagar	$ 422.200	$ 422.200		0
IVA Débito Fiscal	$ 203.600	$ 244.200		$ 40.600
Provisión Impuesto Renta	$ 83.400	$ 83.400		0
Provisión Gastos	$ 28.600	$ 28.600		0
Ingresos Diferidos		$ 144.000		$ 144.000
Deuda Hipotecaria	$ 382.800	$ 466.400		$ 83.600
Documentos por Pagar Largo Plazo	$ 284.000	$ 390.000		$ 106.000
Capital		$ 456.000		$ 456.000
Reservas		$ 234.000		$ 234.000
Rev. del capital Propio	$ 30.000	$ 30.000		0
Costo de Ventas	$ 1.304.400		$ 1.304.400	
Remuneraciones	$ 683.000		$ 683.000	
Gastos de Distribución	$ 115.000		$ 115.000	
Publicidad	$ 258.000		$ 258.000	
Gastos Generales	$ 482.200		$ 482.200	
Intereses Pagados	$ 42.600		$ 42.600	
Ventas		$ 3.501.400		$ 3.501.400
Intereses Ganados		$ 48.200		$ 48.200
Totales	$ 9.936.800	$ 9.936.800	$ 4.802.400	$ 4.802.400

Antecedentes ejercicio 2004:

1) Para este ejercicio, la Empresa estima como incobrable el 1 % del saldo de la cuenta Clientes.
2) El IVA (18 %) se debe provisionar.
3) El saldo de seguro vigente proviene de un seguro contratado el 01/07/04 que vence el 30/06/05.
4) El derecho de llaves de amortiza en 5 años, de los cuales han transcurrido 3 años al 31/12/03.
5) La depreciación del Activo fijo corresponde a un 10 % promedio anual sobre saldos brutos.
6) Los Ingresos diferidos corresponden a intereses recibidos por adelantado, de los cuales se ha ganado el 80 % al cierre del presente ejercicio.
7) En los documentos por pagar a largo plazo hay $ 84.000 que vencen durante el próximo año.
8) Para Impuesto a la renta se estima en $ 74.338.
9) Para los gastos generales (luz, agua, gas y teléfono) se estiman $ 24.400.

Se pide:

A. Con los antecedentes entregados confeccionar los Asientos de Ajustes y Regularizaciones de fin de año.
B. Obtenga el Estado de Resultado en forma vertical (o como informe) para el período 01/01/04 al 31/12/04.
C. Obtenga el Balance General Clasificado al 31/12/04.

Solución

A. Ajustes y regularizaciones

N°	Cuenta		Monto	
	Debe	**Haber**	**Debe**	**Haber**
1				
	Deudas Incobrables		2.516	
		Estimación Deudas Incobrables		2.516
	Estimación del 1 % sobre saldos por cobrar a clientes.			
2				
	IVA Débito Fiscal		40.600	
		IVA Crédito Fiscal		8.000
		IVA por Pagar		32.600
	Liquidación IVA			
3				
	Seguros Vencidos		48.000	
		Seguros Vigentes		48.000
	Traslado a gastos seguros vencidos.			
4				
	Amortización derecho de llaves		88.000	
		Derecho de Llaves		88.000
	Amortización anual derecho de llaves.			
5				
	Depreciación		121.100	
		Depreciación Acumulada.		121.100
	Depreciación anual Activo fijo.			
6				
	Ingresos Diferidos		115.200	
		Intereses Ganados		115.200
	80 % del interés ganado en el presente ejercicio.			
7				
	Documentos por Pagar Largo Plazo		84.000	
		Documentos por Pagar Corto Plazo		84.000
	Traspaso al Corto Plazo de documentos con vencimiento en próximo año.			
8				
	Impuesto a la Renta		74.338	
		Provisión Impuesto a la Renta		74.338
	Provisión Impuesto a la Renta.			
9				
	Gastos Generales		24.400	
		Provisión Gastos Generales		24.400
	Provisión gastos generales.			
Totales			598.154	598.154

B.

Estado de Resultado
Período: 01/01/04 al 31/12/04

Ventas	3.501.400
Costo Ventas	(1.304.400)
Utilidad Bruta	2.197.000
Remuneraciones	(683.000)
Gastos Distribución	(115.000)
Publicidad	(258.000)
Gastos Generales	(506.600)
Deudas Incobrables	(2.516)
Seguros Vencidos	(48.000)
Amortización Derecho de Llaves	(88.000)
Depreciación	(121.100)
Utilidad Operacional	374.784
Intereses Ganados	163.400
Intereses Pagados	(42.600)
Utilidad antes de Impuesto Renta	495.584
Impuesto a la Renta (15 %)	(74.338)
Utilidad del ejercicio	421.246

C.

Balance General
Al 31 de diciembre del 2004

Activos corriente	
Caja	$ 18.000
Banco	$ 19.200
Valores negociables	$ 20.800
Clientes	$ 251.600
Estado deudas incobrables	($ 2.516)
Existencias	$ 116.600
Seguros vigentes	$ 48.000
	$ 471.684
Activo no corriente	
Edificios	$ 701.600
Vehículos	$ 366.000
Muebles	$ 143.400
Depreciación acumulada	($ 209.700)
Derecho de llaves	$ 88.000
	$ 1.089.300
Total	$ 1.560.984

Pasivo corriente	
Proveedores	$ 100.000
Documentos por Pagar	$ 84.000
IVA por Pagar	$ 32.600
Provisión impuesto renta	$ 74.338
Provisión gastos	$ 24.400
Ingresos diferidos	$ 28.800
	$ 344.138
Pasivo no corriente	
Deuda hipotecaria	$ 83.600
Documento por Pagar L/P	$ 22.000
	$ 105.600
Patrimonio	
Capital	$ 456.000
Reservas	$ 234.000
Utilidad ejercicio	$ 421.246
	$ 1.111.246
Total	$ 1.560.984

Ejercicio N° 16 Serpiente

A partir de los siguientes antecedentes, presente los ajustes que corresponden al 31 de diciembre:

a) Las ventas totales del año fueron $ 12.000.000 y de estas quedaron créditos otorgados por $ 7.500.000. Según antecedentes históricos, un 5 % resultan incobrables.
b) Un Activo fijo físico (equipo) comprado el 1 de septiembre en $ 4.700.000, tiene un valor residual de $ 500.000 y una vida útil de 10 años.
c) Un departamento adquirido el 30 de junio en $ 30.000.000, con una vida útil estimada de 30 años y un valor residual de $ 9.000.000.
d) El 30 de septiembre, la empresa recibió al contado $ 420.000 por entregar en arriendo una bodega por 7 meses a contar del 1 de octubre.
e) Se hace una estimación de los gastos de diciembre por consumo básico de $ 50.000.
f) Se hace una estimación del Impuesto a la Renta para el ejercicio que termina, por un total de $ 100.000.

Solución

a) Ajuste Estimación Deudores Incobrables (EDI)
   Cálculo: Venta al crédito x porcentaje Deudores Incobrables.
   7.500.000 x 5 % = 375.000

Cuenta		Monto	
Debe	**Haber**	**Debe**	**Haber**
Deudas Incobrables		375.000	
	Estimación Deudas Incobrables		375.000
Glosa: Estimación Deudores Incobrables.			

b) Ajuste Depreciación
   Cálculo:
   - Cuota Depreciación Anual = (Valor Compra – Valor Residual) / Vida útil
   - Cuota Depreciación Anual =($ 4.700.000 - $ 500.000) / 10
   - Cuota Depreciación Anual =$ 420.000

Depreciación Período (4 meses) = ($ 420.000 / 12) x 4 = $ 140.000

Cuenta		Monto	
Debe	**Haber**	**Debe**	**Haber**
Depreciación		140.000	
	Depreciación Acumulada		140.000
Glosa: Depreciación período septiembre-diciembre.			

c) Ajuste depreciación

Cálculo:

- Cuota Depreciación Anual = Valor Compra – Valor Residual / Vida útil.
- Cuota Depreciación Anual =($ 30.000.000 - $ 9.000.000) / 30.
- Cuota Depreciación Anual = $ 700.000.

Depreciación Período (6 meses) = ($ 700.000 / 12) x 6 = $ 350.000.

Cuenta		Monto	
Debe	**Haber**	**Debe**	**Haber**
Depreciación		350.000	
	Depreciación Acumulada		350.000
Glosa: Depreciación período julio-diciembre.			

d) Ajuste Ingresos Diferidos

Cálculo:

- Arriendo Mensual = $ 420.000 / 7.
- Arriendo Mensual=$ 60.000.

Arriendo Ganado Período (3 meses) = $ 60.000 x 3 = $ 180.000.

CUENTA		MONTO	
Debe	**Haber**	**Debe**	**Haber**
Arriendo Recibido Anticipadamente		180.000	
	Arriendo Ganado		180.000
Glosa: Arriendo Ganado período octubre-diciembre.			

e) Ajuste Provisión

Cuenta		Monto	
Debe	**Haber**	**Debe**	**Haber**
Gasto Consumo Básico		50.000	
	Provisión Consumos Básicos		50.000
Glosa: Provisión Consumos Básicos diciembre.			

f) Ajuste Provisión Impuesto a la Renta

Cuenta		Monto	
Debe	**Haber**	**Debe**	**Haber**
Impuesto a la Renta		100.000	
	Provisión Impuesto a la Renta		100.000
Glosa: Provisión Impuesto a la Renta.			

Parte VII: Ejercicios de constitución de sociedad

Ejercicio N° 17 Caballo

Los señores Jorge Díaz y Andrés Palma deciden formar una empresa con Capital Social inicial de $ 30.000.000, que serán aportados en partes iguales por ambos socios. En cumplimiento a la promesa de aporte, los socios entregan lo siguiente:

Sr. Jorge Díaz	
Dinero en efectivo	$ 4.500.000
Un Documento por Cobrar	$ 1.000.000
Un Vehículo avaluado en	$ 4.500.000
Un Documento por Pagar (del vehículo)	$ 1.500.000
Sr. Andrés Palma	
Mercaderías	$ 4.000.000
Una deuda con un Proveedor (por las mercaderías)	$ 1.500.000
Un terreno avaluado en	$ 5.000.000
Una maquinaria avaluada en	$ 1.000.000

Se pide:

A. Registrar los asientos de los hechos económicos ocurridos.
B. El monto del Capital Pagado.
C. El monto que todavía adeuda el Sr. Jorge Díaz.
D. Presentar el Balance General.

Solución

A.

Libro Diario

Detalle		Debe	Haber
Cuenta obligada Sr. Díaz		15.000.000	
Cuenta obligada Sr. Palma		15.000.000	
	Capital		30.000.000
Caja		4.500.000	
Documento por Cobrar		1.000.000	
Vehículo		4.500.000	
	Documento por Pagar		1.500.000
	Cuenta Obligada Sr. Díaz		8.500.000

Mercaderías		4.000.000	
Terrenos		5.000.000	
Maquinarias		1.000.000	
	Proveedores		1.500.000
	Cuenta Obligada Sr. Palma		8.500.000

B. Capital Pagado: $ 17.000.000.

C. Monto Adeudado por el Sr. Díaz: $ 6.500.000.

D.

Balance General

Activos	
Caja	$ 4.500.000
Documento por cobrar	$ 1.000.000
Mercaderías	$ 4.000.000
Maquinarias	$ 1.000.000
Vehículo	$ 4.500.000
Terrenos	$ 5.000.000
Total	$ 20.000.000

Pasivo y Patrimonio	
Proveedores	$ 1.500.000
Documento por pagar	$ 1.500.000
Capital	$ 30.000.000
Cuenta obligada sr. Díaz	($ 6.500.000)
Cuenta obligada sr. Palma	($ 6.500.000)
Total	$ 20.000.000

Ejercicio N° 18 Perro

Se constituye la Sociedad Anónima con un Capital Autorizado de $ 50.000.000 dividido en 500 acciones. Posteriormente, interesados en las acciones suscriben 400 acciones. Finalmente, los Accionistas cancelan el 50 % de las acciones suscritas anteriormente.

Se pide:

A. Registrar los asientos de los hechos económicos ocurridos.
B. El monto del Capital Suscrito (colocado).
C. El monto del Capital Pagado.
D. El monto del Capital Autorizado (social o emitido) que aún NO se suscribe.
E. Presentar las cuentas respectivas en el Balance General.

Solución

A.

Libro Diario

Detalle		Debe	Haber
Acciones por Suscribir		50.000.000	
	Capital		50.000.000
Accionistas		40.000.000	
	Acciones por Suscribir		40.000.000
Caja		20.000.000	
	Accionistas		20.000.000

B. Capital Suscrito: $ 40.000.

C. Capital Pagado: $ 20.000.000.

D. Capital No Suscrito: $ 10.000.000.

E.

Balance General

Patrimonio	
Capital	$ 50.000.000
Acciones por Suscribir	($ 10.000.000)
Accionistas	($ 20.000.000)
Total	$ 20.000.000

Parte VIII: Ejercicios con cierre y distribucion de resultado

Ejercicio N° 19 Gato

Una empresa tiene la siguiente información de saldos al 31 de diciembre de un año.

Saldos	Mnto
Utilidad en Venta Equipos	$ 350.000
Seguros Pagados	$ 23.000
Gastos de Puesta en Marcha	$ 150.000
Caja	$ 200.000
Costo de Ventas	$ 100.000
Provisión Gastos Generales	$ 35.000
Pérdida por Venta Vehículos	$ 20.000
Depreciaciones	$ 30.000
Deudores Incobrables	$ 10.000
Amortización Gastos de Investigación	$ 50.000
Gastos Generales	$ 40.000
Ventas	$ 400.000
Banco	$ 400.000
Documento por Pagar	$ 105.000
Mercaderías	$ 300.000
Acreedores	$ 80.000
Intereses Ganados	$ 150.000
Castigo Documento	$ 30.000
Vehículos	$ 300.000
Clientes	$ 80.000
Proveedores	$ 55.000
Capital	?

Se pide:

A. Presentar los asientos de cierre.

B. Presentar el asiento de distribución de las Utilidades del Ejercicio, considerando que el 40 % se capitaliza, el 25 % se deja para reserva de futuras eventualidades y por el resto se declaran dividendos.

Solución

A. Asiento de cierre

Nº	Detalle		Debe	Haber
1				
	Ventas		400	
	Utilidad en venta equipos		350	
	Intereses ganados		150	
		Pérdidas y ganancias		900
	Glosa: Cierre de cuentas de resultado ganancia.			
2				
	Pérdidas y ganancias		303	
		Costo de ventas		100
		Gastos generales		40
		Depreciaciones		30
		Amortización gastos de investig.		50
		Deudores incobrables		10
		Castigo documento		30
		Seguros pagados		23
		Pérdida por venta vehículos		20
	Glosa: Cierre de cuentas de resultado pérdida.			
3				
	Pérdida y ganancias		597	
		Utilidad del ejercicio		597
	Glosa: Reconocimiento resultado del ejercicio.			
4				
	Proveedores		55	
	Documento por pagar		105	
	Acreedores		80	
	Provisión gastos generales		35	
	Capital		558	
	Utilidad del ejercicio		597	
		Caja		200
		Banco		400
		Clientes		80
		Mercaderías		300
		Vehículos		300
		Gastos de puesta en marcha		150
	Glosa: Cierre de cuentas de Activo, Pasivo y Patrimonio.			

B. Asiento de distribución de resultado

Detalle		Debe	Haber
Utilidad del Ejercicio		597	
	Capital		239
	Reservas		149
	Dividendos por Pagar		209
Glosa: Distribución de Utilidades			

Ejercicio N° 20 Conejo

Dado el siguiente listado de Saldos de una empresa al 31 de diciembre del 2004, después de efectuados todos los ajustes:

Ventas	$ 65.000	Disponible	$ 4.300
Muebles y Equipos	$ 3.000	Proveedores	$ 2.200
Dividendos Provisorios	$ 2.000	C. Monetaria (S. Acreedor)	$ 300
Utilidades Retenidas	$ 2.300	Costo de Ventas	$ 40.000
Costo Investigación	$ 1.000	Depreciación Acumulada Activo Fijo	$ 3.700
Depósito a 60 días	$ 200	Cuentas por Pagar Corto Plazo	$ 800
Consumos Básicos y Remuneraciones	$ 7.600	Bienes Raíces	$ 18.000
Provisión Consumos Básicos	$ 300	Arriendos Percibidos Anticipadamente	$ 200
Rev. Capital Propio	$ 4.500	Depreciación del Período	$ 1.200
Clientes	$ 5.400	Capital	$ 10.000
Arriendos Ganados	$ 600	Existencias	$ 8.000
Préstamo Banco L/P	$ 1.500	Estimación Clientes Incobrables	$ 300
Amortización del Período	$ 800	Utilidad venta ActivoFijo	$ 600
Seguros Pagados Anticipadamente	$ 800		

Se pide:

A. Cerrar las cuentas de Resultado (Asientos).

B. Distribuir el Resultado Neto de la siguiente forma: 30 % se retiene y el saldo se pagará como dividendo.

C. Presentar el Balance General y el Estado de Resultado (Clasificado).

Solución

A. Asientos de cierre de cuentas de resultado

Nº	Detalle		Debe	Haber
1				
	Ventas		65.000	
	Arriendos ganados		600	
	Utilidad venta Activo fijo		600	
	Corrección monetaria		300	
		Pérdidas y Ganancias		66.500
	Glosa: Cierre de Cuentas de Resultado Ganancia.			
2				
	Pérdidas y ganancias		49.600	
		Costo de ventas		40.000
		Consumos básicos y remunerac.		7.600
		Depreciación del período		1.200
		Amortización del período		800
	Glosa: Cierre de cuentas de resultado pérdida.			
3				
	Pérdida y ganancias		16.900	
		Utilidad del ejercicio		16.900
	Glosa: Reconocimiento resultado del ejercicio.			

B. Distribución del resultado del ejercicio

Detalle		Debe	Haber
Utilidad del ejercicio		16.900	
	Utilidades retenidas		5.070
	Dividendos porpagar		11.830
Glosa: Distribución de Utilidades			

C.

Balance General al 31/12/2004
Antes de distribución del resultado

Activo corriente		**Pasivo corriente**	
Disponible	$ 4.300	Proveedores	$ 2.200
Clientes	$ 5.400	Cuentas por pagar C/P	$ 800
Estimación clientes incobrables	($ 300)	Provisión consumos básicos	$ 300
Existencias	$ 8.000	Arriendos percib. anticipadam.	$ 200
Depósitos a 60 días	$ 200	**Total Pasivo corriente**	$ 3.500
Seguros pagados anticipado	$ 800		
Total Activo corriente	$ 18.400		
Activo no corriente		**Pasivo no corriente**	
Muebles y Equipos	$ 3.000	Préstamo banco largo plazo	$ 1.500
Bienes raíces	$ 18.000	Total Pasivo largo plazo	$ 1.500
Depreciación Acumulad act. Fijo	($ 3.700)		
Costo de Investigación	$ 1.000		
Total Activo no corriente	$ 18.300	**Patrimonio**	
		Capital	$ 10.000
		Utilidades retenidas	$ 2.300
		Revalorización capital propio	$ 4.500
		Utilidad del ejercicio	$ 16.900
		Dividendos provisorios	($ 2.000)
		Total Patrimonio	$ 31.700
Total	$ 36.700	**Total**	$ 36.700

Estado de Resultado

Ventas	$ 65.000
Costo Ventas	($ 40.000)
Margen Bruto	$ 25.000
Consumos Básicos y Remuneraciones	($ 7.600)
Depreciación del período	($ 1.200)
Amortización del período	($ 800)
Margen Operacional	$ 15.400
Arriendos Ganados	$ 600
Utilidad Venta Activo Fijo	$ 600
Corrección Monetaria	$ 300
Utilidad del ejercicio	$ 16.900

B. Guía de ejercicios avanzados

Prueba 1

Parte I: Verdadero y Falso

Responda con una V si la aseveración es verdadera y una F si la aseveración es falsa. Usted deberá fundamentar las respuestas falsas, y por cada respuesta mala se descuenta media buena (si está mal justificado se considera incorrecta la pregunta).

1	**F**	El Balance General (Estado de Situación Financiera) muestra la situación económica y financiera mientras que el Estado de Resultado (Estado de Resultados Integrales) muestra la situación financiera.
El Estado de Resultado (Estado de Resultados Integrales) muestra la situación económica de una empresa, no la financiera.		
2	**F**	La Utilidad del ejercicio que muestra el Estado de Resultado (Estado de Resultados Integrales) está en el Activo Caja o Banco.
La contabilidad se basa en el postulado básico devengado. Por lo tanto, tener Utilidad no es sinónimo de que tiene caja, las ventas contabilizadas y que son Ingreso contable, pueden ser al crédito e implicar Utilidades no caja.		
3	**F**	Un Ingreso o venta se registra cuando se recauda el dinero (el cliente paga).
El Ingreso se reconoce cuando ocurre la transacción de venta y no cuando recibe el dinero. Devengado. Ejemplo: Ventas al crédito.		
4	**F**	Cuando se abona una cuenta de resultados se produce una disminución indirecta del Patrimonio.
Abonar, es registrar algo al haber. Por lo tanto, estamos hablando de un aumento de un Ingreso o una disminución de un gasto, lo cual produce un aumento del Patrimonio.		
5	**F**	Si al final del primer período de existencia de la empresa el total de Activos es menor que el total de Pasivos más el capital, entonces el resultado del ejercicio será Utilidad.
El resultado del ejercicio debe ser una pérdida, para lograr la igualdad de la ecuación patrimonial.		
6	**F**	Las características cualitativas de fiabilidad y relevancia son tan importantes que están por sobre la característica cualitativa de comparabilidad en la preparación de la información contable para la toma de decisiones.
Todas las características cualitativas tienen exactamente la misma importancia, ninguna prima sobre otra. (Restricción_ equilibrio entre características cualitativas).		
7	**V**	En los Estados financieros se emplean diferentes bases de medición, con diferentes grados y en distintas combinaciones entre ellas.
8	**V**	El objetivo de los Estados financieros es proporcionar información útil a una amplia gama de usuarios que toman decisiones de tipo económico acerca de la situación financiera, resultados y flujo de efectivo de la entidad.
9	**F**	El Marco Conceptual no considera como estado financiero al Estado de flujo de efectivo.
El marco conceptual considera a todos los Estados financieros, dentro de los cuales está incluido es Estado de Flujo Efectivo.		
10	**F**	La información debe ser fácilmente comprensible para los usuarios, porque ellos no conocen de negocios ni de contabilidad.
El marco conceptual dice que la información debe ser compresible para los usuarios, suponiendo que ellos tienen un conocimiento suficiente de las actividades económicas, del mundo de los negocios y de la contabilidad.		

Parte II: Contabilización de transacciones

Contabilice las operaciones y los ajustes de la empresa "XX" para el mes de marzo del 2000 en el Libro Diario. Además, muestre el mayor de la cuenta caja para el mismo período.

1. El día 01/03/20 inicia actividades don Miguel Osses con el giro de Comerciante Minorista, aportando a esta actividad los siguientes elementos:
    a. $ 5.800.000 en dinero en efectivo.
    b. Mercadería avaluada en $ 5.950.000.
    c. Una camioneta para el reparto de mercadería avaluada en $ 7.500.000.
    d. Escritorios y muebles para ser utilizado en su Local Comercial por un valor $ 1.680.000.
2. También, el día 01/03/20 se paga en efectivo la suma de $ 1.200.000 por concepto de seguros contra incendios, que cubre 12 meses a partir del 1° de marzo de 2007.
3. El día 16/03/20 abre cuenta corriente bancaria en el Banco BCI depositando la suma inicial de $ 10.000.000 en efectivo. El Banco cobra un monto de $ 28.000 por concepto de gastos de mantención.
4. El día 17/03/20 compra mercadería por un valor total de $ 2.356.200 al Proveedor Prisa S.A. La forma de pago es: 30 % en efectivo y el resto al crédito simple.
5. El día 19/03/20 vende mercadería por un valor total de $ 1.130.500, cuyo costo de venta ascendió a $ 590.000. La forma de pago es: 20 % en efectivo y el resto al crédito simple.
6. El día 20/03/20 compra una Caja Registradora para ser utilizada en el Local de Ventas, por un valor total de $ 283.220. La forma de pago es: 100 % al crédito simple.
7. El día 21/03/20 se paga en efectivo al proveedor Prisa SA el saldo del crédito simple de la compra del día 17 del mismo mes. También, se cobra en efectivo el saldo de la venta al crédito simple efectuada en día 19 del mismo mes.
8. El día 25/03/20 se compra Mercadería por un valor total de $ 1.000.000. La forma de pago es: girando cheque N° 1 al día.
9. El día 29/03/20 se reconoce el gasto por remuneraciones del mes que asciende a la cifra de $ 150.000. Estos serán pagados efectivamente el día 5 del mes siguiente.
10. El día 31/03/20 gira cheque N° 2 por un monto de $ 85.000 correspondiente al arriendo del mes de marzo.

N°	Fecha	Detalle		Debe	Haber
1	01/03/20				
		Caja		5.800.000	
		Mercaderías		5.950.000	
		Vehículos		7.500.000	
		Muebles y útiles		1.680.000	
			Capital		20.930.000
		GL: Inicio de actividades Miguel Osses.			
2	01/03/20				
		Seguros por anticipado		1.200.000	
			Caja		1.200.000
		GL: Arriendos por el pago de 12 meses por anticipado.			
3	16/03/20				
		Banco		1.000.000	
			Caja		1.000.000
		Gastos Bancarios		28.000	
			Banco		28.000
		GL: Apertura de cuenta corriente y gastos bancarios.			
4	17/03/20				
		Mercaderías		2.356.190	
			Proveedores		1.649.340
			Caja		706.850
		GL: Compra de mercaderías.			
5	19/03/20				
		Caja		225.100	
		Clientes		904.400	
			Ingresos por ventas		1.129.500
		Costo de ventas		590.000	
			Mercaderías		590.000
		GL: Venta de mercaderías.			
6	20/03/20				
		Otros Activos Fijos (Caja Registradora)		283.220	
			Acreedores		283.220
		GL: Compra de máquina registradora al crédito simple.			
7	21/03/20				
		Caja		904.400	
			Clientes		904.400
		GL: Cobro a clientes.			
8	21/03/20				
		Proveedores		1.649.340	
			Caja		1.649.340
		GL: Pago a proveedores.			
9	25/03/20				
		Mercaderías		1.000.000	
			Banco		1.000.000
		GL: Compra de mercaderías.			

10	29/03/20				
		Gasto Remuneraciones		150.000	
			Remuneraciones por cobrar		150.000
		GL: Reconocimiento de las remuneraciones del mes.			
11	31/03/20				
		Gastos en arriendo		85.000	
			Banco		85.000
		GL: Reconocimiento y pago de los arriendos del mes.			
12	31/03/20				
		Gasto en Seguros		100.000	
			Seguros por Anticipado		100.000
		GL: Reconocimiento de los seguros consumidos en el mes.			

	Caja		
01/03/20	5.800.000	1.200.000	01/03/20
19/03/20	226.100	1.000.000	16/03/20
21/03/20	904.400	706.860	17/03/20
		1.649.340	21/03/20
	6.930.500	4.556.200	
31/03/20		2.374.300	

Parte III: Estados financieros

Dado el listado de la sumatoria de Débitos y Créditos de la Empresa Triunfo al 30 de abril del 20:

Cuentas	Sumas		Saldos	
	Débitos	Créditos	Deudor	Acreedor
Mercaderías	42.100	37.200	4.900	
Gastos Bancarios	2.100		2.100	
Letras por Cobrar - Deudores	38.000	26.000	12.000	
Acreedores	14.300	20.000		5.700
Intereses Pagados – Gasto por Intereses	2.400		2.400	
Banco	57.000	51.500	5.500	
Remuneraciones por Pagar	11.400	18.000		6.600
Gastos Generales – Gastos SS Básicos	2.200		2.200	
Proveedores	39.400	47.600		8.200
Bienes Raíces	75.000		75.000	
Gastos Administración	12.800		12.800	
Costo de Ventas	35.000	2.100	32.900	
Capital		103.810		103.810
Ventas – Ingreso por ventas	4.620	77.000		72.380
Muebles y Equipos	37.000		37.000	
Intereses Ganados – Ingreso por Intereses		4.240		4.240
Caja	38.500	34.700	3.800	
Préstamo Bancario	15.000	27.000		12.000
Impuestos por Pagar	2.800	3.600		800
Clientes	91.630	68.500	23.130	
Totales	**521.250**	**521.250**	**213.730**	**213.730**

Balance General (Estado de Situación Financiera)
Empresa Triunfo
al 30/04/20

Activos	
Caja	3.800
Banco	5.500
Clientes	23.130
Letras por cobrar - deudores	12.000
Mercaderías	4.900
Bienes raíces	75.000
Muebles y equipos	37.000
Total	161.330

Pasivos	
Préstamo bancario	12.000
Proveedores	8.200
Acreedores	5.700
Remuneraciones por pagar	6.600
Impuestos por pagar	800
Patrimonio neto	
Capital	103.810
Resultado del ejercicio	24.220
Total	161.330

Estado de Resultados Empresa Triunfo
del 01/01/20 al 30/04/20

Ventas – Ingresos por ventas	72.380
Costo Ventas	-32.900
Margen bruto	39.480
Gastos Administración	-12.800
Gasto generales – Gastos SS básicos	-2.200
Gastos Bancarios	-2.100
Intereses pagados – Gasto por intereses	-2.400
Intereses ganador – Ingreso por intereses	4.240
Resultado del ejercicio	24.220

Prueba 2

Parte I: Verdadero y Falso

Responda con una V si la aseveración es verdadera y una F si la aseveración es falsa. Usted deberá fundamentar las respuestas falsas, y por cada respuesta mala se descuenta media buena (si está mal justificado se considera incorrecta la pregunta).

1	**F**	Las existencias siempre ala fecha de presentación de los Estados financieros deben presentarse a su valor neto de realización.
Las existencias a la fecha de presentación de los Estados financieros deben presentarse al menor entre su costo y su valor neto de realización. Por lo que, si el VNR es mayor al costo, la existencia debería presentarse al costo.		
2	**F**	Si una empresa tiene en un mes un total de IVA débito fiscal mayor al total de IVA crédito fiscal, tiene derecho a recibir devolución en dinero por la diferencia.
En este caso la empresa tiene una obligación con el fisco, la cual debe saldar a más tardar el 12 del mes siguiente.		
3	**F**	La estimación por clientes incobrables se aplica solo cuando existe seguridad total que determinados clientes no cancelarán su deuda, de acuerdo a la hipótesis del devengado.
La EDI es solo una estimación basada en probabilidades. Cuando existe seguridad de que determinados clientes no cancelarán, este es el concepto de castigo.		
4	**F**	A las empresas que venden productos perecibles no es recomendable usar el promedio ponderado por costear sus productos, ya que corren el riesgo de tener pérdidas por deterioro.
Los métodos de valorización de existencias son solo métodos contables, y no tienen relación con el movimiento físico de la mercadería.		
5	**F**	Siempre que se da de baja un cliente (castiga una cuenta por cobrar) se debe reconocer una disminución de la provisión por incobrables y una disminución del Activo cliente.
Depende de si el cliente está provisionado o no.		
6	**F**	En mi empresa las ventas normalmente se realizan a un precio superior al costo, por lo cual siempre al término de cada mes la empresa tendrá un Pasivo con el fisco por concepto de IVA.
El IVA depende de la relación entre el monto de ventas y de compras en un mes.		
7	**F**	La cuenta IVA débito Fiscal se carga por las ventas y se carga cuando se abona al Fisco.
Es a la inversa. Se abona por las ventas y se carga cuando se paga.		
8	**F**	De acuerdo a las normas contables, el Activo existencias deben registrarse a su costo de adquisición, el que comprende solo el valor de las facturas.
El costo de las existencias comprenderá todos los costos de adquisición, costos de transformación y otros costos incurridos para darle a las existencias su ubicación y condición actual.		
9	**F**	Cuando las letras son enviadas a notaría implica una disminución del Activo de la empresa, pues se pierde el derecho a cobrar las letras, y estas deben ser retiradas del Activo.
El Activo se mantiene. Se carga la cuenta letras enviadas a notaría y se abona la cuenta Letras por Cobrar.		
10	**V**	Cuando se endosa una letra a un proveedor por el pago de una deuda, se debe registrar este hecho con un asiento de orden o notas para reflejar la responsabilidad latente.

Parte II: Existencias

A usted le proporcionan la siguiente información de la empresa "Todos Juntos S.A.".

Fecha	Detalle	Precio Unitario ($) Valor Neto Compra / Venta	Unidades
01/01/2017	Inventario Inicial	2.000	600
05/01/2017	Compra mercadería "Tiempo Ltda."	2.180	500
08/01/2017	Compra mercadería "Límite Ltda."	2.190	500
10/01/2017	Venta mercadería "Soñadores Ltda."	4.000	500
12/01/2017	Venta mercadería "Mitos Ltda."	4.100	600
15/01/2017	Compra mercadería "Límite Ltda."	2.390	700
17/01/2017	Devolución Venta día 10/01		50
19/01/2017	Devolución Compra 05/01/07		40
21/01/2017	Mermas		88
23/01/2017	Venta mercadería "Mitos Ltda."	4.200	300
25/01/2017	Retiro dueño		80
27/01/2017	Compra mercadería "Tiempo Ltda."	2.500	700
31/01/2017	Castigo		100

Información adicional:

1. Se utiliza el método PMP para costear las ventas.
2. Todas las compras y ventas se realizan a crédito simple.

Se pide:

A. Preparar la tarjeta de existencias para el mes de enero 2017.

B. Realizar las siguientes contabilizaciones:

a) La compra del 05 de enero de 2017.

b) La venta del 10 de enero de 2017.

c) Devolución venta del 17 de enero de 2017.

d) Devolución de compra del 19 de enero de 2017.

e) Retiro del dueño del 25 de enero de 2017.

C. Determinar el monto e indicar el saldo deudor ó acreedor de las siguientes cuentas:

Costo de Venta (Indicar Deudor o Acreedor)	
Al 31-01-17	$

Saldo Cta. Proveedor "Tiempo Ltda." (Indicar Deudor o Acreedor)	
Al 31-01-17	$

Saldo Cta. Mercaderías (Indicar Deudor o Acreedor)	
Al 31-01-17	$

Fecha	Detalle	P/ Unitario	UNIDADES			VALORES			PMP
			Entrada	Salida	Saldo	Entrada	Salida	Saldo	
01/01/2017	Inventario inicial	2.000,00			600			1.200.000	2.000,00
05/01/2017	Compra mercadería "Tiempo Ltda."	2.180,00	500		1.100	1.090.000		2.290.000	2.081,82
08/01/2017	Compra mercadería "Límite S.A."	2.190,00	500		1.600	1.095.000		3.385.000	2.115,63
10/01/2017	Venta mercadería "Soñadores Ltda."	2.115,63		500	1.100		1.057.813	2.327.188	2.115,63
12/01/2017	Venta mercadería "Mitos Ltda."	2.115,63		600	500		1.269.375	1.057.813	2.115,63
15/01/2017	Compra mercadería "Límite S.A."	2.390,00	700		1.200	1.673.000		2.730.813	2.275,68
17/01/2017	Devolución Venta día 10-01	2.115,63	50		1.250	105.781		2.836.594	2.269,28
19/01/2017	Devolución Compra 05-01-07	2.180,00		40	1.210		87.200	2.749.394	2.272,23
21/01/2017	Mermas	2.272,23		88	1.122		199.956	2.549.438	2.272,23
23/01/2017	Venta mercadería "Mitos Ltda."	2.272,23		300	822		681.668	1.867.770	2.272,23
25/01/2017	Retiro dueño	2.272,23		80	742		181.778	1.685.992	2.272,23
27/01/2017	Compra mercadería "Tiempo Ltda."	2.500,00	700		1.442	1.750.000		3.435.992	2.382,80
31/01/2017	Castigo	2.382,80		100	1.342		238.280	3.197.712	2.382,80

N°	Fecha	Detalle		Debe	Haber
1	05/01/2017				
		Mercaderías		1.090.000	
		IVA Crédito Fiscal		207.100	
			Proveedores		1.297.100
		GL: Compra 500 unidades a 2.180 + IVA c/u.			
2	10/01/2017				
		Clientes		2.380.000	
			Venta		2.000.000
			IVA Débito Fiscal		380.000
		GL: Venta 500 unidades a 4.000 + IVA.			
3	10/01/2017				
		Costo Venta		1.057.813	
			Mercaderías		1.057.813
		GL: Costo venta 500 unidades.			
4	17/01/2017				
		Venta		200.000	
		IVA Débito Fiscal		38.000	
			Clientes		238.000
		GL: Devolución venta 50 unidades.			
5	17/01/2017				
		Mercaderías		105.781	
			Costo Venta		105.781
		GL: Devolución venta 50 unidades.			
6	19/01/2017				
		Proveedores		103.768	
			Mercaderías		87.200
			IVA Crédito Fiscal		16.568
		GL: Compra de Máquina Registradora al crédito simple.			
7	25/01/2017				
		Capital		216.316	
			Venta		181.778
			IVA Débito Fiscal		34.538
		Costo Venta		181.778	
			Mercaderías		181.778
		GL: Socio retira 80 unidades.			

Costo de venta (Indicar Deudor o Acreedor)	
Al 31-01-17	$ 3.084.853 (Deudor)

Saldo cta. proveedor "Tiempo Ltda." (Indicar Deudor o Acreedor)	
Al 31-01-17	$ 3.275.832 (Acreedor)

Saldo Cta. mercaderías (Indicar Deudor o Acreedor)	
Al 31-01-17	$ 3.195.674 (Deudor)

Tiempo Limitada	
Compra	1.297.100
Devolución compra	-103.768
Compra	2.082.500
Total	3.275.832

Prueba 3

Parte I: Verdadero y Falso

Responda con una V si la aseveración es verdadera y una F si la aseveración es falsa. Usted deberá fundamentar las respuestas falsas, y por cada respuesta mala se descuenta media buena (si está mal justificado se considera incorrecta la pregunta).

<table>
<tr><td>1</td><td>V</td><td>Existen tres tipos de información contable que son más utilizadas en los negocios, contabilidad financiera, contabilidad Tributaria y contabilidad de gestión.</td></tr>
<tr><td>2</td><td>F</td><td>Manual de Cuentas es un listado ordenado y sistemático con los nombres y códigos de cada una de las cuentas que se utilizarán.</td></tr>
<tr><td colspan="3">La definición se refiere al plan de cuentas.</td></tr>
<tr><td>3</td><td>F</td><td>Siempre serán Activos los recursos económicos poseídos por una empresa y de los cuales se espera que beneficien operaciones futuras.</td></tr>
<tr><td colspan="3">Son recursos controlados por la empresa, no necesariamente poseídos.</td></tr>
<tr><td>4</td><td>V</td><td>El Patrimonio representa el derecho que tiene el propietario sobre los Activos del negocio después de satisfacer los derechos de los acreedores o proveedores.</td></tr>
<tr><td>5</td><td>V</td><td>Una de las restricciones a la Información Relevante y Fiable es el equilibrio que debe existir entre beneficio y costo.</td></tr>
<tr><td>6</td><td>V</td><td>Enviar una letra a descuento bancario tiene un concepto similar que enviar una letra a un factoring.</td></tr>
<tr><td>7</td><td>F</td><td>Se produce a castigar una cuenta por cobrar solo en el caso que se inicien gestiones legales de cobro.</td></tr>
<tr><td colspan="3">Cuando se han agotado todos los medios legales de cobro.</td></tr>
<tr><td>8</td><td>F</td><td>La responsabilidad de una letra endosada se refiere a que si el beneficiario no paga liberado, el endosante tendrá que hacerlo.</td></tr>
<tr><td colspan="3">El beneficiario es quién recibirá el monto de la letra y el liberado quien tiene la obligación de pagarla.</td></tr>
<tr><td>9</td><td>F</td><td>Los Estados financieros son: el Balance de Situación, el Estado de Resultado y las Notas Explicativas.</td></tr>
<tr><td colspan="3">También lo son el Estado de Flujo Efectivo y el Estado de Cambio en el Patrimonio Neto.</td></tr>
<tr><td>10</td><td>F</td><td>Los gastos anticipados se reconocen en el Estado de Resultado en el momento de su pago.</td></tr>
<tr><td colspan="3">En la medida que se devenga.</td></tr>
</table>

Parte II: Registros contables

A continuación, se presentan los Estados financieros de la empresa Santiago al 31 de diciembre del 2017, a partir de las cuales usted deberá preparar las contabilizaciones de las transacciones que se detallan a continuación:

Santiago París Valencia
Balance General
Al 31 de diciembre del 2017

Activo	
Activo corriente	
Caja	125.000
Banco	324.500
Clientes	11.987.200
Mercaderías	9.653.500
Activo no corriente	
Vehículos	5.740.000
Muebles de Oficinas	654.300
Total	28.484.500

Pasivo y Patrimonio	
Pasivo corriente	
Proveedores	125.000
Préstamos bancarios	4.500.000
IVA por Pagar	36.200
Patrimonio	
Capital	21.254.000
Utilidad del Ejercicio	2.569.300
Total	28.484.500

Santiago París Valencia
Balance General
Al 31 de diciembre del 2017

Ventas	75.625.000
Costo Ventas	(38.580.100)
Margen de Explotación	37.044.900
Gastos Administración	(15.212.900)
Gasto de Comercialización	(17.687.000)
Intereses Financieros	(1.253.200)
Intereses Ganados	364.700
Gastos Financieros	(687.200)
Resultado del Ejercicio - Utilidad	2.569.300

a) Asiento de Apertura al 1° de enero de 2018.
b) El 12 de enero se paga el IVA adeudado en efectivo.
c) En enero, los clientes cancelan el 80 % de lo adeudado al 31 de diciembre y aceptan documentos (Letras por Cobrar) por $ 796.000 a 90 días. La recaudación es depositada en cuenta corriente.

d) Las ventas del mes de enero ascienden a $ 6.350.000 valor neto al crédito simple. Todas las ventas se efectúan con un margen de Utilidad del 60 %.

e) Las compras al crédito simple del mes se detallan a continuación:

   a. Compra de Mercaderías $ 4.300.000 (Valor Neto).

   b. Compra de Muebles Oficina $ 175.000 (Valor Neto).

f) Se paga con cheque el 50 % de la compra del mueble de la oficina.

g) El 31 de enero se cancela préstamo bancario solicitado el 31 de diciembre por $ 45.500.000 a una tasa de interés simple del 2,5 % mensual, los valores son rebajados directamente de la cuenta corriente.

h) El 10 de febrero se liquida y paga el IVA y se pagan los impuestos adeudados. Girando cheque a nombre de la Tesorería General de la República.

i) El 28 de febrero se arrienda local de ventas por un año renovable pagando 3 meses anticipados más un mes de garantía, el canon de arrendamiento mensual es de $ 125.000.

j) El 31 de marzo se paga girando cheque honorario por asesoría administrativo contable la suma de $ 108.000 (Valor líquido). El contador emita la respectiva Boleta de Honorarios.

Se pide:

A. Preparar las contabilizaciones (Asientos contables) en el Libro Diario adjunto al 31 de marzo del 2018.

B. Indicar los saldos de las cuentas y conceptos que se solicitan.

Cuentas	**Saldo al 31/03/2008 ($)**
Banco	4.230.997
Clientes	9.157.940
Letras por cobrar	796.000
Arriendos anticipados	250.000
Préstamos bancarios	0
Impuestos retenidos (Segunda Categoría)	12.000
Acreedores	104.125
Costo de Ventas	3.968.750

CAPITULO V

EJERCICIOS PROPUESTOS (ANEXO)*

1. Laboratorio continuo básico de Contabilidad

Confeccionar los balances después de cada transacción.

Nota: Estos ejercicios ayudan a definir cuentas y a identificarlas en el contexto de la ecuación patrimonial. Habilita en el manejo de la lógica contable.

Transacciones año 1

1. Se forma una empresa con los siguientes aportes: mercaderías $ 4.000, terrenos valuados en $ 1.000, letras por pagar $ 2.800, dinero efectivo $ 1.800.
2. La constitución y puesta en marcha de la sociedad implicó desembolsos por $ 300 correspondiente, entre otros, al pago del proyecto, honorarios de abogados, inscripciones, permisos y publicaciones.
3. Se vende la mitad de la mercadería (todos los productos tienen el mismo valor) en $ 6.000 al crédito simple.
4. Se realiza una inversión (compra de derechos) en una empresa de giro complementario. Monto de la operación $ 500; condiciones: al contado.
5. A fin de año llegan las cuentas de consumos básicos (luz, agua, gas y teléfono) correspondientes al consumo de todo el año. Monto: $ 1.500. Quedan pendientes de pago.

Transacciones año 2

1. Los socios decidieron no retirar las utilidades del año anterior para que la empresa continúe su crecimiento.

* Nota: Este capítulo de ejercicios puede ser utilizado en clases y ayudantías como material para análisis, discusiones, pruebas, tareas, talleres y controles.

2. Se recaudan los dineros de las ventas del año pasado.
3. La empresa cancela las letras y los consumos básicos provenientes del año anterior.
4. Se compran mercaderías en $ 6.800 al crédito simple.
5. Se venden mercaderías al crédito simple en $ 4.500 cuyo precio de costo había sido $ 1.200.
6. Las cuentas de consumos básicos del año quedan pendientes de pago. Monto $ 1.600.
7. El último día del año, se pide un crédito al banco por $ 400. Su devolución y los intereses se cancelarán el último día del año cuatro.

Transacciones año 3

1. La utilidad del año 2 se pagará a los socios en el próximo año.
2. Se recaudan los dineros que debían los clientes del año anterior.
3. Se pagan las cuentas de consumos básicos del año 2.
4. Se venden mercaderías al contado en $ 14.000, cuyo costo había sido $ 4.600.
5. Se venden terrenos valuados en $ 400, en $ 700. El comprador acepta una letra a favor de la empresa.
6. Clientes devuelven la mitad de las mercaderías por no estar de acuerdo con las especificaciones. Se les devuelve el dinero.
7. Se paga lo que se debe a los proveedores.
8. Se pagan la cuenta de consumos básicos del año. Monto $ 2.000.
9. Los intereses devengados por el préstamo del banco ascienden a $ 20.

Transacciones año 4

1. La utilidad del año anterior se retiene.
2. Las ventas del año ascienden a $ 5.000. Mitad al contado y mitad al crédito simple. El costo de lo vendido es de $ 4.000.
3. Se cobra la letra.
4. Los consumos básicos ascienden a $ 1.200; Quedan pendientes de pago.
5. Se compra: mercaderías en $ 8.000. El 40 % al contado, el 50 % al crédito simple y el 10 % al crédito documentado.
6. Se vende el 50 % de las inversiones financieras al contado en $ 200.
7. Recuerde los intereses y el pago del préstamo al banco.

Transacciones año 5

1. Se venden mercaderías en $ 4.000 al contado, cuyo costo es de $ 3.000.
2. Se recauda todo el crédito otorgado y se paga todo el crédito recibido proveniente de años anteriores.
3. Se abre una cuenta corriente en el banco con $ 200. El banco carga $ 5 por cobro de talonarios.
4. Clientes anticipan $ 1.500 por compras que harán en el futuro.
5. La empresa entrega $ 600 a sus proveedores como anticipos (por compras futuras).
6. Se pagan las cuentas de consumos básicos del año. Monto: $ 1.100.
7. El último día del año, la empresa efectúa un préstamo monetario a otra entidad por $ 300.
8. La utilidad pasada se retiene.

Transacciones año 6

1. Se le envían las mercaderías a los clientes que habían efectuado el anticipo. El costo de la mercadería vendida es de $ 800.
2. La empresa recibe las mercaderías que había pagado el año 5.
3. Las cuentas de servicios básicos del año quedan pendientes de pago. Monto: $ 1.200.
4. El préstamo otorgado a fines del año anterior genera intereses por $ 25.
5. La pérdida del año anterior se acumula.

2. Guía de ejercicios sin IVA

Nota: esta guía es de multipropósito. Puede usarse para que el estudiante ubique y defina cuentas y las clasifique, para que use HT, para que registre en Diario y/o Mayor, para tomar pruebas en clases virtuales en diferentes formatos, etc.

1. Confeccione los Estados Contables con las siguientes transacciones:

1.	Aportes de los dueños:	Efectivo	$ 900
		Mercaderías	$ 3.000
		Doctos. por pagar	$ 600

2. Se vende el 60 % de las mercaderías en $ 1.400, al crédito simple.
3. Se compran muebles por $ 160 al contado.
4. Se pagan documentos por $ 88.
5. Se obtiene préstamo del banco por $ 170.
6. Dueños aportan $ 360 en equipos.
7. Llegan las cuentas de consumos básicos por $ 110.
8. Clientes anticipan $ 90 por mercaderías que recibirán a futuro.
9. Se abre una cuenta corriente en el banco, con un depósito de $ 60. El banco cobra $ 2 por talonario.

2. Confeccione los Estados Contables con las siguientes transacciones:

1. Se forma una empresa con los siguientes aportes: caja $ 100, terrenos $ 600, documentos por pagar $ 200.
2. Se compran mercaderías en $ 80. Se paga el 50 % y por el resto se obtiene crédito simple.
3. Se obtiene un crédito (préstamo) del banco por $ 180.
4. Se pagan los documentos.
5. Se venden mercaderías en $ 70, cuyo costo es de $ 50. Condiciones: 50 % contado, 50 % crédito simple.
6. Gastos de administración del periodo: $ 20. Se pagan $ 15.
7. Se abre cuenta corriente en el banco con $ 30. El banco carga (descuenta) $ 1 por talonario de cheques.
8. Se paga un arriendo anticipado por $ 12 correspondiente al próximo período.
9. Clientes anticipan $ 20 por compras que harán a futuro.
10. Se compran muebles por $ 27, al crédito simple.
11. La empresa anticipa $ 12 a sus proveedores por compras que hará en el futuro.

3. Confeccione los Estados Contables con las siguientes transacciones:

1. Se forma una empresa con aportes de mercaderías $ 1.000 y letras por pagar $ 300.
2. Venta del 70 % de las mercaderías en $ 900 al crédito simple.

3. Llegan cuentas de consumos básicos por $ 100.
4. Devolución del 50 % de la venta del punto 2.
5. Clientes anticipan $ 300.
6. Se paga el sueldo del período al vendedor por $ 40.

4. Confeccione los registros y Estados con las siguientes transacciones:

a) Balance General al 31-12-Año 1.

Activo	
Caja	200
Mercaderías	800
Terrenos	100
Total	1.100

Pasivo y Patrimonio	
Anticipo clientes	500
Deuda banco	300
Capital	220
Utilidad del Ejercicio	80
Total	1.100

b) Transacciones año 2:

1. Se envían las mercaderías a los clientes que habían efectuado anticipos. Costo $ 350.
2. Se vende un terreno en $ 60, al crédito simple cuyo costo es de $ 70.
3. La deuda con el banco devenga intereses por $ 15.
4. Se pagan seguros por este y el próximo año. Monto total: $ 6.
5. Se distribuye la utilidad del año 1: 40 % se abona a reserva para eventualidades y el resto se pagará como dividendos en el año 3.
6. Gastos de administración del período: $ 140. Se pagan $ 131.

5. Con la información que sigue:

a) Balance General al 31-12-Año 1.

Activo	
Caja	600
Total	600

Pasivo y Patrimonio	
Capital	500
Utilidad	100
Total	600

b) Transacciones trimestre abril-junio.

1. Se compran mercadería al crédito simple en $ 300.
2. Se compran máquinas en $ 350 al contado.
3. Se abre una cuenta corriente con $ 100. El banco carga $ 5 por talonario.
4. Se vende el 60 % de las mercaderías en $ 220 al crédito simple.
5. Se retiene el 80 % de la utilidad trimestre anterior, el 20 % restante se pagará como dividendo en el próximo trimestre.
6. Clientes devuelven el 50 % de la venta del Nº 4.
7. Llegan las cuentas de consumos básicos. Total: $ 9.
8. Se compran mercaderías en $ 170 al crédito simple.
9. Se devuelve el 50 % de la compra anterior.
10. Se obtiene un crédito del banco por $ 190.
11. Los gastos de administración del trimestre ascienden a $ 40. Se pagan $ 37.
12. Clientes anticipan $ 56 a cuenta de futuras ventas.
13. La empresa anticipa $ 14 a proveedores por futuras compras.
14. El préstamo del banco devenga intereses por $ 2.

Se pide:

Confeccionar todos los registros e informes contables.

6. Confeccione HT y EEFF finales:

a) Balance General al 31-12-Año 1.

Activo	
Efectivo	2.000
Mercaderías	30.000
Terrenos	3.000
Total	35.000

Pasivo y Patrimonio	
Deuda banco	8.000
Capital	25.000
Utilidad del Ejercicio	2.000
Total	35.000

b) Transacciones:

1. Se vende el 80 % de las mercaderías en $ 35.000. Condiciones venta: 50 % contado, 50 % crédito.

2. Gastos de administración del período: $ 4.000. Se cancelan $ 3.500.
3. Se cancelan $ 2.000 a los trabajadores como anticipo.
4. La deuda con el banco devenga intereses por $ 800.
5. Se compran mercaderías al contado en $ 1.000.
6. Clientes anticipan $ 20.000 a cuenta de transacciones futuras.
7. Se devuelve el 50 % de las compras del Nº 5.
8. La utilidad del balance inicial se destinará a pagar dividendos en el próximo ejercicio contable.
9. Uno de los terrenos que había costado $ 500 se vende en $ 400 al contado.
10. Se pagan seguros por $ 600. Cubren siniestros de este y el próximo periodo.
11. La empresa anticipa $ 4.000 a los proveedores por futuras compras.
12. Se detecta un faltante de dinero por $ 3.

7. Confeccione HT, Balance y Estado de Resultado, con la información siguiente:

a) Balance General al 31-12-Año 2

Activo	
Clientes	12.000
Mercaderías	58.000
Terrenos	5.000
Máquinas	24.000
Dep. Acumulada	(9.000)
Total	90.000

Pasivo y Patrimonio	
Proveedores	40.000
Deuda banco	10.000
Capital	30.000
Utilidades retenidas	10.000
Total	90.000

b) Transacciones Primer Semestre del año 3.

1. Se vende el 60 % de las mercaderías en $ 59.000. Operación al contado efectivo.
2. Se paga de anticipo $ 4.000 a los proveedores.
3. Se vende uno de los terrenos en $ 2.000 al crédito simple. Había sido comprado en $ 1.700.
4. Se recauda el 80 % del crédito otorgado a los clientes en el año anterior.
5. Clientes devuelven el 50 % de las mercaderías.
6. Clientes anticipan $ 8.000 a la empresa.
7. Se compran mercaderías en $ 30.000. Se hace efectivo el anticipo y por el resto se aceptan letras.

8. Los gastos generales ascienden a $ 15.000 de los cuales se cancelan $ 9.000.
9. La deuda con el banco devenga intereses por $ 1.500.
10. Se hace un inventario de mercaderías y se encuentran $ 200 menos.
11. La depreciación de las máquinas es de $ 5.000.

8. Con los antecedentes que siguen, confeccione HT, el Balance General y el Estado de Resultado:

a) Balance General Inicial

Activo	
Caja	1.200

Pasivo y Patrimonio	
Capital	1.200

b) Datos adicionales

1. El I.V.A. crédito del período fue de $ 45.
2. Todas las mercaderías compradas se vendieron con un 20 % de recargo.
3. Las compras y las ventas de mercaderías fueron al crédito simple.
4. Los gastos de administración fueron de $ 70 y se pagaron $ 60.
5. Los clientes anticiparon $ 95 por futuras ventas.
6. Se pagaron $ 300 a los proveedores a cuenta de compras futuras.
7. Se pagaron $ 80 por seguro que cubren este y el próximo período.

9. Confeccione HT, Balance General y el Estado de Resultado con la siguiente información:

a) Balance Inicial

Activo	
Caja	300
Mercaderías	4.000
Total	4.300

Pasivo y Patrimonio	
Deuda banco	500
Capital	3.800
Total	4.300

b) Transacciones

1. Se vende el 60 % de las mercaderías en $ 3.000 al crédito simple.
2. Se abre cuenta corriente en el banco con $ 50. El banco cobra $ 4 por talonarios.

3. Se contrata un seguro por este y el próximo período. Se pagan $ 6 en total.
4. Clientes anticipan $ 40.
5. La deuda con el banco genera interés por $ 7.
6. Gastos Generales del período $ 700. Se pagan $ 200.

10. Confeccione HT, Balance General, Estado de Resultado con la información siguiente:

a) Balance Inicial

Activo	
Caja	300
Mercaderías	4.000
Total	4.300

Pasivo y Patrimonio	
Deuda banco	500
Capital	3.800
Total	4.300

b) Transacciones

1. Se vende el 60 % de las mercaderías en $ 3.000 al crédito simple.
2. Se abre cuenta corriente en el banco con $ 50. El banco cobra $ 4 por talonarios.
3. Se contrata un seguro por este y el próximo período. Se pagan $ 6 en total.
4. Clientes anticipan $ 40 por compras que efectuarán a futuro.
5. La deuda con el banco genera interés por $ 7.
6. Gastos Generales del periodo $ 400. Se pagan $ 180.
7. La empresa otorga $ 30 de anticipo a los proveedores por compras a realizar a futuro.
8. Clientes devuelven el 50 % de la compra que efectuaron en el Nº 1.
9. Se le envían las mercaderías a los clientes que efectuaron anticipos en el Nº 4. El costo de la mercadería enviada es de $ 30.

11. Confeccione HT, Balance General, Estado de Resultado con la información siguiente:

1. Aportes de los dueños:

Efectivo	$	700
Mercaderías	$	2.000
Doctos. por pagar	$	500

2. Se compran mercaderías al contado en $ 300.
3. Venta por $ 600 al crédito simple. Costo $ 400.

4. Compra de muebles por $ 100 al contado.
5. Pago de documentos por $ 80.
6. Se obtiene crédito del Banco por $ 200.
7. Dueños aportan $ 250 en mercaderías.
8. Se paga arriendo del mes por $ 150.
9. Llegan las cuentas de consumos básicos por $ 80.
10. Clientes anticipan $ 300 por mercaderías que recibirán en el futuro.
11. Se venden mercaderías en $ 170, cuyo costo es de $ 160 al contado.

12. Registre las transacciones que se explicitan en la Hoja de Trabajo

(Una transacción en cada columna)

1. Los socios aportan $ 90 en efectivo y terrenos tasados en $ 100 que tienen una deuda hipotecaria de $ 10.
2. Se compran mercaderías al crédito en $ 25.
3. Se compra muebles y útiles al contado en $ 40.
4. Se obtiene un crédito del banco por $ 50.
5. Se cancela el 20 % de la deuda con proveedores.
6. Uno de los socios se retira de la sociedad y se lleva $ 5 en mercaderías.
7. Se vende la mitad de las mercaderías en $ 60 al contado.
8. Llegan las cuentas de consumos básicos por $ 7. (9) Se detecta un robo de $ 7 en efectivo.

	1	2	3	4	5	6	7	8	9	10	11	12	13	Saldo
Activos														
Caja														
Mercaderías														
Muebles y útiles														
Terrenos														
Gastos														
Costo de ventas														
G. de administración														
Perd. Extraordinarias														
Total														
Pasivos														
Proveedores														
Cuentas por pagar														
Préstamo bancario														
Deuda hipotec.														
Patrimonio														
Capital														
Ingresos														
Ventas														
Total														

13. Registre las transacciones siguientes en la hoja de trabajo adjunta y confeccione Balance General y Estado de Resultados.

0. Se forma una empresa con los siguientes aportes: Caja $ 7.000, 2 terrenos por un total de $ 8.000 ($ 4.000 c/u), deuda bancaria por $ 2.000.
1. Se compran mercaderías en $ 3.000 al contado en efectivo.
2. Se abre una cuenta corriente en el Banco BCI, depositando $ 1.320.
3. Se vende al 20 % de las mercaderías en $ 2.100; 2/3 al contado y el saldo al crédito simple.
4. Llegan las cuentas de consumos básicos por $ 1.000. Se paga 1/2 al contado en efectivo.
5. Se devuelve $ 600 de la compra de mercaderías.
6. Se obtiene un crédito del banco por $ 3.000 se deposita en cuenta corriente.

7. Los gastos de administración del mes son de $ 1.200.
8. Clientes anticipan $ 2.000 en efectivo a cuenta de futuras ventas.
9. El préstamo del banco genera intereses no registrados por $ 500.
10. Se vende uno de los terrenos al contado en $ 6.000.
11. Se quema el 10 % de mercaderías. No hay seguros comprometidos.

	1	2	3	4	5	6	7	8	9	10	11	12	13	SALDO
Activos														
Caja														
Banco														
Clientes														
Mercaderías														
Antic. Proveedor														
Terrenos														
Documen. por cobrar														
Gastos														
Costo de ventas														
G. de administración														
G. Intereses														
Perd. Extraordinarias														
Total														
Pasivos														
Proveedores														
Cuentas por pagar.														
Antic. de clientes														
Intereses por pagar														
Préstamo bancario														
Docum. por pagar														
Patrimonio														
Capital														
Utilidades reten.														
Utilidad del ejercicio														
Ingresos														
Ventas														
Ganancia extraor.														
Total														

14. Registre las transacciones que se explicitan en la Hoja de Trabajo

(Una transacción en cada columna).

1. Los socios aportan $ 90 en efectivo y terrenos tasados en $ 100 que tienen una deuda hipotecaria de $ 10.
2. Se compran mercaderías al crédito en $ 25.
3. Se compra muebles y útiles al contado en $ 40.
4. Se obtiene un crédito del banco por $ 50.
5. Se cancela el 20 % de la deuda con proveedores.
6. Uno de los socios se retira de la sociedad y se lleva $ 5 en mercaderías.
7. Se vende la mitad de las mercaderías en $ 40 al contado
8. Llegan las cuentas se consumos básicos por $ 7.
9. Se detecta un robo de $ 4 en efectivo.

	1	2	3	4	5	6	7	8	9	10	11	12	13	Saldo
Activos														
Caja														
Mercaderías														
Muebles y útiles														
Terrenos														
Gastos														
Costo de ventas														
G. de administración														
Perd. Extraordinarias														
Total														
Pasivos														
Proveedores														
Cuentas por pagar.														
Préstamo bancar														
Deuda hipotecaria														
Patrimonio														
Capital														
Ingresos														
Ventas														
Total														

15. Registre las transacciones que se explicitan en la Hoja de Trabajo para el mes de diciembre 2016

(Una transacción en cada columna) y al reverso haga el Balance Final y el Estado de Resultado. Preocúpese de mantener el equilibrio contable.

1. Los socios aportan $ 90 en efectivo y terreno tasado en $ 100 que tienen una deuda hipotecaria de $ 10.
2. Se compran mercaderías al crédito en $ 25.
3. Se compra muebles y útiles al contado en $ 40.
4. Se obtiene un crédito del banco por $ 50.
5. Se cancela el 50 % de la deuda con proveedores.
6. Uno de los socios se retira de la sociedad y se lleva $ 5 en mercaderías.
7. Se vende la mitad de las mercaderías en $ 40 al contado.
8. Llegan las cuentas se consumos básicos por $ 7.
9. Se detecta un robo de $ 4 en efectivo.
10. Se vende el terreno en $ 1.200 al contado.
11. Se compran mercaderías $ 12. Se paga 1/3 al contado, resto al crédito simple.
12. La deuda bancaria devenga intereses por un 5 % en el período.
13. La tasa de impuesto a la renta es del 30 %. Se hace la provisión.

	1	2	3	4	5	6	7	8	9	10	11	12	13	Saldo
Activos														
Caja														
Mercaderías														
Muebles y útiles														
Terrenos														
Intereses por cobrar														
Gastos														
Costo de ventas														
Gastos de administración														
Pérdida extraordinaria														
Intereses														
Impuesto a la renta														
Total														
Pasivos														
Proveedores														

Cuentas por pagar.														
Préstamo bancario														
Deuda hipotecaria														
Intereses por pagar														
Provision impuesto renta														
Patrimonio														
Capital														
Utilidad (pérdida) del ejercicio														
Ingresos														
Ventas														
Ganancia extraordinaria														
Total														

Se le solicita que usted informe acerca de los siguientes antecedentes al 31-12-2016:

a. Valor total por cobrar al crédito simple producto de ventas de mercaderías: ____________
b. El resultado económico del período es: ____________
c. Total de Gastos incurridos: ____________
d. Patrimonio de la empresa: ____________
e. Total de dinero disponible para pagar en forma inmediata: ____________
f. Total de recursos o activos con los que cuenta: ____________
g. Total de Ingresos Económicos obtenidos por la empresa: ____________
h. Total de deuda al crédito simple por compas de mercaderías: ____________
i. Total de Ingresos Financieros obtenidos por la empresa: ____________
j. Monto Ahorro Tributario por los intereses de la deuda: ____________

3. Ejercicios con IVA y otros

1. Registrar las siguientes transacciones en cada columna de la Hoja de Trabajo.

(mes diciembre del 2019)

1. Se compran mercaderías al crédito en $ 500 + IVA.
2. Se vende al crédito el 40 % de las mercaderías en $ 800 + IVA.

3. La empresa devuelve el 20 % de lo comprado en el N° 1.
4. La empresa anticipa $ 357 a sus proveedores.
5. Clientes efectúan anticipos a la empresa a cuenta de futuras ventas por $ 238.
6. La empresa recibe las mercaderías por los anticipos efectuados y corresponden al valor bruto de la operación.
7. La empresa envía las mercaderías a los clientes y corresponden al valor bruto. El costo de la venta es el 25 % del valor de venta.
8. Los gastos de administración ascienden a $ 300 de los cuales se paga solo el 30 %.
9. Se vende un terreno al contado en $ 110. Costo: $ 100.
10. Se hace provisión impuesto a la renta. Tasa: 25 %.

	0	1	2	3	4	5	6	7	8	9	10	SF
Activos												
Caja												
Clientes												
Mercaderías												
Anticipo a proveedores												
Terreno												
IVA crédito												
Gastos												
Costo de ventas												
G. de administración												
Perd. Extraordinarias												
Impto renta												
Total												
Pasivos												
Proveedores												
Cuentas por pagar												
Ant. Clientes												
Prov impto renta												
IVA débito												
Patrimonio												
Capital												
Util. Retenidas												
Util. Ejercicio												

Ingresos												
Ventas												
Gan. Extraor.												
Total												

2. Con la información que sigue:

A. Balance General al 31-12-Año 2018

Activo	
Caja	700
Clientes	300
Total	1.000

Pasivo y Patrimonio	
Proveedores	320
Capital	380
Utilidades retenidas	300
Total	1.000

B. Transacciones enero 2019:

1. Se compran mercaderías en $ 180 + IVA, 1/3 al contado, resto al crédito simple.
2. Se compran máquinas en $ 400 + IVA al crédito simple.
3. Se abre una cuenta corriente depositando la mitad del dinero disponible.
4. El banco carga en la cuenta corriente $ 10 por concepto de gastos de apertura.
5. Se vende al 40 % de las mercaderías en $ 150 + IVA al contado.
6. Clientes devuelven el 30 % de la venta del Nº 6.
7. Llegan las cuentas de consumos básicos. Total: $ 10.
8. Se compran mercaderías en $ 150 + IVA al crédito simple.
9. Se devuelve el 50 % de la compra N° 9.
10. Se obtiene un crédito del banco por $ 200.
11. Los gastos de administración del mes ascienden a $ 40. Se pagan $ 30 girando cheque.
12. Clientes anticipan $ 83,3 a cuenta de futuras ventas.
13. La empresa anticipa $ 23,8 a proveedores por futuras compras. Gira cheque.
14. Se envían las mercaderías a los clientes. Costo 20 % del valor neto.
15. Se reciben las mercaderías de los proveedores.
16. Liquide o ajuste las cuentas de IVA.

Se pide:

A. Hacer Hoja de Trabajo

B. Confeccionar Balance General y Estado de Resultado y confeccione los 3 asientos indicados

Agregue cuentas si es estrictamente necesario.

	0	1	2	3	4	5	6	7	8	9	10	11	12	13	14	15	16	
Activos																		
Caja																		
Banco																		
Clientes																		
Mercaderías																		
Ant. A prov.																		
IVA crédito																		
Máquinas																		
Gastos																		
Costo. Ventas																		
Gtos. Administración																		
Intereses																		
Pérdida extraor.																		
Total																		
Pasivos																		
Proveedores																		
Cuentas por pagar																		
Ant. Clientes																		
Int. por pagar																		
Doc. por pagar																		
Deuda banco																		
Acreedores																		
IVA débito																		
Patrimonio																		
Capital																		
Util. Retenida																		
Utilidad ejercicio																		
Ingresos																		
Ventas																		
Gan. Extr.																		
Total																		

Libro diario				
Num	**Cuentas**	**Tipo cuenta**	**Debe**	**Haber**
03				
Xxxx	xxxxxxxxxxxxxxxxxxxxxxxxxxxxxxx xxxxxxxxxxxx	xxxxxxxxx	xxxxxxxxx	xxxxxxxx
05				
Xxx	xxxxxxxxxxxxxxxxxxxxxxxxxxxxxxx xxxxxxxxxxx	xxxxxxxxxxx	xxxxxxxx	xxxxxxxx
09				
Xxx	xxxxxxxxxxxxxxxxxxxxxxxxxxxxxxx xxxxxxxxxxxx	xxxxxxxxxxx	xxxxxxxxx	xxxxxxxxx

3. Haga los asientos de Diario de los siguientes 7 números.

Para cada cuenta debe indicar la clase o tipo de ella (activo, gasto, pasivo, patrimonio o ingreso).

1. La máquina B tiene un costo inicial total de M $ 57.000 y un valor neto libros (o valor contable neto de $ 27.000. Se vende en $ 25.000 al contado.
2. La cuenta "IVA CRÉDITO" tiene $ 7.200 de débito y 3.000 de crédito. La cuenta "DÉBITO" tiene $ 4.500 de débito y $ 19.000 de crédito. Haga el asiento para liquidar (o ajustar o cerrar) las cuentas de IVA.
3. La utilidad del ejercicio tiene un saldo de M $ 500. Se distribuye de la siguiente forma: 30 % se pagará como dividendos en el próximo período, el 50 % se retendrá y el resto quedará en reservas para eventualidades.
4. Hay una devolución de una venta que había sido realizada al contado por un valor bruto de M $ 357. El costo de venta fue el 50 % del valor neto de venta.
5. Los saldos de las cuentas "costo de ventas"," gasto arriendo" y "PÉRDIDAS extraordinarias" son $ 400, $ 600 y $ 300 respectivamente. Los saldos de las cuentas "ventas" y "ganancias extraordinarias" son $ 1.100 y $ 100 respectivamente. Haga el asiento de cierre de dichas cuentas.

6. El saldo de la cuenta “Clientes” es de M $ 50.000. Se estima que el 5 % de este es irrecuperable.
7. Al final de un período, la cuenta de pasivo “arriendo percibido por anticipado” tiene un saldo de $ 400. La empresa ya entregó la mitad del servicio y este hecho no ha sido registrado.

Libro Diario				
Fecha	**Cuentas**	**Tipo de cuentas**	**Debe**	**Haber**
01				
Xxx	xxxxxxxxxxxxxxxxxxxxxxxxxxxxxxxxxxx xxxxxxxxxxxxxxxxxxx	xxxxxxxxxxxxxx	xxxxxxxxx	xxxxxxxxx
02				
Xxx	xxxxxxxxxxxxxxxxxxxxxxxxxxxxxxxxxxx xxxxxxxxxxxxxxxxxxx	xxxxxxxxxxxxxx	xxxxxxxxx	xxxxxxxxx
03				
Xxx	xxxxxxxxxxxxxxxxxxxxxxxxxxxxxxxxxxx xxxxxxxxxxxxxxxxx	xxxxxxxxxxxxx	xxxxxxxxx	xxxxxxxxx
04				
Xxx	xxxxxxxxxxxxxxxxxxxxxxxxxxxxxxxxxxx xxxxxxxxxxxxxxxxx	xxxxxxxxxxxx	xxxxxxxxx	xxxxxxxxx
05				
Xxx	xxxxxxxxxxxxxxxxxxxxxxxxxxxxxxxxx xxxxxxx	XXXXXXXXXXXX	xxxxxxxxx	xxxxxxxxx
06				
Xxx	Xxxxxxxxxxxxxxxxxxxxxxxxxxxxxxxxxx xxxxxxxxxxxxxxx	xxxxxxxxxxxx	xxxxxxxxx	xxxxxxxxx

07				
Xxx	Xxxxxxxxxxxxxxxxxxxxxxxxxxxxxxxxxx xxxxxxxxxxxxxxx	xxxxxxxxxxxx	xxxxxxxxx	xxxxxxxxx

4. En la HT siguiente se dan los saldos iniciales y con las transacciones no contabilizadas efectuadas por la sociedad "ABC" en el último trimestre:

1. La empresa recibe las mercaderías por las cuales se habían efectuado anticipos por el valor bruto en el período anterior.
2. Clientes efectúan anticipos por un monto de $ 952.
3. La empresa envía las mercaderías a los clientes (corresponden al valor bruto). El costo de la venta es de $ 260.
4. La empresa devuelve mercaderías compradas por un valor neto de $ 100. Se recibe el dinero correspondiente.
5. Los clientes devuelven a la empresa compras que habían realizado a un precio neto de $ 200 y cuyo costo de venta es de $ 110. Se les devuelve el dinero.
6. Compras de mercaderías al crédito por un valor bruto de $ 238.
7. Ventas de mercaderías a $ 400 + IVA. El costo de la venta es de $ 180.
8. Compras de mercaderías al crédito en $ 300 + IVA.
9. Gastos de administración devengados: $ 300 de los cuales se paga el 50.
10. Liquide o ajuste cuentas de IVA.

Se pide:

A. Registrar las transacciones en la HT y obtener los saldos finales de cada cuenta;

B. Confeccionar los asientos contables en el Libro Diario de las transacciones 3, 5 y 9 anteriores.

	Saldo inicial	1	2	3	4	5	6	7	8	9	10	SF
Activos												
Caja	700											
Clientes	120											
Mercaderías												
Anticipo a proveedores.	714											
IVA crédito	38											
Gastos												
Costo de ventas												
Gastos de administración												
Pasivos												
Proveedores	50											
Cuentas por pagar	250											
Anticipo de Clientes												
IVA débito												
Patrimonio												
Capital	972											
Utilidad retenida	300											
Ingresos												
Ventas												

Libro diario				
Num	**Cuentas**	**Tipo cuenta**	**Debe**	**Haber**
03				
xxxx	xxxxxxxxxxxxxxxxxxxxxxxxxxxxxxxxx xxxxxxxxxxx	xxxxxxxxx	xxxxxxxxx	xxxxxxxx
05				
xxxxxx	xxxxxxxxxxxxxxxxxxxxxxxxxxxxxxxxx xxxxxxxxxx	xxxxxxxxxxx	xxxxxxxx	xxxxxxxx
09				
xxxxxx	xxxxxxxxxxxxxxxxxxxxxxxxxxxxxxxxx xxxxxxxxxxx	xxxxxxxxxxx	xxxxxxxxx	xxxxxxxxx

5. Complete la hoja de trabajo con las transacciones siguientes:

1. Se compran mercaderías al crédito en $ 500 + IVA.
2. Se vende al crédito el 40 % de las mercaderías en $ 800 + IVA.
3. La empresa devuelve el 20 % de lo comprado en el N° 1.
4. La empresa anticipa $ 357 a sus proveedores.
5. Clientes efectúan anticipos a la empresa por $ 238 por futuras compras a realizar.
6. La empresa recibe las mercaderías por los anticipos efectuados y corresponden al valor bruto de la operación.
7. La empresa envía las mercaderías a los clientes y corresponden al valor bruto. El costo de la venta es el 25 % del valor neto.
8. Los gastos de administración ascienden a $ 320 de los cuales se paga solo el 50 %.

	0	1	2	3	4	5	6	7	8	SF
Activos										
Caja	700									
Clientes	120									
Mercaderías										
Anticipo a proveedores.										
IVA crédito										
Gastos										
Costo de ventas										
Gastos de administración										
Total										
Pasivos										
Proveedores	20									
Cuentas por pagar										
Anticipo de Clientes										
IVA débito										
Patrimonio										
Capital	500									
Util. Retenidas	300									
Ingresos										
Ventas										
Total										

6. La cuenta "IVA CRÉDITO" tiene $ 7.220 de débito y $ 3.040 de crédito. La cuenta "IVA DÉBITO" tiene $ 4.370 de crédito y $ 19.000 de crédito. Si las cuentas no tenían saldo inicial y solo están registradas las compras y ventas de mercaderías, y las devoluciones de ambas, conteste lo siguiente:

Las compras netas de mercaderías son: ________

Las devoluciones netas de ventas fueron: ________

7. Complete la hoja de trabajo con las transacciones siguientes:

1. Se compran mercaderías al crédito en $ 500 + IVA.
2. Se vende al crédito el 40 % de las mercaderías en $ 800 + IVA.
3. La empresa devuelve el 20 % de lo comprado en el N° 1.
4. La empresa anticipa $ 357 a sus proveedores.
5. Clientes efectúan anticipos a la empresa por $ 238 por futuras compras a realizar.
6. La empresa recibe las mercaderías por los anticipos efectuados y corresponden al valor bruto de la operación.
7. La empresa envía las mercaderías a los clientes y corresponden al valor bruto. El costo de la venta es el 25 % del valor neto.
8. Los gastos de administración ascienden a $ 320 de los cuales se paga solo el 50 %.

	0	1	2	3	4	5	6	7	8	SF
Activos										
Caja										
Clientes										
Mercaderías										
Antic. a proveedores										
IVA crédito										
Gastos										
Costo de ventas										
G. de administración										
Total										
Pasivos										
Proveedores										

Cuentas por pagar										
Anticipo de Clientes										
IVA débito										
Patrimonio										
Capital										
Util. Retenidas.										
Ingresos										
Ventas										
Total										

8. Registre las siguientes transacciones en cada columna y confeccione Balance General y Estado de Resultados. (Use el Plan de Cuentas de la Hoja de Trabajo).

Información de la empresa SIGLO 24, sobre el movimiento del artículo X, del mes de abril: Inventario Inicial al 1 de abril: Dinero en efectivo $ 12.500, Bienes Raíces, $ 20.000; Dinero en el Banco: $ 40.000, Mercadería $ 2.000, del mes anterior queda IVA CRÉDITO FISCAL por $ 500, CAPITAL: calcularlo.

10/4 Compra de mercaderías en $ 4.00 netos al crédito simple.

11/4 Devolución del 25% de la compra del día 10/4.

15/4 Venta de mercaderías en $ 8.000 netos, al crédito simple. Costo de la venta, $ 2.000.

17/4 Compra de mercaderías a un valor bruto total de $ 7.200; al crédito simple.

20/4 Devolución del 50% de la venta del día 15/4. Se hace contra el crédito simple.

22/4 Venta de mercaderías en $ 24.000 brutos; se cobra 1/3 en efectivo, 1/3 al crédito simple y 1/3 con letras. El costo de la venta es de $ 3.000.

25/4 Compra de mercaderías en $ 9.600 brutos al crédito simple.

26/4 Pago de sueldos del mes por $ 5.000 con cheques.

28/4 Se reciben las cuentas de Servicios Básicos por $ 1.200.

29/4 Se paga la publicidad radial del mes por $ 1.800 con cheque.

30/4 Liquidación del IVA.

12/5 Pago del IVA con cheque.

Activos															SF
Caja															
Banco															
Clientes															
Mercaderías															
IVA crédito fiscal															
Letras por cobrar															
Bienes raíces															
Gastos															
Costo Ventas.															
Gastos de Administración															
Servicios básicos															
Sueldos															
Publicidad															
Total															
Pasivos															
Proveedores															
Cuentas por pagar.															
IVA débito fiscal															
Interes. por pagar															
Préstamo bancario															
Letras por pagar															
IVA por pagar															
Patrimonio															
Capital															
Utilidades retenidas															
Utilidad del ejercicio															
Ingresos															
Ventas															
Ganancia extraordinaria															
Total															

9. Registre las operaciones en cada columna y confeccione los Estados finales.

TASA IVA 19 %

1. La empresa COMPRA mercaderías en $ 4.760 brutos al crédito simple.
2. La empresa devuelve el 50 % de la compra de la operación (1).
3. La empresa VENDE mercaderías en $ 11.900 brutos al crédito simple. El costo de la venta es de $ 5.000.

4. Los clientes devuelven el 20 % de la mercadería vendida en la operación (3).
5. Se hace la liquidación del IVA.
6. Se paga el IVA, si correspondiera, con cheque.

Se pide, además, confeccionar los Estados contables.

	Saldo inicio	1	2	3	4	5	6	SF
Activos								
Caja	3.000							
Banco	4.000							
Clientes	3.900							
Mercaderías	6.000							
IVA crédito fiscal	100							
IVA por cobrar								
Bienes raíces								
Gastos y costos								
Costo de ventas	1.000							
Gastos de administración	1.200							
Publicidad	800							
Pérdida extraordinaria								
Total	20.000							
Pasivos								
Proveedores	5.000							
Cuentas por pagar	700							
IVA débito fiscal								
IVA por pagar								
Préstamos bancarios	3.300							
Patrimonio								
Capital	5.000							
Reservas	600							
Utilidad acumulada	1.400							
Ingresos								
Ventas	4.000							
Ganancia extraordinaria								
Total	20.000							

10. Describa en detalle c/u de las transacciones representadas por los asientos siguientes:

Ventas	40		
		Clientes	40
Mercaderías	30		
		Costo de Ventas	30
GL: xxxxxxxxxxxxxxxxxxxxxxxxxxxxxxxxxxxxxxxxxxxxxxxxxxx			
Cuentas por Pagar	20		
		Documentos por Pagar	20
GL: xxxxxxxxxxxxxxxxxxxxxxxxxxxxxxxxxxxxxxxxxxxxxxxxxxxx			
Gastos Financieros	50		
		Intereses por Pagar	50
GL: xxxxxxxxxxxxxxxxxxxxxxxxxxxxxxxxxxxxxxxxxxxxxxxxxxxx			
Anticipo de clientes	30		
		Caja	30
GL: xxxxxxxxxxxxxxxxxxxxxxxxxxxxxxxxxxxxxxxxxxxxxxxxxxxx			

11. Registre en el Libro Diario los siguientes hechos económicos (indique el tipo de cuenta usada: activo, gasto, pasivo, patrimonio o ingreso)

1. Se vende un terreno al crédito simple en $ 750 cuyo costo de adquisición había sido $ 830.
2. Depósitos a plazo devengan $ 37 de reajuste.
3. Se envían las mercaderías a los clientes que habían anticipado $ 120. El precio tiene incluido una ganancia de 20 % sobre el costo.
4. A comienzos del período se pagó un arriendo por $ 500 por 5 años. Efectúe el ajuste que corresponde al final del período.

12. Completar el Balance de Comprobación y Saldos, determinando el Capital de la empresa:

Cuentas	Débito	Crédito	S. Deudor	S. Acreedor
Depósitos a Plazo	250.000	115.000		
Proveedores	150.000	500.000		
Terrenos	1.700.000			
Cuentas por pagar	110.000	330.000		
Utilidades Acumuladas	0	280.000		
Acreedores	50.000	500.000		
Caja	240.000			
Utilidad del Ejercicio	0	420.000		
Capital	0			
Maquinaria y Equipos	1.600.000			
Seguros vigentes	680.000	250.000		
Clientes	910.000	240.000		
Préstamo Bancario	400.000	800.000		
Arriendos recibidos anticipadamente	250.000	1.000.000		
Totales	6.340.000	6.340.000		

13. Dado el listado de Débitos y Créditos de la Empresa Arco al 30 de abril:

Nº	Cuentas	Comprobación		Balance		E. De resultados	
		Débitos	Créditos	Activos	Pasivos	Pérdidas	Ganancias
1	Mercaderías	42.100	37.200				
2	Gastos Bancarios	2.100					
3	Letras por Cobrar	38.000	26.000				
4	Acreedores	14.300	20.000				
5	Intereses	2.400					
6	Banco	57.000	51.500				
7	Remuneraciones por Pagar	11.400	18.000				
8	Castigo Mercaderías	2.200					
9	Intereses Ganados		1.900				
10	Proveedores	39.400	47.600				
11	Bienes Raíces	75.000					
12	Gastos Administración	12.800					
13	Costo de Ventas	35.000	2.100				
14	Capital						
15	Ventas	4.620	77.000				
16	Muebles y Equipos	37.000					
17	Intereses Ganados		2.340				
18	Caja	38.500	34.700				
19	Préstamo Banco	15.000	27.000				
20	Impuestos por Pagar	2.800	3.600				
21	Clientes	91.630	68.500				
	Totales	521.250	521.250				

a. El Capital inicial de la Empresa es:
b. Llene el cuadro anterior.
c. El Resultado Final del Ejercicio es:

14. Contabilice las operaciones y los ajustes de la empresa "XX" para el mes de marzo del 2007 en el Libro Diario. Además, muestre el mayor de la cuenta caja para el mismo periodo.

1. El día 01-03-2007 inicia actividades don Miguel Osses con el giro de Comerciante Minorista, aportando a esta actividad los siguientes elementos: $ 5.800.000 en dinero en efectivo; Mercadería avaluada en $ 5.950.000; Una camioneta para el reparto de mercadería avaluada en $ 7.500.000 y; escritorios y muebles para ser utilizado en su Local Comercial por un valor de $ 1.680.000.
2. También, el día 01-03-2007 se paga en efectivo la suma de $ 1.200.000 por concepto de seguros contra incendios, que cubre 12 meses a partir del 1° de marzo de 2007.
3. El día 16-03-2007 abre cuenta corriente bancaria en el Banco BCI depositando la suma inicial de $ 1.000.000 en efectivo. El Banco cobra un monto de $ 28.000 por concepto de gastos de mantención.
4. El día 17-03-2007 compra mercadería por un valor total de $ 2.356.200 al Proveedor Prisa S.A. La forma de pago es: un 30 % en efectivo y el resto al crédito simple.
5. El día 19-03-2007 vende mercadería por un valor total de $ 1.130.500, cuyo costo de venta ascendió a $ 590.000. La forma de pago es: un 20 % en efectivo y el resto al crédito simple.
6. El día 20-03-2007 compra una Caja Registradora para ser utilizada en el Local de Ventas, por un valor total de $ 283.220. La forma de pago es: un 100 % al crédito simple.
7. El día 21-03-2007 se paga en efectivo al proveedor Prisa SA el saldo del crédito simple de la compra del día 17 del mismo mes. También, se cobra en efectivo el saldo de la venta al crédito simple efectuada el día 19 del mismo mes.
8. El día 25-03-2007 se compra Mercadería por un valor total de $ 1.000.000. La forma de pago es: girando cheque N° 1 al día.

9. El día 29-03-2007 se reconoce el gasto por remuneraciones del mes que asciende a la cifra de $ 150.000. Estos serán pagados efectivamente el día 5 del mes siguiente.
10. El día 31-03-2007 gira cheque N.º2 por un monto de $ 85.000 correspondiente al arriendo del mes de marzo.

15. Explique la cuenta "IVA CRÉDITO": clase de cuenta, motivos por los que se carga y abona, tipo de saldo y significado del saldo.

A) Explique los dos sistemas de control de mercaderías, sus ventajas y desventajas.

B) De abril pasado, dispone de la siguiente información:

a) hubo solo transacciones de compra y venta al crédito.

b) la cuenta IVA DÉBITO tuvo un saldo final de $ 285.

c) del ajuste o liquidación de las cuentas de IVA del mes se determinó que quedó un saldo a favor del comerciante por $ 95.

Registre todas las transacciones ocurridas en abril y confeccione un balance y estado de resultado asumiendo que la empresa se inició el 1º de Abril con un aporte de los dueños en terrenos valuados en $ 150.

16. Haga el Mayor y Estados Contables con la información que sigue:

A. Balance Mes 1-31

Caja	4.000
Mercaderías	1.000
Total	5.000

IVA por pagar	500
Capital	3.000
Utilidad acumulada	1.500
Total	5.000

B. Transacciones Mes 2

1. Compra de mercaderías al crédito simple en $ 7000 + IVA.
2. Venta de mercadería al crédito simple en $ 9000 + IVA. Costo de $ 2.000.
3. Gasto de administración $ 4.000. Se pagan $ 43.000.
4. Devolución de compras (40 %).

5. Devolución del 50 % de las ventas.
6. Liquide o ajuste IVA.

17. Con la información que sigue, efectúe los asientos en el libro diario y en el Mayor de todas las operaciones efectuadas por la empresa incluyendo liquidación y pago de IVA si es que corresponde. Haga el estado de resultado.

1. Ninguna cuenta tenía saldo inicial al comienzo del periodo.
2. Todas las transacciones se efectuaron al crédito.
3. La utilidad en las ventas representa el 40 % de las ventas netas.
4. Los débitos (totales) de las cuentas proveedores y mercaderías son $ 142.800 y $ 500.000, respectivamente

El total de los créditos de las cuentas Ventas y Clientes Son: $ 708.000 y $ 71.400, respectivamente.

4. Valorización de mercaderías

1. Con la información que sigue confeccione Diario, Mayor, Balance y E. de Resultado.

El precio de venta unitario es de $ 200 + IVA.

El método de valorización es FIFO o PEPS.

El inventario inicial corresponde al aporte inicial de los dueños a la empresa.

Todas las transacciones son al crédito simple:

Fecha	Operación		Unidades			Valores			
		Precio	Entrada	Salida	Saldo	Entrada	Salida	Saldo	Precio
01-abr	Inv. inicial	$ 50	100			5.000		5.000	
05-abr	compra	$ 60	200						
10-abr	compra	$ 65	90						
12-abr	venta			250					
13-abr	dev. compra del 05			10					
16-abr	compra	$ 70	70						
20-abr	Dev. venta.		20						
25-abr	Ret. dueño			5					

2. La Empresa QUEEN S.A. durante el transcurso del ejercicio del año 2006 tiene el siguiente movimiento de su artículo "PELOTAS DE FUTBOL 5"

	Saldo al 31-12-05 = 60 unidades a $ 2.500 c/u
25-01-06	Compra Factura Nº 5555: 40 unidades a $ 3.000 c/u.
17-02-06	Venta Factura Nº 101: 55 unidades. a $ 4.000 c/u.
21-02-06	Compra Factura Nº 5566; 55 unidades a $ 3.300 c/u.
28-03-06	Venta Factura Nº 102; 30 unidades a 4.200 c/u.
30-03-06	Devolución de 10 unidades de la compra de 25-01-06. NC. 33
01-07-06	Compra factura Nº 5577, 40 unidades a $ 3.400 c/u.
28-07-06	Venta Factura Nº 103; 60 unidades a $ 4.400 c/u.
30-07-06	Castigo de 5 unidades.
20-09-06	Devolución de venta; 2 unidades de Factura Nº 102. N.C. 11.
25-12-06	Compra Factura Nº 5588; 37 unidades a $ 3.500 c/u.

Ninguno de los valores indicados incluye iva (19 %)

Metodo de valorizacion = costo promedio ponderado

Se pide:

A. Tarjeta de Existencias, según modelo entregado.

B. Diario de Ventas.

C. Diario de Compras.

D. Asientos por Centralización de compras, de ventas y costo de ventas (Centralización anual).

E. Asiento por Castigo.

TARJETA DE EXISTENCIAS Artículo:										
Fecha	**Detalle**	**Entradas**			**Salidas**			**Saldos**		
		Cant.	**Precio**	**Total**	**Cant.**	**Precio**	**Total**	**Cant.**	**Precio**	**Total**

DIARIO AUXILIAR DE VENTAS PERIODO DEL __________ AL __________					
Fecha	**Nº factura.**	**Clientes**	**Neto**	**I.V.A.**	**Total**
	Total Facturas				
	Total Boletas				
	Total Ventas				

DIARIO AUXILIAR DE COMPRAS PERIODO DEL __________ AL __________					
Fecha	**Nº fact.**	**Proveedores**	**Neto**	**I.V.A.**	**Total**
	Total				

DIARIO AUXILIAR DE COSTO DE VENTAS			
Fecha	**Nº factura.**	**Articulo**	**Total**
	Total		

3. Con los datos que siguen confeccione la tarjeta de existencias, diario (incluyendo ajuste de IVA), balance general y estado de resultado.

La empresa se inicia con aporte de los dueños de 300 u valoradas en $ 300 c/u

Compras: Día 04, 50 u a $ 350 + IVA

Ventas Día 07: 45 u a $ 500 + IVA.

Día 10, 60 u a $ 400 + IVA

Día 25: 80 u a $ 500+ IVA.

Día 20, 40 u a $ 420 + IVA

Método de valorización: FIFO.

Fecha	Operación		Unidades			Valores			
		Precio	Entrada	Salida	Saldo	Entrada	Salida	Saldo	Precio saldo

5. Remuneraciones

1. Se tienen los siguientes antecedentes con relación a las remuneraciones de Copy Ltda., cuenta con tres empleados, la información para efectuar las liquidaciones del mes de mayo de 2001 son las siguientes:

Conceptos	A.W	Y.Z	A.A
Sueldo Base Mensual	150.000	580.000	1.200.000
Comisiones sobre ventas	0,0 %	0.2 %	0.4 %
Horas Extras	10 horas	5 horas	0
Asignación Colación			
Asignación Movilización			
Cargas Familiares	2 cargas	1 carga	3 cargas
Anticipo de Sueldo	40.000	120.000	200.000
Gratificación Garantizada	39.583	39.583	39.583

La tabla para Asignación Familiar es la siguiente:

Ingresos Mensuales	Monto
Ingresos menores a $ 101.113	$ 3.310 por carga
Entre $ 101.114 y $ 204.321	$ 3.220 por carga
Entre $ 204.322 y $ 328.232	$ 1.094 por carga
Mayores a $ 328.232	$ 0 por cargas

- Los tres empleados cotizan en AFP Provida, 12,65 % e Isapre Banmédica 7 %; el empleado A.A tiene contrato por un monto de UF 7.
- Se cotiza a la ACHS el 1 % del total imponible, de cargo del empleador.
- El máximo imponible es UF 60, el valor de la UF al 31 de mayo era de $ 15.934,58.

La Tabla para efecto de cálculo de Impuesto Único a las Remuneraciones es la siguiente:

Desde	Hasta	Factor	Cantidad a rebajar
0,00	278.500,00	0,00	0,00
278.500,01	835.500,00	0,05	16.710,00
835.500,01	1.392.500,00	0,10	58.485,00
1.392.500,01	1.949.500,00	0,15	128.110,00
1.949.500,01	2.506.500,00	0,25	323.060,00
2.506.500,01	3.342.000,00	0,35	573.710,00
3.358.680,01	Y más	0,45	907.910,00

Otros antecedentes:

Las Ventas del mes ascienden a $ 120.000.000.

Se pide:

A. Liquidación de remuneraciones por trabajador.

B. Contabilización Centralizada de las remuneraciones.

2. La empresa "Nos Estamos Recuperando" se encuentra liquidando los sueldos del mes de octubre de 2019.

La empresa cuenta con una planilla de 132 funcionarios (Incluye a don Vicente y don Antonio) cuyo detalle es el siguiente:

Base Imponible	$ 89.042.704
Base Tributable	$ 122.000.000
Total Haberes	$ 139.502.655 (no incluye 2 % ni asignación familiar)
Descuentos de Pensión	$ 11.382.311 (Incluye Pensión Legal y Cta. Ahorro)
Descuento de Salud	$ 7.392.419 (Incluye 7 %, Adicional Voluntario y 2 %)
Impuesto Único a los Trabajadores	$ 7.999.832
Aporte 2 % Ley 18566 (ap. patronal)	$ 150.122
Asignaciones Familiares	$ 13.559
Otros Descuentos	$ 1.230.459

Luego del análisis de cuadratura, consistencia e integridad del proceso se detectó que existe diferencia en el cálculo efectuado de dos funcionarios (falta incluir un bono por desempeño individual), por tanto, se requiere reliquidar a dichos funcionarios, los antecedentes son los que a continuación se presentan:

Liquidaciones Erróneas (por no incluir Bono), estos antecedentes están considerados en los totales mencionados precedentemente:

	Vicente	Antonio
Sueldo Base	800.000	500.000
Comisiones	200.000	230.000
Horas Extras	45.000	30.000
Asig. Familiar	–	1.043
Total, Haberes	1.045.000	761.043
Pensión Legal	112.777	93.936
Salud Legal	62.903	53.200
Adic.Voluntario	10.000	21.685
Impuesto Unico	31.847	14.419
Total Descuentos	217.527	183.240
Líquido a Pago	827.473	577.803

Monto de bono no considerado en la liquidación $ 200.000 para don Vicente y $ 300.000 para don Antonio.

Datos Adicionales:

UTM al octubre de 2019	$ 26.231
UF al 31 de octubre de 2019	$ 14.976,98
UF al 9 de noviembre de 201	$ 14.985,67

Tabla impuesto único

Desde	Hasta	Factor	Rebaja
0,00	262.310,00	0,00	0,00
262.310,01	786.930,00	0,05	15.738,60
-786.930,01	1.311.550,00	0,10	55.085,10
1.311.550,01	1.836.170,00	0,15	120.662,60
1.836.170,01	2.360.790,00	0,25	304.279,60

La Tasa de cotización para Accidentes del Trabajo es de 0,95 %.

Se pide:

A. Confeccione la nueva liquidación de los dos funcionarios (reliquidación).
B. Registre el total de la planilla (los 132 funcionarios con las dos rectificaciones).
C. Determine y presente el costo que tiene la planilla de sueldos para la empresa.
D. Si la empresa tiene como presupuesto para pago mensual de remuneraciones $ 150.000.000, ¿Está en condiciones de contratar más personal?, si la respuesta es positiva. ¿De cuánto dispone?
E. Deje reflejado todos sus cálculos.

3. Dados los siguientes antecedentes del mes de mayo de 2000:

Antecedentes:

Sueldo base del mes	$ 600.000
Horas extraordinarias	$ 55.000
Gratificación	$ 45.000
Asignación colación	$ 20.000
Asignación movilización	$ 30.000
Cotizaciones Previsionales	19,59 %
AFP Santa María	12,59 %
Fonasa	7,00 %
Impuesto a la Renta	Según tabla del ejercicio 1 anterior
Descuento Anticipo de sueldos	$ 10.000
Aporte Patronal por Leyes Sociales (Mutual A.CH.S; Básico)	0,9 %

a) El costo para la empresa es:
b) La liquidación de sueldo es:
c) Los asientos por devengo son (debe indicar la clase de cuenta).
d) El asiento por el pago es:

4. Se cuenta con tres trabajadores a tiempo completo, los datos de sus remuneraciones correspondientes al mes de mayo son las siguientes:

Nombre	Sueldo Base	Cargas familiares	Bonos	Horas Extras	Asignacion movilización	Anticipos del mes
R.R.	105.400	3	160.000	20	28.900	100.000
S.L	600.000		80.000	10	28.900	180.000
L.O	1.800.000		80.000	0	28.900	200.000

1. El valor de la Asignación Familiar es de $ 1.043 por cada carga.
2. Todos los trabajadores cotizan en AFP MAG. 12.55 % y en Fonasa 7 %.
3. El máximo imponible es de $ 978.000 (Valor UF $ 16.300).
4. La empresa cotiza el 1 % de las remuneraciones en la Asociación Chilena de Seguridad.
5. Use la Tabla de Impuesto Único del ejercicio 1 anterior.

Se pide:

A. Calcular la liquidación de cada trabajador.

B. Contabilizar las remuneraciones del mes para el Sr. R.R.

5. Los siguientes datos corresponden a las liquidaciones de sueldos de 6 trabajadores de una empresa, según lo indica el libro de remuneraciones.

Sueldo Base	$ 1.050.000
Comisiones	1.260.000
Descuentos por AFP	392.700
Descuentos por Impuestos	191.730
Descuentos Cuota Sindical	7.500
Descuento Cooperativa de Consumo	300.000
Asignaciones Familiares	33.000
Asignación de movilización	20.000
Asignación de colación	24.000
Líquido a pagar	
Leyes sociales	2 % del sueldo base

Se pide:

A. Determine el líquido a pagar.

B. Contabilice como asiento de Diario.

Liquidación Mensual de Sueldos

Nombre trabajador ______________________________

Rut trabajador ______________ Mes ______________

Haberes Imponibles	
Sueldo Base	
Gratificación Legal	
Horas Extras	
Bonos / Comisiones	
Otros Hab. Imponibles	
Total Hab. Imponibles	
Haberes No Imponibles	
Asig. Familiar	
Asig. Movilización	
Asig. Colación	
Otras Asig. No imp.	
Total Hab. No imponibles	
(+) Total Haberes	
(-) Total Descuentos	
(=) Rem. Líquida	
(-) Ptmos / anticipos	
(=) Líquido a Pagar	

Descuentos Previsionales	
AFP	
Salud	
AFC	
APV	
Total Desc. Previsionales	
Descuentos Legales	
Impto. a Ganancias	
Dsctos. Judiciales	
Total Desc. Legales	
Descuentos Voluntarios	
Adicional Isapre	
Cuota Sindicato	
Total Desc. Voluntarios	

Declaro en este acto haber recibido el monto indicado en esta liquidación y no tener objeción alguna con esta y su contenido. Al mismo tiempo doy fe que mi empleador nada me adeuda a esta fecha.

______________________________ ______________________________

Timbre Empresa Firma y Fecha

6. Apertura de sociedades anónimas

1. Teniendo presente los siguientes antecedentes:

1. El 1° de enero de 1997 se formó una Sociedad Anónima con un capital dividido en 15.000.000 acciones a $ 2 cada una.
2. El 10 de enero del mismo año se suscribieron 7.200.000 acciones a $ 2 cada una de las cuales se cancelaron solo 5.200.000 acciones al contado acordándose que los 2.000.000 restantes se pagarían el día 30 de junio de 1997.
3. El 31 de marzo de 1997 se suscribieron y pagaron 2.800.000 acciones a $ 3 cada una.
4. El 5 de abril de 1997 se suscribieron 500.000 acciones a $ 2 cada una, las que se cancelaron al contado.
5. El 30 de junio se cancelaron las 2.000.000 de acciones suscritas y no pagadas el 10 de enero de 1997.
6. El 31 de diciembre del año 1997 se suscribieron las restantes acciones, las que se cancelaron al contado a $ 2 cada una.
7. La utilidad del año 1997 ascendió a $ 2.000.000 la que el 30 de marzo de 1998, la junta de accionistas acordó distribuir de la siguiente forma:
   - Pago dividendos $ 600.000
   - Reserva futuras capitalizaciones $ 400.000
   - Otras Reservas $ 500.000
   - Reservas futuros pagos de dividendos $ 500.000
8. El día 17 de abril de 1998 se cancelaron los dividendos acordados por la junta.
9. El día 30 de abril de 1998 se efectuó una emisión de acciones liberadas de pago a $ 2,4, utilizando el total de los fondos destinados para este objeto.

Se pide:

Efectuar los registros contables que correspondan a cada una de las operaciones señaladas anteriormente.

2. En el mes de abril de 1996 según escritura pública de 30/04/96 se constituye la Sociedad Anónima "Seremos Campeones Otra Vez", para lo cual se autoriza el capital de $ 2.000.000, compuesto por 2.000 acciones a un valor nominal de $ 1.000 cada una.

1. Al momento de la constitución se suscriben los siguientes títulos:
   - 860 acciones a $ 1.500 cada una, suscritas por el Sr. Felipe Herrera, chileno, las que se cancelan en el acto, al contado.
   - 100 acciones a $ 1.500 cada una, suscritas por la Srta. Jeannette Herrera, las que se cancelan al contado en el acto.
   - 640 acciones a $ 1.000 cada una, suscritas por el Sr. Hernán Herrera, las que se cancelarán a 120 días plazo, sin intereses.
2. Con fecha 30/06/96 la Srta. Morgan Faitel, extranjera, suscribe y cancela al contado, 100 acciones a su valor nominal.
3. El 30 de septiembre de 1996, transcurridos más de 120 días desde la fecha de suscripción de las 640 acciones el Sr. Hernán Herrera y ante el no pago oportuno, la sociedad vende en la Bolsa de Valores la cantidad de 500 acciones a $ 1.560, dinero que se recibe al contado. Los gastos de enajenación ascendieron a $ 12.000 que se cancelan con cheque. A consecuencia de lo antes expuesto, la sociedad reduce los títulos a favor de Hernán Herrera y emite nuevos títulos a nombre de José Inter.
4. Con fecha 30 de octubre de 1996 Somos Campeones Otra Vez, debe adquirir 100 acciones de su propia emisión, a su valor nominal $ 1.000, y que corresponde a la Srta. Jeannette Herrera, accionista disidente por el acuerdo de la junta de accionistas, en atención a distribuir sólo el 30 % de las utilidades si las hubiere, como dividendos a sus accionistas. Hizo uso del derecho a retiro.
5. Con fecha 30 de noviembre de 1996, el Sr. Fernando Lazo suscribe 120 acciones a su valor nominal y pacta su cancelación a 120 días plazo.

7. Ajustes

1. El señor Pérez confecciono los informes al 31/12/2005, como no registró los ajustes previos a este ejercicio, le pide a usted que los contabilice y Presente el Balance y el Estado de Resultados Ajustados.

	Balance (Antes de Ajustes)	Balance Ajustado
Activos		
Caja / Banco	410	
Clientes	900	
Estimación clientes Incobrables	(20)	
Mercaderías	300	
Seguros Pagados Anticipados	300	
Bienes Raíces	1400	
Depreciación Acumulada Bienes Raíces	(360)	
Gastos de Organización	270	
Pasivos		
Proveedores	250	
IVA Débito Fiscal	30	
Arriendos Percibidos Anticipados	240	
Capital	2500	
Resultado del Ejercicio	180	

Estado de resultados	Saldo (Antes de ajustes)	Saldos Ajustado
Ventas	1410	
Costo de Ventas	(1000)	
Consumos Básicos	(230)	
Resultado del Ejercicio	180	

Los antecedentes para efectuar los ajustes son los siguientes:

a) B. Raíces: Se adquirió el 01/07/2003 valor residual $ 200 y vida útil 5 años.

b) deudas impagas al 31/12/2005 (valores estimados).
   Patente comercial 2° semestre 2005 = 200
   Consumos Básicos = 110

c) Arriendos Percibidos Anticipados: Corresponden a 4 meses se recibieron el 01/12/2005.

d) Se acostumbra a estimar como incobrable el 1 % del saldo de la Cuenta Clientes.

e) Gastos de Organización: Faltan 3 años por amortizar.

f) Seguros Pagados Anticipados: Se contrataron el 31/01/2005 por 6 meses.

En los espacios indicados ponga los valores ajustados.

2. El siguiente balance de comprobaciones se tomó el 31 de diciembre del año 2.

Cuentas	Saldos	
	Deudor	Acreedor
Caja	12.500	
Cuentas por cobrar	35.650	
Estimación cuentas incobrables		320
Intereses acumulados por cobrar	270	
Mercaderías	22.850	
Máquinas	35.000	
Depreciación acumulada máquinas		5.000
Capital		20.250
Cuentas por pagar		15.000
Préstamos bancarios		25.000
Arriendos recibidos anticipadamente		1.000
Costo de organización	2.000	
Ventas		75.000
Costo de ventas	28.000	
Arriendos pagados	500	
Costo de oficina	4.000	
Intereses pagados	800	
Totales	141.570	141.570

Otros antecedentes:

1. De los intereses pagados $ 220 son intereses pagados por adelantado en año 2, sobre préstamos bancarios.
2. Los gastos de oficina incluyen $ 150 de una póliza de seguro por un año tomada el 1° de noviembre del año 2.
3. De las cuentas por cobrar deben cancelarse (recaudarse) $ 1.650 y el saldo debe tener una reserva de $ 400 para cuentas incobrables.
4. La depreciación se calculó a razón del 10 %.
5. Los intereses acumulados por cobrar que aparecen en el balance de comprobaciones representan el saldo al 31/12 año 1. Los intereses acumulados al 31/12/02 importan $ 150.

6. El recuento físico de las mercaderías y su valorización al 31/1202 importa $ 22.000.
7. La amortización de los costos de organización del periodo es de $ 400.

Se pide:

A. Asiento de ajuste

B. Balance General y Estado de resultado ajustado al 31/12/02

3. Confeccione los Estados finales con la información siguiente

	Saldos		Ajustes					
	Deudor	**Acreedor**	**Debe**	**Haber**				
Caja	9.100							
Seguros vigentes	2.100							
Clientes	1.000							
Terrenos	375.000							
Bienes raíces	48.000							
Dep. Acum:								
Bienes raíces		8.000						
Documentos por pagar		110.000						
Arriendos recibidos por anticipado		7.500						
Capital, Héctor Arévalo		268.000						
Héctor Arévalo; retiros	15.000							
Ingresos por Arriendos		174.500						
Gasto publicidad	5.500							
Gasto de agua	10.400							
Gasto salarios	78.900							
Gasto reparaciones y mantenim.	17.500							
Gastos varios	5.500							
	568.000	568.000						

Información para ajustes

A) $ 6000 de arriendos recibidos por anticipado se realizaron (devengaron) durante el período.

B) Los créditos otorgados a los clientes devengaron $ 200 de interés.

C) Los documentos por pagar han devengado $ 400 de interés.

D) Del saldo de la cuenta "Seguros Vigentes" se ha consumido el 40 %.

4. Confeccione los asientos de diario traspáselos al mayor y confeccione el Balance General y el Estado de Resultado.

A) Balance General al 30-Nov.-Año 1

Activo	
Caja	2.000
Seg. Anticipados	400
Mercaderías	18.000
Muebles	5.000
Depr. Acumulada	(1.000)
Gtos. de Organiz.	200
Terrenos	1.400
	26.000

Pasivo y Patrimonio	
Proveedores	4.000
IVA por Pagar	600
Préstamos Bancarios	1.000
Arr. recib. antic.	100
Capital	15.300
Reservas	1.000
Utilidad	4.000
	26.000

Transacciones y hechos de diciembre:

1. Venta de la mitad de la mercadería en $ 12.000 + IVA al crédito simple.
2. Venta de muebles en $ 1.100 que tenían un costo de $ 200 y depreciación acumulada de $ 600 contado.
3. Pago del IVA del mes anterior.
4. Gastos de administración del mes: $ 2.000. Se pagan $ 1.500.
5. El inventario de mercaderías al 31 de diciembre es de $ 8.800.
6. El seguro fue contratado el 1º de octubre y cubre 6 meses. Ya se registró el gasto de 2 meses.
7. La depreciación de los muebles que quedan es por $ 50 y la amortización de los gastos de organización de $ 40. (Ambos valores para diciembre).
8. El 30 de septiembre la empresa dio en arriendo terrenos y recibió $ 140 por 7 meses. Se registró lo devengado en octubre y noviembre.
9. Los préstamos bancarios devengan intereses por $ 100.
10. Tasa de impuesto a la renta: 15 %.

5. A partir del Balance General, del Estado de Resultados a continuación y de la información complementaria que se entrega, (a) presente el Balance General Ajustado o regularizado, y el Estado de Resultados.

A. Balance General y Estado de Resultados:

Balance General (al 31 de diciembre del año 1)

Activos	
Caja	2.400.000
Documentos por cobrar	800.000
Seguros pagados por anticipado	200.000
Máquinas	2.000.000
Depreciación acumulada	(600.000)
Gastos de investigación	1.200.000
Total	6.000.000

Pasivos + Patrimonio	
Cuentas por pagar	800.000
Interés Recibido por anticipado	2.000.000
Créditos a largo plazo	950.000
Capital	1.500.000
Utilidades acumuladas	300.000
Utilidades del ejercicio	450.000
Total	6.000.000

Estado de Resultados (año 1)

Ventas	2.500.000
Costo de Ventas	(950.000)
Margen Bruto	1.550.000
Remuneraciones	(400.000)
Publicidad	(200.000)
Gastos Generales	(280.000)
Gastos Bancarios	(220.000)
Utilidad del Ejercicio	450.000

Información complementaria:

1. De los documentos x cobrar un 2 % se considera incobrables.
2. Se hará una provisión por indemnizaciones por años de servicios por $ 50.000.
3. Los seguros pagados por anticipado fueron contratados por un año a partir del 30 de junio del año 1.
4. Al saldo de la cuenta máquinas le quedan 10 años por depreciar. No considere valor residual.
5. Los gastos de investigación deben amortizarse en un periodo de 5 años, con método de contabilización directa.
6. Los Intereses Recibidos Anticipadamente fueron percibidos por la empresa el 1 de Enero del año 1 y corresponden a dos años.

7. El saldo de la cuenta Utilidades Acumuladas, el 40 % se declarará dividendos a favor de los accionistas.
8. Se debe realizar la provisión por impuesto a la renta después de contabilizar los ajustes. (15 %).

(b) determine cuales, y de qué tipo son los asientos de ajustes, comente.

6. Con los datos que siguen, confeccione los Estados finales:

A. Pre-balance al 31 de diciembre, año 3

Activo	
Clientes	10.000
Deudores	2.000
Mercaderías	15.000
Equipos	20.000
Dep. Acum.	(6.000)
Intangibles	4.000
Total	45.000

Pasivo y Patrimonio	
Arriendo recibido por antic.	2.000
Cuentas por pagar	6.000
Deuda Banco	10.000
Capital	21.000
Utilidades acumuladas	3.000
Utilidad	3.000
Total	45.000

B. Información adicional:

Todas las transacciones del año 3, están registradas a excepción de las que siguen:

1. Las deudas con el banco devengan intereses por $ 150.
2. Se estima que el 1 % del saldo de la cuenta de clientes es irrecuperable.
3. La depreciación de los equipos es de $ 700.
4. La amortización de intangibles es de $ 200.
5. No se ha registrado intereses por $ 80 cargable a los deudores por el crédito que se les otorgó.
6. A principios de año se recibieron $ 2.000 por el arriendo de equipos durante 2 años.
7. Tasa de impuesto a la renta 15 % (se provisiona).

7. La Empresa "Todo Correcto" le entrega información incompleta que sigue al 31.12 año 1.

Analice y complete

	Balance Inicial Al 01.01 Año 1	Pre-Balance Al 31.12 Año 1	Balance Corregido Al 31.12 Año 1
Disponible	5.050	2.430	24.300
Clientes Netos	7.500	180.200	180.200
Existencias	50.000	425.050	
Seguros Pagados Anticipados		60.000	10.600
Muebles y Equipos	505.600	827.600	
Depreciación Acumulada	(110.150)	(110.150)	
Inversiones Permanentes	107.500	107.500	
Gastos Organización	37.500	37.500	32.400
Proveedores	123.000	173.600	173.600
Préstamo L. P en US $		416.400	
Capital	413.950	638.950	
Utilidades Retenidas	3.050	63.050	
Resultado del Ejercicio	60.000	295.000	
Dividendos Provisorios		(35.000)	(37.100)

8. Se tiene el siguiente listado de saldos al 31/12/2005.

Letras por Cobrar	49	Caja	290
Mercaderías	720	Depreciación acumulada Vehículos	40
Anticipo Clientes	150	Depreciaciones	16
Vehículos	500	Recupero. Clientes Castigados	20
Ut. en Venta Activo Fijo	241	Intereses Ganados	8
Capital	1204	Cta. Personal (saldo deudor)	10
Arriendos Percibidos	25	Pérdida Acumulada Ejercicio Anterior	98
Seguros Pagados	14	Amortización Gastos Organización	15
Institutos de Previsión	10	Arriendos Percibidos anticipa.	35
Seguros pagados anticipados	40	Gastos Administrativos	96
Ventas	380	Castigo Clientes	5
Gastos Organización	60	Costo de Venta	200

Se pide:

A. Cerrar las cuentas de resultado.

B. Distribuir el resultado, sabiendo que el dueño acostumbra a capitalizar el 50 % de la utilidad Neta y el otro 50 % lo lleva a la Cuenta Personal.

C. Si corresponde, el dueño retira las utilidades de la siguiente forma:

- Una letra de Cliente por $ 15.
- Mercaderías por $ 50.
- El saldo en efectivo.

9. Una empresa comercial presenta al 31 de diciembre de 2007 los siguientes antecedentes, incluidas las especificaciones que se señalan y debe prepararse el balance General ajustado.

   Debe identificar las cifras que escriba con la letra correspondiente:

   1. La depreciación de los vehículos es de $ 6.000.
   2. Se deben contabilizar los gastos por consumos básicos de noviembre y diciembre por $ 3.500.
   3. Los seguros se pagaron anticipados el 31 de agosto del 2007, por un año y medio, a contar del 1 de septiembre del 2007.
   4. Los créditos por pagar han generado intereses no registrados por $ 1.500.
   5. Los arriendos recibidos anticipados por 2 años, fueron percibidos el 30 de junio de 2007.
   6. Los depósitos a plazo han generado intereses no registrados aún por $ 1.000.

Hoja de Trabajo. Pre-balance al 31 de Dic de 2007

Cuentas	Saldos		Ajustes		Balance		E. de Resultados	
	Deudor	Acreedor	Debe	Haber	Activo	Pas y Pa	Gastos	Ingresos
Disponible	6.500							
Seguros Pagados Anticipados	1.800							
Depósitos a plazo	12.200							
Clientes	35.000							
Terrenos	200.000							
Vehículos	80.000							
Depreciación Acumulada Equipos	-	24.000						
Cuenta Particular, Socio X	17.000	-						
Arriendo Recibido por Anticipado		4.800						
Gastos por pagar		5.700						
Capital	-	158.000						
Créditos por Pagar		117.500						
Costo de Ventas	20.000	-						
Ventas	-	90.000						
Gastos de administración	16.000							
Gastos Generales	11.500							
Depreciación								
Subtotal	400.000	400.000						
Utilidad Ejercicio (Pérdidas del Ejercicio)								
Totales iguales								

10. El siguiente balance de comprobaciones se tomó el 31 de diciembre del año 2.

Cuentas	**Saldos**	
	Deudor	**Acreedor**
Caja	12.500	
Cuentas por cobrar	35.650	
Estimación cuentas incobrables		320
Intereses acumulados por cobrar	270	
Mercaderías	22.850	
Máquinas	35.000	
Depreciación acumulada máquinas		5.000
Capital		20.250
Cuentas por pagar		15.000
Préstamos bancarios		25.000
Arriendos recibidos anticipadamente		1.000
Costo de organización	2.000	
Ventas		75.000
Costo de ventas	28.000	
Arriendos pagados	500	
Costo de oficina	4.000	
Intereses pagados	800	
Totales	141.570	141.570

Otros antecedentes:

1. De los intereses pagados $ 220 son intereses pagados por adelantado en año 2, sobre préstamos bancarios.
2. Los gastos de oficina incluyen $ 150 de una póliza de seguro por un año tomada el 1° de noviembre del año 2.
3. De las cuentas por cobrar deben cancelarse (recaudarse) $ 1.650 y el saldo debe tener una reserva de $ 400 para cuentas incobrables.
4. La depreciación se calculó a razón del 10 %.
5. Los intereses acumulados por cobrar que aparecen en el balance de comprobaciones representan el saldo al 31/12 año 1. Los intereses acumulados al 31/12/02 importan $ 150.
6. El recuento físico de las mercaderías y su valorización al 31/1202 importa $ 22.000.
7. La amortización de los costos de organización del periodo es de $ 400.

Se pide:

A. Asiento de ajuste

B. Balance General y Estado de resultado ajustado al 31/12/02

11. La empresa Servicios Específicos debe presentar los Estados definitivos al 30 de junio del 2005 con los antecedentes que siguen.

(Use la hoja de trabajo adjunta agregando las cuentas que estime necesarias).

Debe identificar las cifras que escriba con la letra correspondiente:

1. La depreciación de los equipos es de $ 23.000.
2. No se han registrado los gastos de consumos básicos ascendentes a $ 54.000.
3. Se pagó a comienzos del año el arriendo correspondiente a dos años
4. Las deudas varias han generado intereses no registrados por $ 350.
5. De lo percibido por servicios anticipados el 90 % fueron entregados en el semestre.
6. Los depósitos a plazo han generado intereses no registrados aún por $ 2.340.

Diario Contable Servicios Generales Limitada

Debe cuadrar toda la hoja.

Servicios Generales Limitada

Pre-balance al 30 de Junio de 2005

Cuentas	Saldos		Ajustes		Balance		E. de Resultados	
	Saldo Deudor	Saldo Acreedor	Debe	Haber	Activo	Pasivo	Gastos	Ingresos
Disponible	9.100							
Arriendos vigentes	4.000							
Depósitos a plazo	14.000							
Clientes	145.000							
Terrenos	26.000							
Equipos	156.000							
Depreciación Acumulada Equipos	-	108.000						
Cuenta Particular, Juan Andrés FF	21.000							
Ingresos Anticipados por Servicios		14.000						
Gastos por pagar								
Capital, Juan Andrés FF	-	181.900						

Deudas varias		31.000								
Ventas de servicios		53.900								
Gastos de administración	13.700									
Gastos Generales										
Depreciación										
Subtotal	388.800	388.800								
Utilidad Ejercicio (Pérdidas del Ejercicio)										
Totales iguales										

12. Balance General al 31/12/01 antes de ajustes

ACTIVO	
Banco	2.000
Préstamo por cobrar	8.000
Existencias	12.000
Máquinas	45.000
	67.000

PASIVO Y PATRIMONIO	
Doc. por Pagar	1.100
Arriendo recibido anticipadamente	900
Capital	56.000
Utilidad	9.000
	67.000

Estado de resultados año 01 antes de ajustes

Ventas	70.000
Costos Ventas	(40.000)
Ut. Bruta	30.000
Gastos Generales	(21.000)
Utilidad	9.000

Información adicional para los ajustes:

1. El desgaste de máquinas en el período asciende a $ 5.000.
2. El arriendo recibido por anticipado corresponde a un pago efectuado a la empresa a comienzos del período por el arriendo de una máquina por 3 años. Valor total por los 3 años: $ 900.
3. Los sueldos del último mes del año ascienden a $ 700 los cuales se pagarán a comienzos del próximo año.
4. La empresa otorgó un crédito a mediados del período que recaudará totalmente (amortización e intereses) dentro de un año. Devengo durante el período $ 500 por concepto de intereses.

Cuentas	SD	S.A	Ajustes		S. D	S. A
			Debe	Haber	Ajustado	Ajustado
Banco	2.000				2.000	
Préstamos por cobrar	8.000				8.000	
Existencias	12.000				12.000	
Máquinas	45.000				45.000	
Documento por Pagar		1.100				1.100
Arriendo Recibido Anticipadamente		900				600
Capital		56.000				56.000
Ventas		70.000				70.000
Costo Ventas	40.000				40.000	
Gastos Generales	21.000				21.000	
Depreciación					5.000	
Depreciación Acumulada						5.000
Arriendos Ganados						300
Sueldos					700	
Sueldos por Pagar						700
Intereses por Cobrar					500	
Intereses Ganados						500
Sub-totales			6.500	6.500	134.200	134.200
Totales	128.000	128.000	6.500	6.500	134.200	134.200

Es recomendable para un dominio total del concepto de ajustes, analizar comparativamente los informes antes y después de los ajustes. Comente los cambios provocados en la situación financiera y económica de la empresa.

13. Haga los asientos de ajuste del Diario (debe indicar la clase de cuenta usada en cada caso) con la información siguiente; también debe hacer el balance final:

Pre- balance 31-12- Año 1

Activo	
Crédito otorgado	1.000
Máquinas	10.000
Deprec. Acumulada	(2.000)
Intangibles	400
	9.400

Pasivo y Patrimonio	
Deudas con Banco	5.000
Arriendos recibidos ant.	600
Capital	3000
Util. Acumuladas	800
	9.400

a) El crédito otorgado devengó intereses por $ 80.
b) La depreciación del período es de $ 100.
c) Los arriendos recibidos se percibieron a comienzos del año1 y es por 3 años
d) La deuda con el banco devenga Intereses por $ 40.
e) La amortización de intangibles es por $ 100.
f) Tasa de Impuesto a la renta.

14. Complete el cuadro con el concepto que corresponda.

Activo – Pasivo – Patrimonio – Ingreso (Ganancia) – Gasto (PÉRDIDA) – Debe – Haber – Deudor – Acreedor.

Cuenta	**Tipo Cuenta**	**Aumenta**	**Disminuye**	**Tipo Saldo**
Caja	Activo	Debe	Haber	Deudor
Capital				
Deudores				
Banco				
Mercadería				
Gasto Arriendo				
Proveedores				
Gastos bancarios				
Costo de venta				
Gastos de Administración				
Préstamo bancario				
Maquinaria				
Patente				
Clientes				
Gasto intereses				
Letras por Cobrar				
Anticipo clientes				
Ingreso por ventas				
Muebles y Útiles				
Acreedores				
Gastos bancarios				
Impuestos por Pagar				
Bienes Raíces				
Letras por Pagar				
Intereses Ganados				
Gasto remuneraciones				
Gastos anticipados				
Inversiones en sociedades				
Vehículos				
Letras en Cobranza Bancaria				
Anticipo proveedores				
Utilidad del ejercicio				
Gastos generales				
Provisión gastos generales				
Arriendos por anticipado				
Pérdida del ejercicio				
Publicidad por anticipada				
Anticipo sueldos				
Ingresos recibidos por anticipado				

Seguros por anticipado				
Intereses por pagar				
Gasto mantención				
IVA débito				
IVA crédito				
Provisión gastos generales				
Ganancias extraordinarias				
Pérdidas extraordinarias				

15. Realice los siguientes registros contables cumpliendo con la ecuación patrimonial.

a) El 01 de abril de 2007 Señor Castillo aporta $ 20.000.000 en efectivo para inicio actividades.

b) El 02 de abril de 2007 abre cuenta corriente en el Banco Chile, depositando $ 10.000.000. Los costos de apertura son de $ 50.000.

c) El 02 de abril de 2007 se compran 2 camionetas en $ 4.500.000, las cuales se pagan con un préstamo bancario.

d) El 03 de abril de 2007 se compran en $ 400.000 a crédito simple, las patentes de venta de alcoholes.

e) El 05 de abril de 2007 se pagan los servicios por $ 230.000 con un cheque al día, al maestro que pinto la oficina.

f) El 08 de Abril de 2007 se compran 200 botellas a un precio de $ 1300 c/u. La forma de pago fue a crédito simple.

g) El 10 de abril de 2007 el pub "New" compra 100 botellas, con lo cual la empresa tiene una ganancia del 80 % sobre el costo de compra. Esta compra es cancelada en un 25 % en efectivo, 25 % con cheque al día y el resto a crédito simple.

h) El 13 de abril de 2007 se compra un refrigerador por $ 300.000 con un préstamo bancario, para las bebidas.

i) El 14 de abril de 2007 la recepcionista compra $ 56.000 en accesorios para la oficina, los cuales se cancelan en efectivo.

j) El 18 de abril de 2007 se compran 300 botellas de Ron a $ 3.000 c/u, pagando el 50 % a crédito simple y el resto en efectivo.

k) El 19 de abril de 2007 el Pub "New" compra 50 botellas de pisco y 120 de ron. Se cobra un 95 % sobre el costo de compra de cada botella. Esta compra es cancelada 60 % en efectivo y el resto a crédito simple.

l) El 20 de abril de 2007 se compra un mueble por $ 30.000 en efectivo, para la vitrina de la botillería.
m) El 20 de abril de 2007 se encontraron en bodega 20 botellas de ron quebradas.
n) El 25 de abril de 2007 se cancela el 50 % de la deuda con los proveedores en efectivo.
o) El 26 de abril de 2007 se paga $ 500.000 con cheque al día, por publicidad utilizada en el mes.
p) El 27 de abril de 2007, el dueño hace un aporte adicional: $ 2.000.000 en efectivo y un auto tasado en $ 2.740.000
q) El 27 de abril de 2007 la empresa compra maquinaria de refrigeración por $ 3.800.000, 50 % en efectivo y el resto a crédito simple.
r) El 29 de abril de 2007 se recibe en efectivo $ 80.000, por el arriendo del estacionamiento a la empresa vecina.
s) El 29 de abril de 2007 se recibe el pago en efectivo del 45 % de la deuda clientes.
t) El 30 de abril de 2007 se reconocen los servicios básicos utilizados por $ 70.000 (estimados).
u) El 30 de abril de 2007 de abril de 2007 se paga $ 350.000 en efectivo por el arriendo del mes actual.
v) El 30 de abril de 2007 se cancelan $ 2.000.000 en efectivo por préstamos bancarios.

Nota: No incluya IVA al realizar el análisis de transacciones.

Fecha	Detalle de la transacción	Cuenta que interviene	Clase de cuenta	Variación Aum - Dism	Monto
01/04	Inicio de actividades	Caja	Activo	Aumenta	$ 2.000.000
		Capital	Patrimonio	Aumenta	$ 2.000.000

Fecha	Detalle de la transacción	Cuenta que interviene	Clase de cuenta	Variación Aum - Dism	Monto

16. Con los siguientes antecedentes haga los asientos de ajuste en el Libro Diario (debe indicar las clases de cuentas usadas Activo, Pasivo, etc.) y confeccione el Estado de Resultado:

A) Pre-balance 31-12-08 (M $)

ACTIVO	
Disponible	6.000
Clientes	20.000
Seguros vigentes	1.000
Préstamos por cobrar	2.000
Inventario	10.000
Bienes Raíces	40.000
Dep. Ac. Bs.Rs	(10.000)
	69.000

PASIVO Y PATRIMONIO	
Arriendos recibidos por anticipado	150
Proveedores	12.000
Préstamos Bancos	8.000
Capital	40.000
Utilidades Acumuladas	4.850
Utilidad del ejercicio	4.000
	69.000

B) Estado de Resultado 2008 (Antes de ajustes)

	Ventas	27.000	
	Costo Ventas	(17.000)	
	Margen Bruto	10.000	
	Gastos Adm.	(6.000)	
	Utilidad del ejercicio	4.000	

C) Datos adicionales:

1. La empresa arrendó bienes raíces por 12 meses recibiendo por este concepto M $ 150. El contrato e inicio de este fue el 1 de julio.
2. Las deudas con los bancos han devengado interés no registrado por M $ 400.
3. Los préstamos otorgados por la empresa han devengado interés no registrado por M $ 180.
4. Se estima que el 1 % del saldo de la cuenta de clientes es incobrable.
5. Los seguros vigentes fueron contratados el 1 de octubre y cubren 5 años.
6. La depreciación de los bienes raíces para el año en curso es de M $ 1.000.
7. El inventario físico de la mercadería y su valorización da un valor real de M $ 9.940.
8. No han llegado las cuentas de consumo básico de diciembre las que se estiman en M $ 110.
9. La tasa de impuesto es la renta es de 15 %.

8. Conceptos

1. Comente analítica, gráfica y matemáticamente (según corresponda) la veracidad o falsedad de las siguientes afirmaciones.

a) Cuando un activo aumenta paralelamente debe aumentar un pasivo o el patrimonio automáticamente, de lo contrario no se cumple la igualdad de ecuación patrimonial.

b) El principio de devengado señala que no hay deudor sin acreedor, por lo tanto, cada vez que se registra un derecho, simultáneamente debe registrarse la obligación.

c) Si los dueños de una empresa desearan vender su empresa, estos deben fijarse en el patrimonio de esta, puesto que el monto máximo a pagar se ve reflejado ahí.

d) Cuando la empresa posee menos activos que el total de pasivos más capital, significa que tiene utilidades.

e) Si una empresa que vende ropa vende una camioneta. El ingreso no puede ir en el estado de resultados, ya que es un ingreso fuera del giro de esta.

2. Encierre en un círculo la alternativa correcta. Cada 2 respuestas incorrectas, se descuenta una correcta.

1. Para aumentar un pasivo hay que:
    - a) Cargar la cuenta respectiva
    - b) Anotar la cifra al debe de la cuenta respectiva
    - c) Anotar la cifra al haber de la cuenta respectiva
    - d) a y c
    - e) ninguna de las anteriores

2. Marque la afirmación correcta:
    - a) Las cuentas de Activo y Gasto tienen saldo acreedor
    - b) Un abono produce un aumento en las cuentas de gasto
    - c) Las cuentas de patrimonio e ingreso tienen saldo acreedor
    - d) Las cuentas de gasto e ingreso tienen saldo deudor
    - e) b y c

3. Una transacción o hecho económico puede producir los siguientes efectos en la ecuación del balance:
   a) Un Aumento de Activo junto a disminución de pasivo
   b) Una Disminución de Gasto junto a disminución de activo
   c) Un Aumento de Ingreso junto a una disminución de gasto
   d) Una Disminución de Pasivo y aumento de Ingreso
   e) Ninguna de las anteriores

4. Gasto es:
   a) Un egreso de dinero
   b) Una disminución indirecta de capital
   c) Pagar una deuda
   d) Desembolsar fondos líquidos
   e) Ninguna de las anteriores

5. Considerando una economía inflacionaria se puede afirmar que a la empresa:
   a) Le conviene tener deudas monetarias
   b) No le conviene tener activos monetarios
   c) Le conviene tener pasivos no monetarios
   d) b y c
   e) a y b

6. Los costos variables de producción son aquellos que:
   a) En términos unitarios varían en relación directa a las variaciones en el volumen de producción
   b) En términos unitarios permanecen inalterables al variar el volumen de producción
   c) En términos totales varían en relación directa al volumen de producción
   d) a y b
   e) b y c

7. Los intereses percibidos por un depósito a 60 días:
   a) Es un flujo proveniente de actividades operacionales
   b) Es un flujo proveniente de actividades de financiamiento
   c) Es un flujo proveniente de actividades de inversión
   d) No se considera flujo de efectivo
   e) Ninguna de las anteriores

8. El Costeo por absorción es un método de costeo:
   a) Que clasifica los costos según su origen
   b) Que se usa universalmente para contabilizar los costos de fábrica
   c) que incorpora en el valor del producto todos los costos de producción
   d) todas las anteriores
   e) ninguna de las anteriores

9. Patrimonio Contable:
   a) Son todos los bienes tangibles e intangibles propiedad de la empresa
   b) es el derecho de los dueños de un negocio sobre los activos de la empresa
   c) Una obligación de la empresa con los dueños
   d) a y b
   e) b y c

10. La cuenta "Corrección Monetaria":
    a) Se carga por las pérdidas
    b) Puede tener saldo deudor o acreedor
    c) Es cuenta de Resultado
    d) Todas las anteriores
    e) Ninguna de las anteriores

11. La revalorización o actualización del capital propio:
    a) produce una ganancia real a la empresa
    b) provoca una pérdida contable a la empresa
    c) Provoca una pérdida real a la empresa
    d) a y b
    e) Ninguna de las anteriores

12. Con respecto al Balance General y al Estado de Resultado se puede afirmar lo siguiente:
    a) El balance muestra la situación económica y el E. de R. la situación financiera
    b) Ambos muestran la situación económica
    c) Ambos muestran la situación financiera
    d) El Estado de Resultado muestra la situación económica y financiera y el balance la situación financiera
    e) Ninguna de las anteriores

13. Respecto de la Contabilidad Administrativa y la financiera, se puede afirmar lo siguiente:
    a) Ambas se basan en los principios contables
    b) Ambas se centran en toda la empresa
    c) Ambas son exclusivamente para usuarios internos
    d) La administrativa es obligatoria y la Financiera es obligatoria
    e) Ninguna de las anteriores

14. La revalorización de terreno implica:
    a) Cargar la cuenta "Corrección Monetaria" y abonar la cuenta "Terreno"
    b) Una ganancia contable
    c) Una ganancia real
    d) a y c
    e) a y b

15. Las pérdidas provocan:
    a) Disminuciones de activo
    b) Disminuciones de patrimonio
    c) Aumento de pasivo
    d) Todas las anteriores
    e) Ninguna de las anteriores

16. Los ajustes o regularizaciones periódicas:
    a) Son asientos contables que reflejan hechos económicos que suceden cada cierto tiempo
    b) Son contabilizaciones que se hacen en forma periódica
    c) Son contabilizaciones que se hacen en forma previa a la confección de estados finales, por hechos económicos no registrados
    d) a y b
    e) a y c

17. Cuando una empresa recibe dinero a cuenta de servicios que entregará en el futuro:
    a) Aumenta un activo y aumenta un ingreso
    b) Aumenta un activo y aumenta un pasivo
    c) Aumenta un activo y disminuye otro activo
    d) Aumenta un activo y aumenta el patrimonio
    e) Aumenta un activo y disminuye un gasto

18. Un cargo en la cuenta "Corrección Monetaria" y un abono en la cuenta "Capital" corresponde a:
    a) La revalorización del saldo inicial de capital
    b) La revalorización de un aporte de capital
    c) La contabilización de una pérdida por la revalorización del capital
    d) Ninguna de las anteriores
    e) Todas las anteriores

19. Los intereses percibidos por el otorgamiento de un crédito a los clientes, representa para la empresa comercial que otorgó el crédito:
    a) Una entrada de dinero proveniente de actividades de operación
    b) Una entrada de dinero proveniente de actividades de financiamiento
    c) Una entrada de dinero proveniente de actividades de inversión
    d) No es flujo de dinero porque no se han devengado
    e) Es una entrada de dinero no operacional

20. La definición de ingreso contable es:
    a) Una entrada de dinero en el periodo en el cual se recaude la venta
    b) Un aumento indirecto de capital
    c) Valor monetario a precio de venta de bienes y servicios entregados a clientes
    d) a y b
    e) b y c

21. En el método de costeo por absorción se puede afirmar que:
    a) Los consumos de servicios básicos (luz, agua, teléfono y otros) no representan gastos
    b) La depreciación de los equipos de fábrica constituye un costo-inversión
    c) Los costos indirectos de fabricación distribuyen entre los productos que se fabrican
    d) Ninguna de las anteriores
    e) Todas las anteriores

22. El principio contable de devengado se puede enunciar de la siguiente forma:
    a) Las obligaciones se registran en la medida que se van originando
    b) Los derechos se registran en la medida que se van originando
    c) Los ingresos y gastos se registran cuando se entregan o consumen bienes y servicios respectivamente
    d) Todas las anteriores
    e) Ninguna de las anteriores.

23. En relación con la inflación, corrección monetaria e información, se puede afirmar que:
    a) La inflación provoca ganancias reales por la tenencia de obligaciones o pasivos monetarios
    b) La corrección contable de activos y pasivos monetarios refleja adecuadamente el impacto en el resultado económico de la empresa
    c) El resultado económico real es igual al contable
    d) a y b
    e) b y c

www.ingramcontent.com/pod-product-compliance
Lightning Source LLC
LaVergne TN
LVHW082203051026
849532LV00012B/3662
* 9 7 8 9 5 6 3 5 7 2 6 5 0 *